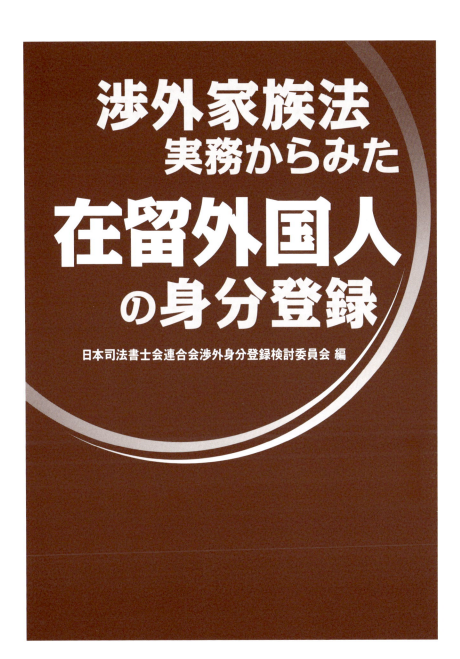

渉外家族法実務からみた 在留外国人の身分登録

日本司法書士会連合会渉外身分登録検討委員会 編

発行 民事法研究会

まえがき

　本書は、当委員会の前身である「外国人住民票」検討委員会（以下、「検討委員会」という）が2012年（平成24年）5月に発刊した『外国人住民票の創設と渉外家族法実務』と、同じく2013年（平成25年）6月に発刊した『「外国人住民票」その渉外民事実務上の課題と対応』に続く渉外身分登録に関する実務書である。

　日本司法書士会連合会（以下、「日司連」という）は、2011年（平成23年）6月開催した第74回定時総会において代議員提案により提案された「日司連内に外国人住民票検討委員会を早急に設置する件」を決議した。

　その提案の趣旨は、「2012年（平成24年）7月施行予定の改正『住民基本台帳法』で創設される『外国人住民票』が在留外国人の思いと利便性を看過している点が多々ある。そこで、『外国人住民票』の在り方を検討しその改善策について提言を行う委員会を、早急に日司連内に設置すること」である。

　検討委員会は、同年8月組成後直ちに①入管法等改正法と改正住基法およびその関連法令の内容を把握すること、②両改正法が今後の家族法実務や民事実務にどのような影響を与えるのかを探ること、③両改正法の施行日である2012年（平成24年）7月9日以後に直面するであろう課題の整理などに取り組んだ。その後、2013年（平成25年）3月26日に法務省民事局宛て「質問書」と総務省自治行政局外国人住民基本台帳室宛て「質問書」を日司連執行部に提出し、同日、法務省入国管理局長に検討委員会の意見をとりまとめた「日司連提言書」を手渡しその役割を終えた。この間の検討委員会の活動の記録は、本書第3章にしたためてあるのでご確認願いたい。

　2015年（平成27年）8月、渉外身分登録検討委員会が日司連に組成された。その主な目的は、従来からの課題である在留外国人の身分変動をいかに記録するかということと、日本人と同様、日々生活する住民としての在留外国人の身分登録はどうあるべきかを問うことであった。

　当委員会は、司法書士が業務を行ううえで関係の深いと思われる「中華人

民共和国」（中国）、「中華民国」（台湾）、「大韓民国」（韓国）、「朝鮮民主主義人民共和国」（北朝鮮）の4カ国に絞って、当該国の国際私法および身分登録関連法令の探索を行い検討をした。それぞれの国際私法や身分登録関連法令を検討するうちに、在留外国人の本国は、海外に居住する自国民をいかに把握しているのか、把握しているならどのような法律で規律されているのかという疑問が生れてきた。

まず、上記4カ国の国際私法および身分登録関連法令の探索を行い把握検討を行った。外国法令の原文は、インターネットや当該国の書店から買い求める等して入手した。外国法令の翻訳担当者は、外国法令の法律用語が日本の法律用語と同義で使われているのかの判断が要求され困難を極めた。また、渉外不動産登記の主要先例や解説をあたり、渉外身分登録書面に関する先例等の要旨を一覧表とし、関連法令とあわせて「在留外国人の身分登録　関連資料集」（2016年10月）としてまとめた。

その後、上記4カ国の渉外身分登録実務上の課題を探るため、ワークショップ「在留外国人の身分登録書面とは何か！」を2016年（平成28年）10月と11月に仙台と広島で開催することになった。ワークショップでは、本国法を中国・台湾・韓国・北朝鮮とする、渉外実務に精通したそれぞれの講師から在留外国人の身分登録について、本国はどのように把握しているのか、それとも把握していないのか、把握しているならばどのように記録または登録されているのかを報告していただいた。そこで明らかになったのは、4カ国のうちの多くは必ずしも海外に在留する自国民を身分登録の対象とはしていないということであった。

在留外国人のうち、「特別永住者」「永住者」「定住者」等、日本に生活の本拠をもつ者の数は2016年末でおよそ140万人である。少数ではあるが、隣人として暮らしている同じ住民である。彼ら彼女らの20年後、30年後に思いを馳せてみたい。

全国の22都市で構成する外国人集住都市会議は、外国人住民にかかわる諸課題について積極的に取り組み、国・県および関係機関に提言等を行ってい

る。今年(2017年)1月に開催された「2016年度外国人集住都市会議とよはし」において「豊橋宣言」を公表し、その中で外国人庁の設置をあらためて政府に求めるという。

　本書は、2年間という限定された委員会の渉外身分登録に関する活動をまとめた報告集であると同時に、今後の課題を示す道しるべとなるものと考える。

　当委員会の活動に理解をしていただいた、三河尻和夫日司連会長並びに加藤憲一日司連常任理事には感謝を申し上げる。また、ワークショップの講師を快くお引き受けしていただいた林誠一、髙山完圭、松原基嗣各会員、ワークショップ開催にご尽力していただいた東北ブロックや中国ブロックの役員の皆さん、参加していただいた会員の皆さん、遠くは北海道、九州から駆けつけてくれた会員の皆さんには熱心に議論に加わっていただき、感謝の念に耐えない。皆さんのワークショップでの素直な疑問や励ましの言葉にはどんなにか勇気づけられた。

　最後に、姜信潤副委員長、徳山善保副委員長、西山慶一委員、北田五十一委員、大和田亮委員、金山幸司委員、金勇秀委員には、難題をこなしていただいたことは感謝に耐えない。彼らなしでは、本書の完成はなし得なかったことを記しておく。

　　2017年（平成29年）6月20日

　　　　　　　　　　　　　日本司法書士会連合会渉外身分登録検討委員会
　　　　　　　　　　　　　　　委員長　髙　山　駿　二

『渉外家族法実務からみた在留外国人の身分登録』
目　次

第1章　在留外国人の法的地位と身分登録の現状

序 ……………………………………………………………………… 2

I　在留外国人の現況とその法的地位 ……………… 4

はじめに ……………………………………………………………… 4
　〔図表1〕　国籍別外国人登録者数（～2011年）・在留外国人数（2012年～）
　　　　　の推移 ………………………………………………… 5
1　外国人に適用される法律・法的地位の変遷 …………………… 6
　(1)　外国人登録令・出入国管理令の制定 ……………………… 6
　(2)　サンフランシスコ講和条約発効から1989年入管法改正まで …… 6
　　(A)　「126-2-6」という在留資格 ……………………… 7
　　(B)　「協定永住」という在留資格 ……………………………… 7
　　(C)　「特例永住」という在留資格 ……………………………… 8
　　(D)　「特別永住」という在留資格 ……………………………… 8
　(3)　1989年入管法改正から2009年入管法等改正法・改正住基法
　　　の制定まで ……………………………………………………… 9
　(4)　入管法・住基法改正の経緯 ………………………………… 9
　(5)　2009年入管法等改正法および改正住基法施行から現在まで …… 10
2　現在の在留資格 ………………………………………………… 11
　〔図表2〕　在留資格別在留外国人の推移 ……………………… 13
おわりに ……………………………………………………………… 14

Ⅱ 在留外国人の相続・身分関係の準拠法 ……… 15

 はじめに ……………………………………………………… 15
 1 司法書士が直面する渉外相続 ………………………… 16
 2 相続の準拠法 …………………………………………… 18
 3 相続の先決問題の準拠法 ……………………………… 19
 4 配偶関係（婚姻・離婚）と親子関係（実親子・養親子）成立の準拠法 ………………………………………………… 20
  ⑴ 婚姻の成立 ………………………………………… 20
  ⑵ 離　婚 ……………………………………………… 20
  ⑶ 嫡出である子の親子関係の成立 ………………… 21
  ⑷ 嫡出でない子の親子関係の成立 ………………… 22
  ⑸ 養子縁組 …………………………………………… 23
 5 婚姻と婚姻以外の親族関係の形式的成立要件の準拠法 ……… 24
 6 日本における身分関係成立・解消の届出機関 ……… 25
 7 渉外的身分関係成立のために必要な判決・許可・決定等の日本裁判所の管轄権の有無（人訴法等の改正法案）……… 26
 おわりに ……………………………………………………… 27

Ⅲ 在留外国人の身分登録の現状 ……………… 29

 はじめに ……………………………………………………… 29
 1 外国人登録原票から外国人住民票へ ………………… 30
  ⑴ 登録原票と外国人住民票の「登録事項」 ……… 30
  〔図表3〕　登録原票と外国人住民票の主な記載事項の対照 ……… 31
  ⑵ 登録原票と外国人住民票の取扱いの相違 ……… 33
  ⑶ 登録原票の開示請求 ……………………………… 33
 2 在留外国人の身分変動と外国人住民票の記載 ……… 34
  ⑴ 外国人住民票の作成と閉鎖 ……………………… 34

(2)　外国人同士の身分変動の届出の場合と外国人住民票 …………… 34
　(3)　日本人・外国人間の身分変動の届出の場合と外国人住民票 …… 35
 3　在留外国人が入手しうる身分関係証明書 …………………………… 35
　(1)　戸籍法に基づく証明書 ……………………………………………… 36
　(2)　判決・審判等 ………………………………………………………… 38
　(3)　本国官公署発行の書面 ……………………………………………… 39
 4　在留外国人の「身分関係情報」を横断的に把握するための方策 …………………………………………………………………………… 39
　〔図表4〕　在留外国人の身分登録に関する各省庁の考え方 ………… 42
おわりに ……………………………………………………………………… 43

第2章　在留外国人の身分登録書面を問う

序 ……………………………………………………………………………… 46

Ⅰ　被相続人の本国法が「中国法」「台湾法」の場合 ……………… 47

 1　被相続人の本国法が「中国法」の場合の身分登録書面 ………… 47
　(1)　現代中国における身分登録制度 …………………………………… 47
　(2)　戸口登記条例による戸の管理 ……………………………………… 48
　(3)　居民身分証法による個人管理 ……………………………………… 49
　(4)　中国国内における身分登録 ………………………………………… 50
　(5)　在外中国人の身分登録書面(1)──領事館の取扱い …………… 51
　(6)　在外中国人の身分登録書面(2)──身分登録証明 ……………… 52
 2　被相続人の本国法が「台湾」の場合の身分登録書面 …………… 54

(1)　台湾籍の人の相続準拠法 …………………………………… 54
　(2)　台湾民法による相続の特徴（相続人と相続分等）………… 55
　(3)　台湾人の相続関係を証する書面 …………………………… 56
　　(A)　日本統治時代の戸籍調査簿 …………………………… 56
　　(B)　台湾政府作成の戸籍 …………………………………… 56
　　(C)　民国81年（平成4年）の台湾戸籍法の修正 ………… 57
　　(D)　在日台湾人の戸籍 ……………………………………… 57
　　(E)　台湾戸籍謄本の入手方法 ……………………………… 58
　(4)　承継系統表 …………………………………………………… 59
　(5)　在日台湾人の相続手続 ……………………………………… 60
3　質疑応答 …………………………………………………………… 62
　(1)　日本で中国人が婚姻する場合、婚姻が有効に成立するための要件はどこの国の法律か …………………………………… 62
　(2)　中国公証員が作成した公証書の入手方法とは …………… 64
　(3)　日本に留学中の台湾人男女が日本で婚姻した場合、台湾の戸籍に載せる方法はどのようなものか …………………… 65
　(4)　在日台湾人に相続が発生した場合の相続証明書とは …… 66
　(5)　住民票が消除されてつながらなくなった場合の証明の方法 … 67
　(6)　外国人の本国の身分証明書の請求方法 …………………… 68
　　(A)　台湾の戸籍謄本の請求方法 …………………………… 68
　　(B)　中国の戸籍謄本の請求方法 …………………………… 68
　(7)　中国国籍の人の相続を証する書面は何か ………………… 69
　(8)　反　　致 ……………………………………………………… 69
　(9)　在外中国人の身分登録書面についてなぜ公証書を発行してもらうのか …………………………………………………… 71
　(10)　上申書がなぜ必要か ………………………………………… 72
　(11)　外国人登録原票の国籍欄の記載に関する被相続人の本国法決定 …………………………………………………………… 74

⑿ 除籍が滅失している場合の相続登記について（平成28年3月11日法務省民二第219号民事局長通達に関して） ……… 75

Ⅱ 被相続人の本国法が「韓国法」「北朝鮮法」の場合 ……… 78

1 被相続人の本国法が「韓国」の場合の身分登録書面 ……… 78
⑴ 韓国の身分登録制度 ……… 78
⑵ 韓国の家族関係の登録事項別証明書 ……… 79
⑶ 韓国の家族関係の登録事項別証明書の取寄せ ……… 80
⑷ 相続関係を確定・確認するうえで必要となりうる証明書等 …… 81
　(A) はじめに ……… 81
　(B) 韓国の家族関係登録の整理 ……… 81
　(C) 日本における家族関係を証明する書面 ……… 81

2 被相続人の本国法が「北朝鮮」の場合の身分登録書面 ……… 83
⑴ 北朝鮮を本国法とする意味 ……… 83
⑵ 在日朝鮮人の本国の身分登録 ……… 83
⑶ 在日朝鮮人の身分登録書面 ……… 84
⑷ 朝鮮総連の証明書 ……… 84
⑸ 被相続人の本国法が「北朝鮮」か「韓国」かの判断 ……… 85
⑹ 相続人が北朝鮮に帰国している場合 ……… 86
⑺ 継父母継子関係 ……… 87
⑻ 上申書の必要性 ……… 87

3 質疑応答 ……… 88
⑴ 韓国家族関係登録事項証明書の取寄せ ……… 88
⑵ 日本の市町村における身分登録書面の取寄せ ……… 90
⑶ 韓国・北朝鮮のいずれの本国法か ……… 91
⑷ 韓国と日本で身分登録事項に齟齬があった場合 ……… 92
⑸ 閉鎖外国人登録原票の保存期間 ……… 93

(6)　韓国の家族関係登録事項証明書の請求権者 93
　(7)　韓国の家族関係登録事項証明書の一般証明書と詳細証明書 95
　(8)　渉外相続登記と上申書 95
　(9)　北朝鮮法の継父母継子関係 97

第3章　在留外国人の身分登録の実情と今後の将来像を探る

序 100

Ⅰ　平成21年（2009年）改正で何が変わったか 102

　1　平成21年（2009年）改正 102
　2　入管法改正・入管特例法改正 102
　3　外国人登録法の廃止と外国人住民票の創設 106
　4　外国人登録原票と外国人住民票の記載事項の相違点 107
　5　何が不便になったのか 109
　6　国籍・地域欄「台湾」の表記開始 110

Ⅱ　平成24年（2012年）施行以後の在留外国人の身分登録の手がかり 111

　1　外登法の廃止と外国人登録原票開示請求 111
　2　外国人登録原票の保存期間と開示請求の現状 113
　3　外国人住民票の記載事項 114

4　外国人登録原票の開示請求の必要性 …… 115
　　5　外国人登録原票以外の在留外国人の身分登録の手がかり …… 116

Ⅲ　主要国の身分登録制度の概要と在留外国人に係る本国の身分登録の関係 …… 117

　　1　中国、台湾、韓国、北朝鮮の身分登録制度 …… 117
　　2　在留外国人に係る本国の身分登録の関係 …… 117
　　3　身分関係を証明する書面 …… 118
　　4　中国の身分登録制度 …… 119
　　5　中国の戸口登記制度 …… 120
　　6　台湾の戸籍制度 …… 123
　　7　帰化の通報制度 …… 123
　　8　在留外国人の身分変動を本国の身分登録簿に記載できるか … 124

Ⅳ　これまでの日司連等の取組み …… 128

　　1　「外国人住民票」検討委員会の設置 …… 128
　　2　法務省入国管理局長宛て提言 …… 129
　　3　第6次出入国管理政策懇談会 …… 130
　　4　渉外身分登録検討委員会の活動 …… 131
　　5　「外国人住民票」検討委員会が組成された経緯 …… 131
　　6　「外国人住民票」検討委員会の活動 …… 133
　　7　法務省入国管理局との連絡会 …… 135
　　8　外国人との共生社会 …… 136
　　9　外国人集住都市会議とのかかわり …… 137

Ⅴ　昨今の外国人法制の変化と現況 …… 140

　　1　最近の在留資格の変化 …… 140
　　2　技能実習適正化法の成立 …… 141

3　ヘイトスピーチ対策法の成立 …………………………………141
　4　2016年末国籍別・在留資格別統計 ……………………………142
　　(1)　国籍・地域欄「朝鮮」の公表開始 ………………………142
　　(2)　国籍（帰化・国籍離脱等）統計 …………………………142
　5　入管法制の変化 …………………………………………………143
　6　ヘイトスピーチ対策法 …………………………………………145
　7　帰化者数の変化 …………………………………………………147

Ⅵ　在留外国人の身分登録の将来像を探る ………149

　1　法定相続情報証明制度の問題点 ………………………………149
　2　人事・家事訴訟事件の国際裁判管轄に関する法案（人事
　　訴訟法等の一部を改正する法律案）の動向 …………………150
　3　今後の在留外国人の身分登録のあり方 ………………………150
　　(1)　在留外国人身分登録台帳制度の創設か、外国人住民票の備
　　　考欄への記載か（何をどの程度記載するか） ……………150
　　(2)　住民票・外国人登録原票の保存期間の伸長 ……………151
　　(3)　渉外身分登録検討委員会の今後の課題 …………………152
　4　在留外国人と法定相続情報証明制度 …………………………152
　5　在留外国人の本国の身分登録との関係 ………………………155
　6　在留外国人の日本における身分登録 …………………………156

第4章　在留外国人の家族法実務をめぐる諸問題

序 …………………………………………………………………… 162

在日中国人の相続 ………………………………………………… 163
 はじめに ………………………………………………………… 163
 1　在日中国人の相続に適用される法律 ……………………… 164
  (1)　日本の国際私法 ………………………………………… 164
   (A)　相　続 ………………………………………………… 164
   (B)　反　致 ………………………………………………… 165
  (2)　中国の国際私法 ………………………………………… 165
   (A)　関係法律適用法31条 ………………………………… 166
   (B)　関係法律適用法33条 ………………………………… 166
   (C)　関係法律適用法31条と33条の適用順序 …………… 167
  (3)　反致の成否 ……………………………………………… 167
   (A)　反致が成立する場合 ………………………………… 168
   (B)　反致が成立しない場合 ……………………………… 169
 2　在日中国人の遺言相続が日本で処理される場合 ………… 169
  (1)　遺言相続に適用される準拠法 ………………………… 170
  (2)　中国の継承法の特色 …………………………………… 170
  (3)　疑　問 …………………………………………………… 171
   (A)　遺言の解釈 …………………………………………… 171
   (B)　中国の遺留分（特留分） …………………………… 172
   (C)　全部無効なのか、一部無効なのか ………………… 173
 おわりに ………………………………………………………… 174

中国の相続法および戸籍制度の現状と在留中国人の相続 ………175

 はじめに ……………………………………………………………175
 1 相続の準拠法 ………………………………………………176
  (1) 通則法の規定 …………………………………………176
  (2) 反致の検討 ……………………………………………176
  (3) 常居所地 ………………………………………………178
  (4) 相続の先決問題の準拠法 ……………………………178
 2 中国の相続の実質法 ………………………………………179
  (1) 相続財産の範囲 ………………………………………179
  (2) 相続人 …………………………………………………180
  (3) 相続分 …………………………………………………180
  (4) 遺言 ……………………………………………………181
  (5) 特留分 …………………………………………………181
 3 相続人の特定と相続を証する書面 ………………………182
  (1) 「相続を証する書面」の必要性 ………………………182
  (2) 相続を証する書面の具体例 …………………………182
   (A) 日本および韓国の場合 …………………………182
   (B) そのほかの国や地域の場合 ……………………183
 4 中国の戸口制度と身分証制度 ……………………………183
  (1) 戸口登記条例と個人レベルの管理への対応 ………184
  (2) 戸口条例による移転の制限 …………………………184
  (3) 戸籍制度改革の動きと現況 …………………………185
 5 現行の戸口制度のもとでの相続を証する書面 …………186
 6 公証処における「親族関係公証書」の作成 ……………188
  (1) 「親族関係公証書」 ……………………………………188
  (2) 親族関係公証書取得の手順 …………………………188

  7 最後に ··· 190

台湾民法における遺産の合有 ································ 192

 1 被相続人が台湾人の相続準拠法 ································ 192
 2 台湾民法の相続人の範囲、順位、相続分の規定 ············ 192
 3 台湾民法1151条の「合同共有」の意義と日本の高裁・最
  高裁判例 ··· 193
  (1) 台湾における「合同共有」の意味 ························· 193
  (2) 日本との比較 ·· 194
  (3) 日本において、台湾人が相続の準拠法の規定を遵守しない
   で日本にある相続不動産についてした持分の処分についての
   高裁および最高裁判例 ··· 195
   (A) 東京高判平成 2 年 6 月28日の見解 ·························· 196
   (B) 最三小判平成 6 年 3 月 8 日の見解 ·························· 196
  (4) 上記判決の対立する見解 ······································· 197

在日韓国人の親子関係の成立——養子縁組の成立を中心として—— ·· 200

 はじめに ··· 200
 1 在日韓国人の親子関係成立の準拠法 ··························· 201
  (1) 反 致 ·· 201
   (A) 通則法 ·· 201
   (B) 韓国法 ·· 201
  (2) 嫡出親子関係の成立 ··· 202
   (A) 出生による嫡出親子関係の成立 ····························· 202
   (B) 出生以外の事由による嫡出親子関係の成立 ·············· 203
  (3) 非嫡出親子関係の成立 ·· 203
   (A) 通則法 ·· 203

(B)　韓国法 ………………………………………………… **204**

　(3)　準　　正 ……………………………………………………… **204**

　　　(A)　通則法 ………………………………………………… **205**

　　　(B)　韓国法 ………………………………………………… **205**

　(4)　養親子関係の成立 …………………………………………… **205**

　　　(A)　通則法 ………………………………………………… **205**

　　　(B)　韓国法 ………………………………………………… **206**

2　在日韓国人の養子縁組に関する最三小判平成20年3月18日 … **207**

　(1)　韓国の養子縁組制度 ………………………………………… **207**

　(2)　判決の事実関係 ……………………………………………… **208**

　(3)　上記最高裁判決の判断 ……………………………………… **209**

　(4)　韓国の判例 …………………………………………………… **209**

　(5)　「藁の上からの養子」に対する日本判例と韓国判例の相違点 … **210**

3　在日韓国人夫婦が日本人の子を特別養子縁組できるのか …… **211**

　(1)　事　　案 ……………………………………………………… **211**

　(2)　準拠法 ………………………………………………………… **211**

　(3)　具体的手続 …………………………………………………… **212**

おわりに ……………………………………………………………… **214**

在日韓国人の離婚と身分登録 …………………………………… **215**

はじめに ……………………………………………………………… **215**

1　離婚と国際私法 ………………………………………………… **216**

　(1)　通則法 ………………………………………………………… **216**

　(2)　韓国国際私法 ………………………………………………… **217**

2　実体法上の問題点と離婚成否 ………………………………… **217**

　(1)　離婚の準拠法 ………………………………………………… **218**

　　　(A)　在日韓国人同士の夫婦の場合 ……………………… **218**

　　　(B)　在日韓国人と日本人の夫婦の場合 ………………… **218**

(C)　在日韓国人とその他の国籍者の夫婦の場合 …………………… 218
　　〔図表5〕　離婚の準拠法 ……………………………………………………… 218
　　(2)　協議離婚 ……………………………………………………………… 219
　　　(A)　在日韓国人同士の夫婦の場合 …………………………………… 219
　　　(B)　在日韓国人と日本人の夫婦の場合 ……………………………… 221
　　　(C)　在日韓国人とその他の国籍者の夫婦の場合 …………………… 221
　　(3)　裁判上の離婚 ………………………………………………………… 221
　3　手続法上の問題点と身分登録 ………………………………………… 222
　　(1)　日本の協議離婚の方式による場合 ………………………………… 223
　　(2)　韓国の協議離婚の方式による場合 ………………………………… 224
　　(3)　日本の裁判所による裁判上の離婚の場合 ………………………… 225
　　(4)　韓国の裁判所による裁判上の離婚の場合 ………………………… 225
　おわりに ………………………………………………………………………… 226

在日韓国人は、「遺言」で相続準拠法を日本法に指定できるか …………… 227

　はじめに ………………………………………………………………………… 227
　1　相続準拠法指定の遺言をめぐる法適用の経路 ……………………… 228
　　(1)　通則法36条（相続）の意義 ………………………………………… 228
　　(2)　通則法36条（相続）と41条（反致）の関係 ……………………… 229
　　(3)　韓国「国際私法」49条（相続）の意義 …………………………… 230
　　　(A)　本国法か、それとも指定した準拠法か（韓国国際私法49条1項と2項の関係） ……………………………………………………… 231
　　　(B)　準拠法指定の要件（韓国国際私法49条2項の意義） ………… 232
　2　相続準拠法を日本法に指定した遺言をめぐるいくつかの問題 ………………………………………………………………………… 236
　3　在日韓国人父親（甲）の相続準拠法には日本法が適用されるか ……………………………………………………………………… 238

| おわりに ……………………………………………………………… 239

在日朝鮮人の相続について思うこと ……………241

| はじめに ……………………………………………………………… 241
| 1　渉外的な相続の準拠法 ……………………………………… 241
| 2　朝鮮民主主義人民共和国の国際私法関連法規 ……………… 242
| 3　在日朝鮮人の本国法の決定 ………………………………… 243
| 　⑴　本国法の決定 …………………………………………… 243
| 　⑵　在日朝鮮人の過去の住所や本籍 ……………………… 246
| 　⑶　在日朝鮮人の外国人登録原票の「国籍」と外国人住民票の
| 　　　「国籍・地域」 …………………………………………… 246
| 　⑷　総連か民団か、北朝鮮か韓国か ……………………… 248
| 4　在日朝鮮人の相続 …………………………………………… 249
| 最後に ………………………………………………………………… 249

渉外家族と法定相続情報証明制度 ………………… 250

| はじめに ……………………………………………………………… 250
| 1　法定相続情報証明制度の概要 ……………………………… 252
| 　⑴　法定相続情報一覧図の写しの交付 …………………… 252
| 　⑵　法定相続情報一覧図の保管および一覧図の写しの交付の申
| 　　　出人 ……………………………………………………… 253
| 　⑶　申出書の添付書面（不登規則247条3項） ……………… 253
| 　⑷　一覧図の写しの作成 …………………………………… 256
| 2　法定相続情報証明制度から除かれた渉外家族 …………… 256
| 　⑴　法定相続情報一覧図の対象から除かれる被相続人（被代襲
| 　　　者を含む）（不登規則247条1項・3項2号関係） ……… 256
| 　⑵　一覧図の写しの交付の申出人等から除かれる対象者（不登
| 　　　規則247条1項・3項4号関係） ………………………… 257

おわりに ……………………………………………………………… 258

資料

【資料1】　国籍地域別・在留資格（在留目的）別在留外国人数 …………… 262
【資料2】　都道府県別　国籍欄「中国」「台湾」「韓国」「朝鮮」の
　　　　　在留外国人数 ……………………………………………… 264
【資料3】　国籍欄「韓国・朝鮮」「中国」の外国人登録者（在
　　　　　留外国人）数の年次別推移 ……………………………… 266
【資料4】　帰化許可申請者数・帰化許可者数等の推移 ………………… 268
【資料5】　「外国人住民票」・渉外身分登録をめぐる日本司法書士会
　　　　　連合会ほかの主な動き ………………………………… 270
【資料6】　日本司法書士会連合会意見書（平成23年12月16日付け総務
　　　　　省自治行政局外国人住民基本台帳室宛て） ……………… 280
【資料7】　平成25年（2013年）3月26日付け法務省入国管理局長宛
　　　　　て「外国人住民に係る渉外民事実務の課題について（提言）」
　　　　　（日司連発第2053号） ……………………………………… 286
【資料8】　外国人集住都市会議に対する平成27年（2015年）12月11
　　　　　日付け「外国人住民の身分登録に関する質問書」及び平成
　　　　　28年（2016年）1月4日外国人集住都市会議事務局から受領
　　　　　した「質問に対する回答書」並びに住民基本台帳制度の改
　　　　　正等に関する提言書 …………………………………… 299
【資料9】　平成29年（2017年）1月31日外国人集住都市会議「豊橋
　　　　　宣言」 ……………………………………………………… 307
【資料10】　平成26年（2014年）12月26日公表「第6次出入国管理政策
　　　　　懇談会」報告書「今後の出入国管理行政の在り方」（抜粋） …… 309
【資料11】　平成27年（2015年）9月15日公表「第5次出入国管理基本

計画」（抜粋） ……………………………………………………**315**
【資料12】　日本司法書士会連合会宛て平成28年12月22日公表不動産登
　　　記規則の一部改正（案）の「法定相続情報証明制度」につ
　　　いての要望（平成29年1月30日付け渉外身分登録検討委員会） ……**320**

・あとがきに代えて ……………………………………………………**322**
・編集後記 ………………………………………………………………**323**

凡　例（略語）

〈法令〉

・入管法等改正法	出入国管理及び難民認定法及び日本国との平和条約に基づき日本の国籍を離脱した者等の出入国管理に関する特例法の一部を改正する等の法律（平成21年法律第79号）
・入管法	出入国管理及び難民認定法（昭和26年政令第319号）
・入管法規則	出入国管理及び難民認定法施行規則（昭和56年法務省令第54号）
・入管特例法	日本国との平和条約に基づき日本の国籍を離脱した者等の出入国管理に関する特例法（平成3年法律第71号）
・入管特例法規則	日本国との平和条約に基づき日本の国籍を離脱した者等の出入国管理に関する特例法施行規則（平成23年法務省令第44号）
・(旧)外登法	入管法等改正法4条により廃止された外国人登録法（昭和27年法律第125号）
・改正住基法	住民基本台帳法の一部を改正する法律（平成21年法律第77号）
・住基法	住民基本台帳法（昭和42年法律第81号）
・住基法令	住民基本台帳法施行令（昭和42年政令第292号）
・通則法	法の適用に関する通則法（平成18年法律第78号）
・戸籍法規則	戸籍法施行規則（昭和22年司法省令第94号）
・不登法	不動産登記法（平成16年法律第123号）
・不登令	不動産登記令（平成16年政令第379号）
・不登規則	不動産登記規則（平成17年法務省令第18号）
・人訴法	人事訴訟法（平成15年法律第109号）
・人訴規則	人事訴訟規則（平成15年最高裁判所規則第24号）
・家事法	家事事件手続法（平成23年法律第52号）
・家事規則	家事事件手続規則（平成24年最高裁判所規則第8号）
・後見登記法	後見登記等に関する法律（平成11年法律第152号）
・後見登記省令	後見登記等に関する省令（平成12年法務省令第2号）

- 行政機関個人情報保護法

    行政機関の保有する個人情報の保護に関する法律（平成15年法律第58号）
- ヘイトスピーチ対策法

    本邦外出身者に対する不当な差別的言動の解消に向けた取組の推進に関する法律（平成28年法律第68号）

〈判例集等〉

民集	最高裁判所民事裁判例集
家月	家庭裁判月報
判時	判例時報
判タ	判例タイムズ

第1章

在留外国人の法的地位と身分登録の現状

序

　在留外国人の身分登録の現状についてⅠでは、1950年（昭和25年）から2016年（平成28年）までの国籍別外国人登録者の統計を取り上げ、在留外国人の人口動態を分析することよって第二次世界大戦後から現在に至る出入国および在留管理法制の変遷を俯瞰し、かつ、在留外国人の法的地位を概説をする。戦後期の治安維持の側面から日本国籍保有者であった朝鮮人および台湾人を主な対象とした「外国人登録令」および「入国管理令」の制定の経緯、バブル期の1990年代における経済発展に伴う労働力不足を補うため南米日系人を労働者として受け入れた1990年（平成2年）改正入管法がもたらした問題点、および2012年（平成24年）7月9日から施行されている2009年（平成21年）7月15日公布の入管法等改正法および改正住基法によって失われた利便性等や第5次出入国管理基本計画に基づく外国人労働者の受入れに伴う在留資格等について述べる。

　Ⅱでは、在留外国人の相続や婚姻・離婚、親子関係成立等の身分行為に適用される準拠法が、どのような経路をたどって決定されるかということを概説する。日本においては、渉外的な身分行為に関して通則法が適用され、当該身分行為に適用される準拠法によって当該身分行為が有効に成立するならば、日本の戸籍法に基づく創設的届出を届出人の所在地の市町村長に対して行うことができる。そして、当該届書は保存されるため、当該届出の受理証明書または届書の記載事項証明書を請求することにより、外国人の身分関係が公証されることになる。そこで、身分行為の実質的成立要件の準拠法はもとより形式的成立要件の準拠法についても若干の解説を加え、さらに、渉外的要素のある人事訴訟事件および家事事件について、日本に裁判管轄権があるかという国際裁判管轄についても言及する。

　Ⅲでは、廃止された外登法の登録原票と改正住基法により創設された外国人住民票の記載事項を比較検討し、外国人住民票に在留外国人の身分変動事

項が記録されているかを検証する。そのほか、在留外国人が入手しうる身分関係証明書について検討を加えるとともに、在留外国人の「身分関係情報」が各地各所に点在していることを明らかにしたうえで、外国人住民票のみによっては在留外国人の身分登録に関する情報の把握、入手は困難であること、これがために当該外国人に不利益が生じることはもちろん行政事務に支障を来し行政サービスの低下をも招く結果、在留外国人との共生社会実現の足かせになる可能性があることを指摘し、その解決策として在留外国人の「身分関係情報」が各役所間、役所と裁判所間を横断して共有されるしくみが構築されるべきであるとを提言する。

I　在留外国人の現況とその法的地位

はじめに

　日本に在留する外国人は、戦後間もなくから1980年代までは、その9割近くをいわゆる在日韓国・朝鮮人を中心とする現在の特別永住者に相当する者が占めていた。

　その後、1989年（平成元年）に入管法の改正により在留資格の種類の見直しが行われ、外国人の受入れ範囲が拡大した。近年、特別永住者数は減少する一方、さまざまな目的をもって来日し、日本において中長期的に生活を送る外国人は増加している[1]。一方で日本はすでに少子高齢化、人口減少局面に入り、今後、労働力の確保が課題となっている。そのような中、特に、専門的・技術的分野の外国人は日本経済社会の活力の維持・発展に不可欠な人材であり、引き続き積極的な受入れが必要とされる[2]。

　2016年（平成28年）12月末現在、在留外国人の総数は過去最高の約238万人であり、国籍・地域別に見ると、中国、韓国・朝鮮、フィリピン、ベトナム、ブラジルの順となっている。これら在留外国人をとりまく入管法制をたどりながら現在の状況をみていきたい。

1　法務省ホームページ『第5次出入国管理計画』5頁（http://www.moj.go.jp/nyuukokukanri/kouhou/nyuukokukanri06_00065.htm）。
2　法務省・前掲（注1）22頁。

〔図表１〕　国籍別外国人登録者数（〜2011年）・在留外国人数（2012年〜）の推移[3]

年次	総数	国籍別外国人登録者数（〜2011年）・在留外国人数（2012年〜）の推移（各年末現在）					
1950（昭25）	598,696	韓・朝 544,903	中国 40,481	米 4,962			
1960（昭35）	650,566	韓・朝 581,257	中国 45,535	米 11,594			
1970（昭45）	708,458	韓・朝 614,202	中国 51,481	米 19,045			
1980（昭55）	782,910	韓・朝 664,536	中国 52,896	米 22,401			
1990（平2）	1,075,317	韓・朝 687,940	中国 150,339	ブラジル 56,429	フィリ 49,092	米 38,364	ペルー 10,279
2000（平12）	1,686,444	韓・朝 635,269	中国 335,575	ブラジル 254,394	フィリ 144,871	ペルー 46,171	米 44,856
2010（平22）	2,134,151	中国 687,156	韓・朝 565,989	ブラジル 230,552	フィリ 210,181	ペルー 54,636	米 50,667
2011（平23）	2,078,508	中国 674,879	韓・朝 545,401	ブラジル 210,032	フィリ 209,376	ペルー 52,842	米 49,815
2012（平24）	2,033,656	中国 652,595	韓・朝 530,048	フィリ 202,985	ブラジル 190,609	ベトナム 52,367	ペルー 49,255
2013（平25）	2,066,445	中国 649,078	韓・朝 519,740	フィリ 209,183	ブラジル 181,317	ベトナム 72,256	米 49,981
2014（平26）	2,121,831	中国 654,777	韓・朝 501,230	フィリ 217,585	ブラジル 175,410	ベトナム 99,865	米 51,256
2015（平27）	2,232,189	中国 665,847	韓・朝 491,711	フィリ 229,595	ブラジル 173,437	ベトナム 146,956	ネパ 54,775
2016（平28）	2,382,822	中国 695,522	韓・朝 485,557	フィリ 243,662	ベトナム 199,990	ブラジル 180,923	ネパ 67,470

※「韓・朝」は韓国・朝鮮を意味し、「米」は米国、「フィリ」はフィリピン、「ネパ」はネパール、2011年までの「中国」には「台湾」地域の者も含まれていたが、2012年からは「台湾」地域の者は別に集計された。2015年から「朝鮮」の者も別に集計・公表されている。

[3] 2000年までは、総務省統計局『新版日本長期統計総覧第１巻』136頁（日本統計協会、2006）、総務省統計局ホームページ「国籍別、在留資格別外国人登録者数」（http://www.stat.go.jp/data/chouki/02.htm）より作成。2010年以降は、法務省ホームページ「国籍・地域別在留資格（在留目的）別　外国人登録者、在留外国人」（http://www.moj.go.jp/housei/toukei/toukei_ichiran_touroku.html）より作成。

1 外国人に適用される法律・法的地位の変遷

(1) 外国人登録令・出入国管理令の制定

　日本は、1945年（昭和20年）8月14日ポツダム宣言を受諾し、同年9月2日降伏文書に調印した。その後、サンフランシスコ講和条約が発効する1952年（昭和27年）4月28日まで、日本は、連合国軍総司令部の占領下に入ることになる。

　1947年（昭和22年）に「外国人登録令」（勅令第207号）（以下、「外登令」という）が制定されるが、内容は入国規制と退去強制および外国人登録であった[4]。外登令は、当時、日本国籍を保有するとされていた在日朝鮮人等を「外国人とみなす」（同令11条1項）ことで、彼らに外国人登録義務を課した。その当時、日本にいる外国人は在日朝鮮人等を除けば、連合国関係者ぐらいで、彼らは外登令の適用外とされており（同令2条）、外国人の入国は原則として禁止されていたので（同令3条）、外登令は在日朝鮮人を主たる対象として制定されたといえる[5]。

　その後、1951年（昭和26年）11月1日に「出入国管理令」（昭和26年政令第319号）（以下、「入管令」という）が施行された[6]。入管令は、当初、出入国とそれに伴う在留を前提としており、生活の本拠を日本以外の外国に有し、一時的に日本で在留する外国人を管理対象とするものであった。

(2) サンフランシスコ講和条約発効から1989年入管法改正まで

　1952年（昭和27年）4月28日のサンフランシスコ講和条約（以下、「サ条約」

---

[4] 外国人登録事務協議会『新版外国人登録事務必携』2頁（日本加除出版、1988）。
[5] 「定住外国人と家族法」研究会編著『「在日」の家族法Q&A』69頁（日本評論社、2010年）。
[6] 日本司法書士会連合会「外国人住民票」検討委員会編『外国人住民票の創設と渉外家族法実務』4頁（民事法研究会、2012）。

という）発効により、朝鮮および台湾は日本国の領土から分離され、これに伴い、朝鮮人および台湾人は、内地に在住している者を含めてすべて日本の国籍を喪失した。同日、日本政府は昭和27年4月19日法務省民事甲第438号民事局長通達（以下、「438号通達」という）を発出し、国籍および戸籍事務の取扱いを定めたが、それは内地戸籍、朝鮮戸籍、台湾戸籍等の内外地戸籍を基準として国籍を決定するものであった。また、サ条約発効と同時に外登令は廃止され、「外国人登録法」（昭和27年法律第125号）が制定された。

外登法は、外国人の居住関係および身分関係の把握を目的とし、居住地の市区町村長が事務を行うのに対し、入管令は、出入国・在留の直接的管理を目的とし、地方入国管理局が事務を執行していた。

(A) 「126-2-6」という在留資格

438号通達により日本にいた朝鮮人および台湾人は「外国人」となったため、入管令の適用対象となり、同令が定める在留資格がない状態となった。そこで、サ条約発効日に制定施行された「ポツダム宣言の受諾に伴い発する命令に関する件に基づく外務省関係諸命令の措置に関する法律」（昭和27年法律第126号）は「昭和20年9月2日以前からこの法律施行の日まで引き続き本邦に在留するもの（昭和20年9月3日からこの法律施行の日までに本邦に出生したその子を含む。）」については「別に法律に定めるところによりその者の在留資格及び在留期間が決定されるまでの間、引き続き在留資格を有することなく本邦に在留することができる」とし、入管令上の在留資格や在留期間を満たしていなくても日本に在留できるとした[7]。この在留資格は一般的に「126-2-6」と呼ばれる[8]。

(B) 「協定永住」という在留資格

1965年（昭和40年）12月、日本と韓国の間で、「日本国と大韓民国との間の

7　趙慶済『「在日」の国際家族法とその本国法を考える』98頁（日本加除出版、2015）。
8　「126-2-6」の在留資格の子や孫にも同様の在留資格が付与されたが、在留期間は3年であった（「特定の在留資格及びその在留期間を定める省令」（昭和27年外務省令第14号）1項2項）。

基本関係に関する条約」(昭和40年条約第25号) が締結され、日本と韓国の国交が回復した。同条約の締結交渉の中で、日韓両国は「日本国に居住する大韓民国国民の法的地位及び待遇に関する日本国と大韓民国との間の協定」(昭和40年条約第28号)(以下、「法的地位協定」という)を締結し、同協定は翌年1月17日に発効した。この法的地位協定により、在日韓国人に対する在留資格として「永住権」(協定永住)が創設された。なお、この協定永住は「大韓民国国民の法的地位及び待遇に関する日本国と大韓民国との間の協定の実施に伴う出入国管理特別法」による申請に基づく許可で、「在日韓国人」(韓国国籍保有者)のみに付与するとされた。しかも、この永住許可は在日韓国人協定永住一世および協定永住二世を対象とし、その次の世代である協定永住三世以下の法的地位については取り決めをしていなかった[9]。

(C) 「特例永住」という在留資格

1975年(昭和50年)から始まるベトナムからのボートピープルの受入れ問題もあり、日本は1981年(昭和56年)「難民の地位に関する条約」に加入し、それを機に1982年(昭和57年)、出入国管理令に難民認定制度を付加して「出入国管理及び難民認定法」が施行された。同法の附則で、先の協定永住の申請をしていない126-2-6の該当者およびその直系卑属で一定の要件を満たしている者は、特例的に申請により一般永住権を取得できるとされた[10]。これを「特例永住」という。

(D) 「特別永住」という在留資格

法的地位協定で先送りされた協定永住三世の永住権の問題については、1991年(平成3年)1月10日に日韓の外相による覚書が交わされ決着が図られた。そして、1991年(平成3年)に施行された「日本国との平和条約に基づき日本の国籍を離脱した者等の出入国管理に関する特例法」(平成3年法律第71号)では、日本国との平和条約に基づき日本の国籍を離脱した者および

---

9 「定住外国人と家族法」研究会編著・前掲(注5)50頁。
10 「定住外国人と家族法」研究会編著・前掲(注5)51頁。

その子孫全体に特別永住者の資格を付与した（同法3条）。これにより、それまでは「126－2－6」「協定永住」「特例永住」等で分かれていた在日韓国・朝鮮人、台湾人の法的地位が「特別永住者」として一本化された。

(3) 1989年入管法改正から2009年入管法等改正法・改正住基法の制定まで

1990年（平成2年）6月1日、前年に改正された入管法が施行され、在留資格の規定が全面的に改められた。これは外国人の増加による法律の再整備の必要や、好景気を背景とした人手不足による外国人労働者受入れの要望等が背景にあったといわれる。それを受けて、在留資格の種類・内容で新たに「日本人の配偶者等」「定住者」[11]という在留資格が加えられ、日系ブラジル人など日本人移民の子孫が「定住者」の在留資格を取得し、日本に多く入国した。とりわけ在留外国人のうち「ブラジル」は1989年（平成元年）の1万4528人から1991年（平成3年）には11万9333人と急増し、2000年（平成12年）には25万4394人となった。

また、その他の改正では在留資格を「在留中に行う活動の範囲に制限のある資格（別表第一）」と「活動に制限のない資格（別表第二）」に大別し、在留資格表示もそれまでの数字表記から「外交」「投資・経営」などと表示されるようになった。

(4) 入管法・住基法改正の経緯

外国人の在留管理制度は、入管法により、法務大臣が外国人の入国時や在留期間の更新時等に、外国人から必要な資料の提出を受けるなどして審査を行ういわゆる「点」の情報把握が中心で、在留期間の途中における事情の変更は、市区町村長における外国人登録制度を通じて把握していた。また、外

11　法務省入国管理局在留資格一覧表では、「定住者」とは「法務大臣が特別な事情を考慮し、一定の在留期間を指定して居住を認める者」としている。該当例として「日系三世」「中国残留邦人」等としており、「在留期間」も定められている。

国人については、住民基本台帳制度の適用がなく、事実上、外国人登録を行った外国人を住民として把握し、その情報を各種行政サービス提供の基礎としていた[12]。

しかし、1989年（平成元年）の入管法改正により来日したブラジル人やペルー人も含め、在留資格が「永住者」や「定住者」であるいわゆる「ニューカマー」と呼ばれる外国人が増加し、日本国内での住所異動も増えたが、住所を異動しても外国人登録の変更をしない場合があり、外国人登録上の情報に正確性を欠くケースが増えた[13]。そして、法務大臣には市区町村の長から受ける外国人登録の報告に関して調査権限がないため、外国人の在留期間中の事情の変更が十分に把握できず、事情の変更が在留資格の取消事由等に該当する場合の対応が不十分になるケースや、本来在留が認められない不法滞在者が外国人登録の対象となり、登録を行えば外国人登録証明書が交付されたので不法滞在者が正規滞在者と誤解されたりする等、不法滞在者の在留継続を容易にしていると指摘されていた[14]。

さらには、日本人と外国人が結婚し、実体としては一つの世帯であるにもかかわらず、外国人登録上の世帯主と住民基本台帳法との世帯主が異なることにより行政サービスの提供の障害となっていた[15]。

(5) 2009年入管法等改正法および改正住基法施行から現在まで

法務大臣と市区町村の長の二元的な情報把握、管理制度を再構築するために、入管法等改正法並びに改正住基法が2009年（平成21年）7月15日に公布され、2012年（平成24年）7月9日に施行された。それに伴い外登法は廃止され、在留管理は入管法に一本化され、法務大臣が一元管理している。そして、永

---

12 藤乗一道「在留制度の抜本改革」立法と調査296号3頁（参議院ホームページ〈http://www.sangiin.go.jp/japanese/annai/chousa/rippou_chousa/backnumber/index.html〉）。
13 日本司法書士会連合会「外国人住民票」検討委員会編・前掲（注6）41頁。
14 法務省第5次出入国管理政策懇談会「新たな在留管理に関する提言（平成20年3月）」5頁（http://www.moj.go.jp/content/000007263.pdf）。
15 法務省・前掲（注14）6頁。

住者等の一定の範囲の在留資格者を「中長期在留者」[16]と規定し、従来の外国人登録証明書に代わって「在留カード」を交付することになった（入管法19条の3）。また、特別永住者に対しては「特別永住者証明書」が交付されることとなった（入管特例法7条）。

　一方、在留外国人の居住関係および身分関係については住基法が適用され、中長期在留者および特別永住者には、外国人住民に係る住民票に登録されることとなった（住基法30条の45）。

　ところで、廃止された外登法における外国人登録原票と住基法における外国人住民票の記載事項の相違点は多く[17]、本国の身分登録簿や日本における戸籍届出書等の検索に支障を来すケースも生じうる[18]。また、外登法の廃止により外国人登録原票が法務省の保有となったことから、親族関係や住所履歴の確認など、外国人住民が生活上必要とする情報が自治体の窓口で対応できないケースが生じ、開示請求に時間を要することとなった[19]。

2　現在の在留資格

　外国人が日本に適法に滞在するためには、在留資格と在留期間を得ること

---

[16] 日本において在留資格をもって在留する外国人のうち、①3カ月以下の在留期間決定者、②短期滞在在留資格決定者、③外交、公用による在留資格決定者、および④それらに準ずる者として法務省令で定める者以外の者に、法務大臣は在留カードを交付し（入管法19条の3）、中長期在留者は、日本に入国後に定めた住居地を一定期間内にその者の住居地の市町村の長を経由して法務大臣に届出なければならない（同法19条の7）としている。

[17] 外国人登録原票の記載事項であった「国籍の属する国における住所又は居所」「出生地」「本邦にある父母及び配偶者の氏名、出生の年月日及び国籍」は外国人住民票の記載事項とされていない（旧外登法4条、住基法7条、30条の45）。

[18] 日本司法書士会連合会は2012年9月以降、法務省入国管理局との間で3回の連絡会を行い、2013年3月26日、「外国人住民に係る渉外民事実務の課題について（提言）」を法務省入国管理局に提出し外国人住民票制度の問題点、克服すべき点を示している。

[19] 開示請求の方式としては、①行政機関個人情報保護法12条に基づく「外国人登録原票に係る開示請求」(http://www.moj.go.jp/hisho/bunsho/hisho02_00016.html)と②「死亡した外国人に係る外国人登録原票の写しの交付請求」(http://www.immi-moj.go.jp/news-list/120628_01.html)がある。

が必要となる。

　日本に在留する外国人は、入管法等の法律に特別の規定のある場合を除き、上陸許可もしくは取得に係る在留資格またはそれらの変更に係る在留資格をもって在留するものとされている（入管法2条の2）。在留外国人は在留資格に応じて活動を行い、在留資格により在留期間が定められている[20]。入管法における在留資格は、〔図表2〕のとおりにそれぞれ区分されている。また、平和条約による国籍離脱者およびその子孫で入管特例法2条各号に該当する者[21]については、入管特例法により「特別永住者」として永住資格が付与されている。

　外国人が就労するためには在留資格上、就労が認められていなければならず（入管法2条の2、19条）、外国人の申請により、法務大臣は就労資格証明書を交付できる（同法19条の2）。なお、「永住者」「日本人の配偶者等」「永住者の配偶者等」「定住者」「特別永住者」については、入管法上活動に制限はなく、一切の活動が認められている。つまり、これら身分または地位に基づく在留資格者は、収入を伴う事業を営むことも就労することも可能であるということを意味する。

　また、在留期間については「永住者」「特別永住者」以外は在留期間の制限が設けられており、この期間を経過し、期間更新をしない場合は不法残留者となる。

　入管法は2014年（平成26年）および2016年（平成28年）に改正されている。平成26年改正法（平成26年法律第74号）では外国人の高度人材の受入れ促進のための「高度専門職」（〔図表2〕参照）が新設され、平成28年の高度専門職の在留資格者は、前年度を大きく上回っている。

　入管法の平成28年改正法（平成28年法律第88号）では、新たに「介護」という在留資格が創設された。高齢化社会が進む中で、質の高い介護に対する

20　手塚和彰『外国人と法』40頁（有斐閣、2005）。
21　手塚・前掲（注20）62頁では「すなわち、在日韓国・朝鮮人及び在日台湾人ならびにその子孫」とある。

〔図表2〕 在留資格別在留外国人の推移[22]

	在留資格	平成27年	平成28年
	計	2,232,189	2,382,822
	特別永住者	348,626	338,950
中長期在留者	永住者	700,500	727,111
	留学	246,679	277,331
	技能実習1号イ	4,815	4,943
	技能実習1号ロ	87,070	97,642
	技能実習2号イ	2,684	3,207
	技能実習2号ロ	98,086	122,796
	定住者	161,532	168,830
	技術・人文知識・国際業務	137,706	161,124
	家族滞在	133,589	149,303
	日本人の配偶者等	140,349	139,327
	特定活動	37,175	47,039
	技能	37,202	39,756
	永住者の配偶者等	28,939	30,972
	経営・管理	18,109	21,877
	企業内転勤	15,465	15,772
	教育	10,670	11,159
	教授	7,651	7,463
	宗教	4,397	4,428
	高度専門職1号イ	297	731
	高度専門職1号ロ	1,144	2,813
	高度専門職1号ハ	51	132
	高度専門職2号	16	63
	文化活動	2,582	2,704
	興行	1,869	2,187
	研究	1,644	1,609
	研修	1,521	1,379
	医療	1,015	1,342
	芸術	433	438
	報道	231	246
	法律・会計業務	142	148

22 法務省ホームページ「国籍・地域別在留資格（在留目的）別　在留外国人」(http://www.moj.go.jp/housei/toukei/toukei_ichiran_touroku.html) より作成。

ニーズが増大したことが背景にあるが、この在留資格により介護福祉士等の国家資格を取得した外国人留学生の卒業後の国内における就労が可能となった[23]。また、「外国人の技能実習の適正な実施及び技能実習生の保護に関する法律」（平成28年法律第89号）の公布に伴い、「技能実習」の在留資格も見直され、新たに「技能実習3号イ、ロ」が創設され在留期間も延長が図られた。一方で偽装滞在対策のための罰則の整備および在留資格の取消しに関する規定も改正されている。

おわりに

　外国人が集住する都市では、日本人住民と外国人住民との共生を図るための取組みも行われているが、言語や生活習慣等の問題も含め課題も多いのが現状である。外国人住民の定住化や次世代の子供達の成長に伴い、日本での婚姻や相続の問題等も今後増加していくだろう。

　Ⅱにおいて、在留外国人に関する相続、婚姻、離婚、親子関係等の問題解決について触れていきたい。

（金山　幸司）

---

[23] 介護福祉士として業務に従事し、在留状況に問題がなければ、在留期間の更新が可能であり、更新回数に制限がない。配偶者および子が「家族滞在」の在留資格で在留することも可能である。

Ⅱ　在留外国人の相続・身分関係の準拠法

はじめに

　当事者の国籍、住所、行為地、目的物の所在地といった法律関係を構成する要素の少なくとも一つが外国とかかわっているようなものを「渉外的法律関係」と呼んでいる。この渉外的法律関係が法廷地によって異なった法的評価がなされ、たとえばＡ国で有効とされる婚姻がＢ国では無効とされるようでは、法的安定性が確保されないばかりか、当事者の予見可能性をも奪う結果になる。そこで、各々の渉外的法律関係に対し、一定の客観的基準に基づき、その渉外的法律関係の解決に最も適切で密接に関連した法域の法律を、関係する国の法の中から選択するという方法が採用されており、その役割を担当する法が国際私法である[1]。しかし、現在の国際私法は、世界各国が国内法として独自に制定しているため、法廷地の国際私法の内容いかんによっては、選択適用される準拠法が異なってしまう可能性があり、完全な問題解決の方法とまでは至っていないのが現実である。

　日本の制定国際私法は通則法である。通則法は家族法分野を婚姻の成立および方式（24条）、婚姻の効力（25条）、離婚（27条）、嫡出親子関係の成立（28条）、非嫡出親子関係の成立（29条）、相続（36条）、遺言（37条）等に分解して、その類型ごとに準拠法を指定している。なお、準拠法とは、国際私法の規定に従って指定される当事者の本国法、住所地法、行為地法および常居所地法などの実質法のことをいう。

---

[1]　澤木敬郎＝道垣内正人『国際私法入門〔第6版〕』17頁（有斐閣双書、2006）は「国際私法は、国際社会に法秩序を築くため、法律関係について類型ごとに準拠法を決定し、これを適用する」とある。

1 司法書士が直面する渉外相続

　司法書士が不動産の権利に関する登記申請において、申請情報とあわせて登記所に提供しなければならない「登記原因を証明する情報」（不登令7条5号ロ）の中で、最も多くの情報を収集しなければならないものは、相続を原因とする所有権の移転登記申請であろうと思われる[2]。被相続人が日本人であれば、戸籍法10条および12条の2に基づき戸籍の謄本および除かれた戸籍の謄本等の交付請求をすることができるが[3]、日本に在留する外国人については、戸籍は編製されないので、戸籍の謄本等を相続証明書として提供することができない[4]。そのため、これに代わるべき情報の提供を要するところ、ある論文には「相続を証する情報としては、その相続人によって異なるが、まず、外国人の本国法が登記官に明らかにされ、かつ、その本国法の定める相続関係の証明書（戸籍謄本等）を登記所に提出することが可能なときは、当該証明書が相続を証する情報となり、次に、外国人の本国法が必ずしも明

2　不登令別表22の添付情報欄は「相続又は合併を証する市町村長、登記官その他の公務員が職務上作成した情報（公務員が職務上作成した情報がない場合にあっては、これに代わるべき情報）及びその他の登記原因を証する情報」と規定する。

3　法務省は、平成29年4月17日、前掲（注2）の「相続……を証する市町村長……その他の公務員が職務上作成した情報」に「法定相続情報一覧図の写し」の提供をもって代替することができるとした「不動産登記規則の一部を改正する省令」（平成29年法務省令第20号）を公布したうえで、同日付け「不動産登記規則の一部を改正する省令の施行に伴う不動産登記事務等の取扱いについて」と題する法務省民二第292号法務省民事局長通達を発し、同年5月29日から施行した。同通達はその第2、5(1)において「これに対し、例えば被相続人が日本国籍を有しないなど戸除籍謄抄本の全部又は一部を添付することができない場合は、登記官は、法定相続情報一覧図の保管及び一覧図の写しの交付をすることができない。本制度は、飽くまで戸籍簿がある又はあつたことを前提とする制度であり、戸籍簿がもとから存在しない場合については、本制度を利用することはできないこととされています。相続人が日本国籍を有しない場合も同様となります」として、被相続人が生来の日本人であっても、たとえば配偶者のみが外国人である場合は、同制度が利用できないとしている。

4　「戸籍は、日本国民についてのみ編製され、外国人について編製されることはない」（財団法人民事法務協会＝民事法務研究所＝戸籍法務研究会『新版　実務戸籍法』2頁（民事法務協会、2001）。

らかでないとき、又は本国法の定める相続関係の証明書を提出することができないときは、本国の官憲又は日本駐在の官憲（日本駐在の大使、公使、領事等）の証明に係る情報をもって、これに充てることができる」との記述がある[5]。

しかし、日本に定住・永住する外国人が日本国内で行った身分行為の申告を、本国の身分登録機関に対して全くしていない、もしくは一部のみしている、またはそもそも外国で成立した身分行為を記録するシステムをもたない国もあることから、「本国の官公署が発行する相続証明書」を取得することが困難な場合があり得る[6]。

一方、日本においては、外国人が日本国内で行った身分行為について、当該身分行為に適用される準拠法によって有効に成立するならば、日本法が定める方式、すなわち戸籍法に基づく創設的届出は受理される[7]。そして、受理された届書等は閲覧の請求またはその書類に記載した事項について証明書を請求することができるとされている[8]。

このような状況において、我々司法書士が渉外的な相続登記を受任した場合、被相続人の相続証明書たる身分行為の記録がどこに存在し、その証明が

---

[5] 「実務の視点⑺」登記研究811号177頁（205頁）。
[6] 韓国の「家族関係の登録等に関する法律」は、4条の2に在外国民登録事務処理に関する特例、34条に外国で行う届出、35条に外国の方式による証書の謄本、36条に外国で受理した書類の送付などを規定し、外国で生じた身分行為を登録することができる。しかし、北朝鮮の「公民登録法」は、3条2項に公民の登録機関として、「外国で生活している共和国公民の登録は、朝鮮民主主義人民共和国領事代表機関が行う」と規定するが、日本にある事実上の領事代表機関である在日本朝鮮人総連合会は、公民登録を行っていないようである。中国については、在外国民の身分行為の記録を「戸口登記条例」に登録するシステムではないとされている。台湾の戸籍法は、16条3項に「出国して2年以上のときは、転出登記をしなければならない」と規定しており、転出登記をしなければ職権で除籍されるとのことである（第2章参照）。
[7] 佐藤やよひ＝道垣内正人編『渉外戸籍リステイトメント』7頁（日本加除出版、2007）に「身分的法律行為の市区町村長への創設的届出は、その実質的成立要件に関する準拠法上有効なものである限り、その方式については日本法に基づき有効なものとして受理することができる」とある。
[8] 戸籍法48条（受理・不受理の証明、届書等の閲覧、記載事項の証明書）。

どこに請求できるのかを、渉外的身分関係に適用される準拠法を確認することによって検証してみたい。

2 相続の準拠法

相続について通則法36条は「相続は、被相続人の本国法による」として、被相続人の本国法を準拠法として指定する。本国法とは、被相続人の国籍所属国の法のことであるが、もし、被相続人が複数の国籍を有していた場合には、本国法に関する通則法38条1項に基づき本国法を決定しなければならない。ただし、これにより本国法が決定し、当該本国法が準拠法と指定されたとしても、アメリカやカナダなどのように州ごとに法律が異なる「地域的不統一法国」である場合やインドやマレーシアなどのように宗教や人種によって適用される法が異なる「人的不統一法国」である場合には準拠法が確定しない。

そのため、「地域的不統一国」に対しては通則法38条3項により、「人的不統一国」に対しては人的に法を異にする国または地の法に関する通則法40条によって本国法を決定する作業が必要となる。

このほか本国の国際私法によれば、日本法を適用するとした「反致」の成否を検討しなければならない場合がある。通則法41条の「当事者の本国法によるべき場合において、その国の法に従えば日本法によるべきときは、日本法による」とする規定である。これは通則法の規定が本国法として外国法を指定した場合に、その外国の国際私法が当該法律関係について、住所地法、常居所地法、所在地法等によると規定して、直接に日本法が指定される場合に限って日本法を適用するというものである。ただし、本国法が適用される場合であっても、通則法25条の婚姻の効力、26条1項の夫婦財産制、27条の離婚および32条の親子間の法律関係には、反致は適用されない[9]。このよう

---

[9] 山田鐐一『国際私法〔第3版〕』73頁（有斐閣、2004）によれば「段階的連結の場合には、両性平等の原則に沿うよう諸般の事情を考慮して共通本国法を指定しているのに、共通本国法からの反致を認めると、共通常居所地法として日本法に反致する場合はとも

に反致の成否を確認するため、外国の国際私法を調査し、解釈する必要が生じる[10]。

3　相続の先決問題の準拠法

相続が問題となっている場合に、誰が相続人であるのかは相続の問題であるが、その前提となる相続人である資格の有無、たとえば配偶関係や親子関係の存否に関する問題のことを、相続を本問題と呼ぶことに対して先決問題と呼んでいる[11]。この先決問題の準拠法については、最高裁判所が「渉外的な法律関係において、ある法律問題（本問題）を解決するためにまず決めなければならない不可欠な前提問題があり、その前提問題が国際私法上本問題とは別個の法律関係を構成している場合、その前提問題は、本問題の準拠法によるのでも、本問題の準拠法が所属する国の国際私法が指定する準拠法によるのでもなく、法廷地である我が国の国際私法により定まる準拠法によっ

かく、当事者双方に共通でない連結素を媒介として、例えば、夫の住所地法として日本法に反致する場合には、両性平等の見地からみて適切と思われない結果を招くことになり、また密接関連法として日本法に反致する場合には、その認定に困難を伴うことになるからである」とある。

10　櫻田嘉章＝道垣内正人編『注釈国際私法第2巻』326頁〔北澤安紀〕（有斐閣、2012）は「わが国の通説・判例は、相続について、被相続人の本国の国際私法が日本法の適用を命ずる場合には、いかなる資格で日本法が指定されるかを問わず、広く反致を認めいている。そのため、相続の反致の問題、すなわち、被相続人の本国の国際私法が相続分割主義を採用し、『相続』問題を動産相続と不動産相続に分割して異なる単位法律関係としているような場合には、相続統一主義を採用する通則法36条との関係で、相続問題の一部について、日本法に部分的に反致してくる可能性がある（部分反致）。そのような場合に反致を認めると準拠法の適用段階で、相続人の範囲の相違や相続財産の清算等について困難な問題が生じる可能性があろう」と指摘する。

11　溜池良夫『国際私法講義〔第3版〕』227頁（有斐閣、2005）は「国際私法上問題となっている法律関係に先だつ法律関係があり、その先の法律関係が有効に成立していなければ、後の法律関係が成立しない場合がある。例えば、養子縁組が有効に成立していなければ、養子の相続の法律関係は成立しない。また、婚姻が有効に成立していなければ、婚姻の効力の法律関係は成立しない。このような場合、相続ないし婚姻の効力の法律関係の問題を本問題といい、養子縁組ないし婚姻の成立の法律関係の問題を先決問題という。そして、国際私法上先決問題はいかなる準拠法により決定されるべきかが問題とされる。これが、国際私法上における先決問題である」とする。

て解決すべきである」と法廷地国際私法説によるべきであると判示している（最一小判平成12年１月27日民集54巻１号１頁）。

4 配偶関係（婚姻・離婚）と親子関係（実親子・養親子）成立の準拠法

(1) 婚姻の成立

通則法24条１項は「婚姻の成立は、各当事者につき、その本国法による」として婚姻の実質的成立要件を規定している。実質的成立要件とは、婚姻が有効に成立すために必要な積極的もしくは消極的な要件を意味する。具体的には婚姻適齢、重婚の禁止、再婚禁止期間、近親者間の婚姻禁止などの要件のことである。この実質的成立要件には、各当事者ごとにそれぞれの本国法が適用されるとする配分的適用方法が採用されている。「これは、婚姻をなす両当事者を同等とみて、各当事者のそれまでの身分を規律していた法によらしめる趣旨である」[12]と説明されている。なお、本条は、本国法によるべき場合で反致しない法律関係ではないので、日本法に反致するかどうかを確認する必要があることに注意を要する。

(2) 離　婚

離婚に関する通則法27条は「第25条の規定は、離婚について準用する」と規定している。そこで、婚姻の効力を定めた通則法25条は「婚姻の効力は、夫婦の本国法が同一であるときはその法により、その法がない場合において夫婦の常居所地法が同一であるときはその法により、そのいずれの法もないときは夫婦に最も密接な関係がある地の法による」と規定していることから、離婚の準拠法は、第一次的に同一本国法、第二次的に同一常居所地法、第三

12　櫻田＝道垣内・前掲（注10）１頁〔横溝大〕。

次的に最密接関連地法と段階的に適用されることから、これを段階的適用と呼んでいる。離婚の許否、離婚の方法および離婚の機関、離婚原因などの実質的成立要件が適用範囲である。なお、本条は、通則法41条ただし書において、反致しない法律関係とされるので、反致を考慮する必要がない。

また、本条ただし書は「夫婦の一方が日本に常居所を有する日本人であるときは、離婚は、日本法による」とする、いわゆる日本人条項を規定している。これは夫婦の同一本国法が日本法でなく、同一常居所地が日本でない第三次の最密接関連地法による場合に優先して適用されるものであるとされる[13]。

(3) 嫡出である子の親子関係の成立

通則法は、親子関係の成立の準拠法決定について、夫婦もしくは父母を平等に取り扱うという両性平等の理念と子の福祉を重視し、準拠法選択においても子の利益を優先するという子の保護の理念を基礎としている[14]。

そこで、通則法28条1項は「夫婦の一方の本国法で子の出生の当時におけるものにより子が嫡出子となるべきときは、その子は、嫡出である子とする」と規定して夫婦双方の本国法を適用し、そのいずれかの本国法がその子を嫡出子としていれば、その子を嫡出子であるとする。このように父または母の本国法を選択的に準拠法とする趣旨は、子ができるだけ嫡出子たる身分を取得しやすいようにする子の利益保護の考慮によるものであると説明されている[15]。なお、反致については、反致の適用が疑問であるとする見解もあるところ、通則法41条が本条を除外していない以上、反致の適用があるものと解すべきであるとされるので、日本法に反致するかどうかを確認する必要がある[16]。同法28条2項は、夫が子の出生前に死亡した場合は、夫の死亡当時の

---

13 櫻田＝道垣内・前掲（注10）63頁〔青木清〕。
14 櫻田＝道垣内・前掲（注10）65頁〔佐野寛〕。
15 山田・前掲（注9）476頁。
16 山田・前掲（注9）476頁。

本国法を同条 1 項の本国法と定める規定である。通常、子が出生するときに母は死亡していないので、夫が死亡した場合のみを規定している。本条は、嫡出の推定、嫡出否認、無効な婚姻・取り消された婚姻から生まれた子の嫡出性に適用される。

ところで、通則法上、28条によって定まる準拠法によって嫡出親子関係が成立しない場合に、29条によって定まる準拠法が適用されて、非嫡出子親子関係の存在が判断されるという条文上の適用順序があるとされ、最高裁判所もこれを是認する判決を下した[17・18]。これは一般に非嫡出子親子関係よりも嫡出親子関係のほうが子の利益保護にかなうからとか[19]、矛盾する法的親子関係の成立が認められる場合には、複数の夫婦の嫡出推定が重複する場合と同様の問題が生じることがあるからと説明されている[20]。

(4) 嫡出でない子の親子関係の成立

通則法29条は、(3)で述べたとおり同法28条によって嫡出親子関係が認められなかった子とその親となるべき者との間における非嫡出子親子関係の成立について規定している。諸国の実質法上、単に出生の事実によってそれを認める、いわゆる事実主義（血統主義・ゲルマン主義）と一定の方式を具備する親の認知を必要とする、いわゆる認知主義（意思主義・ローマ主義）とがあり[21]、本条は、事実主義による非嫡出子親子関係の成立をも対象とすることとし、1 項で非嫡出子親子関係の成立一般の準拠法を定め、2 項で認知につ

17　澤木＝道垣内・前掲（注 1）128頁。
18　親子間の成立という法律関係のうち嫡出性取得の問題を一個の独立した法律関係と規定している旧法例17条、18条の構造上、親子関係の成立が問題となる場合には、まず嫡出親子関係についての準拠法により嫡出親子関係が成立するかどうかをみたうえ、その嫡出親子関係が否定された場合には、右嫡出とされなかった子について嫡出以外の親子関係の成立を別途見いだし、その準拠法を適用して親子関係の成立を判断すべきである（前掲最一小判平成12年 1 月27日）。
19　青木清「判批」櫻田嘉章＝道垣内正人編『国際私法判例百選〔第 2 版〕』132頁（有斐閣、2012）。
20　神前禎＝早川吉尚＝元永和彦『国際私法〔第 3 版〕』190頁（有斐閣アルマ、2012）。
21　山田・前掲（注 9）483頁。

いて追加的な特則規定をおいている[22]。

　そこで、通則法29条1項前段は「嫡出でない子の親子関係の成立は、父との間の親子関係については子の出生当時における父の本国法により、母との間の親子関係子についてはその当時における母の本国法による」と規定して、事実主義か認知主義かを問わず、非嫡出親子関係の成立について、原則的に子の出生当時の父については父の本国法を、母については母の本国法を配分的に適用すると定めている。本条1項後段および2項後段は、親の本国法によって認知がされる場合の子の利益を保護するための要件として、認知当時の子の本国法がその子または第三者の承諾または同意を必要とするときは、その要件をも備えることを要求している。いわゆるセーフガード条項と呼ばれるものである。本条2項前段は、子の認知による親子関係の成立ついて、同条1項前段の父または母の本国法に加え、認知の当時の認知者または子の本国法を選択的に適用すると規定する。これは認知保護の思想に基づき、認知の成立を容易にするためであると説明されている。本条3項前段は、子の出生前に父が死亡したときは、死亡当時の父の本国法が子の出生当時の父の本国法とみなされるのだが、同項後段は、それに加えて認知前に認知者が死亡したとき、あるいは子が死亡したときは、その死亡当時の本国法を認知当時の本国法とみなすと規定している。これは本条1項および2項が規定する準拠法の候補を減らさないことで、選択的連結の趣旨を活かそうとしたのであると説明される[23]。なお、反致については、(3)で述べたとおり反致の適用があるものと解すべきであるとされる。

(5) 養子縁組

　通則法31条は、養子縁組の許否、養子、養親の年齢および年齢差、公的機関の関与、夫婦共同縁組の要否などに適用される。同条1項前段は「養子縁

22　櫻田＝道垣内・前掲（注10）84頁〔佐野寛〕。
23　櫻田＝道垣内・前掲（注10）96頁〔佐野寛〕。

組は、縁組の当時における養親となるべき者の本国法による」と規定し、養親の本国法を準拠法としている。養親の本国法主義の根拠としては、養親子の生活が営まれるは養親の本国であるのが通常であり、その国の法律が求める要件を具備することが実際上必要であること、そのため、近時の諸外国の立法例の多くが養親側の法を準拠法として採用していることがあげられている[24]。

通則法31条1項後段は「養子となるべき者の本国法によればその者若しくは第三者の承諾若しくは同意又は公的機関の許可その他の処分があることが養子縁組の要件であるときは、その要件をも備えなければなならない」として、(4)で述べたセーフガード条項を規定している。なお、本条は、本国法によるべき場合で反致しない法律関係ではないので、日本法に反致するかどうかを検討する必要がある。

5 婚姻と婚姻以外の親族関係の形式的成立要件の準拠法

方式とは、法律行為の形式的成立要件、すなわち法律行為の要素である意思表示をどのような方法で表現する必要があるか、という要件を問題にするものである。そこで、通則法は、法律行為の成立要件のうち、その形式的成立要件を「方式」と呼び、実質的成立要件とは別の単位法律関係としたうえで、10条、11条3項から5項、24条2項および3項、34条にその規定をおいている[25]。

通則法24条2項および3項は、婚姻の方式を定めている。2項は「婚姻の方式は、婚姻挙行地法による」と規定していることから、婚姻当事者の双方が外国人であったとしても日本を婚姻挙行地とする場合には、日本の方式たる戸籍法による届出をすることができることになる。3項前段は「当事者の

---

[24] 神前ほか・前掲（注20）195頁。
[25] 神前ほか・前掲（注20）136頁。

一方の本国法に適合する方式は、有効とする」と規定して、婚姻当事者の一方の本国法に基づく方式も有効としている。これはたとえば外国に滞在する自国民が、その国に駐在する自国の外交官または領事により自国の方式に従って婚姻を挙行できる方式のことであり[26]、外国で挙行される婚姻につき、婚姻当事者の所属する国家の駐在外交官その他の領事任務遂行者の関与により、挙行地法上の方式を排して、その派遣国法上の方式に従って成立する、特殊な方式を伴った婚姻のことであると説明される[27]。日本にあっては、民法741条に条文見出しを「外国に在る日本人間の婚姻の方式」とする領事婚規定をおいている。通則法24条3項後段は「日本において婚姻が挙行された場合において、当事者の一方が日本人であるときは、この限りでない」と規定して、この場合には外国人当事者の本国法によることを排除し、日本の戸籍法による届出を強制している。この規定のことを日本人条項と呼んでいる。

婚姻以外の親族関係の形式的成立要件は、通則法34条が規定している。同条1項は、親族関係の成立に適用された準拠法による旨を、同条2項は、行為地法に適合する方式も有効であると規定する。したがって、親族関係の準拠法が日本法である場合または日本が行為地である場合には、日本の方式である戸籍法による届出をすることができるのである。

6　日本における身分関係成立・解消の届出機関

5で述べたとおり日本国内で行われた渉外的な身分行為については、当該身分行為に適用される準拠法の実質的成立要件に合致していれば、日本の戸籍法に基づく届出は受理されるので、その届出を市町村長に対して行うことになる[28・29・30]。

26　山田・前掲（注9）412頁。
27　櫻田＝道垣内・前掲（注10）20頁〔横溝大〕。
28　戸籍法1条1項は「戸籍に関する事務は、市町村長がこれを管掌する」と規定し、同条2項で「前項の事務は、地方自治法（昭和22年法律第67号）第2条第9項第1号に規定する第1号法定受託事務とする」と規定する。
29　戸籍法3条1項は「法務大臣は、市町村長が戸籍事務を処理するに当たりよるべき基

そして、届出地について、戸籍法25条1項は「届出は、届出事件の本人の本籍地又は届出人の所在地でこれをしなければならない」とし、同条2項で「外国人に関する届出は、届出人の所在地でこれをしなければならない」と規定している。ただし、この場合の所在地とは、住所地だけでなく、居所や一時的滞在地も含むとする戸籍先例（明治32年11月15日民刑1986号回答）があることから注意が必要である[31]。

7　渉外的身分関係成立のために必要な判決・許可・決定等の日本裁判所の管轄権の有無（人訴法等の改正法案）

　離婚事件、親子関係事件等の人事訴訟事件および家事事件のうち、渉外的な要素のある国際裁判管轄に関する「人事訴訟法等の一部を改正する法律案」[32]が平成28年2月26日、第190回国会に内閣提出法律案第33号として提出された。その後同法律案は、平成29年1月20日、第193回国会の衆議院法務委員会に付託されたが、同年6月16日、閉会中審査の議決がなされ継続審議となっている。

　これまで渉外的な要素がある離婚事件や親子関係事件等に関して、人訴法および家事法には国際裁判管轄について定めた明文の規定がなく、具体的な事案に即し、判例上の準則等に拠って判断がなされていたところ、当該法律案が成立し、施行されることによって国際裁判管轄に関する準則が明確化さ

準を定めることができる」とし、同条2項で「市役所又は町村役場の所在地を管轄する法務局又は地方法務局の長は、戸籍事務の処理に関し必要があると認めるときは、市町村長に対し、報告を求め、又は助言若しくは勧告をすることができる。この場合において、戸籍事務の処理の適正を確保するため特に必要があると認めるときは、指示をすることができる」と規定する。

30　戸籍法4条において、市、市長および市役所に関する規定を、特別区・指定都市の区に準用している。

31　財団法人民事法務協会ほか・前掲（注4）173頁。

32　出典：法務省ホームページ〈http://www.moj.go.jp/MINJI/minji07_00180.html〉メインメニューから所管法令等＞国会提出案など＞第190回国会（常会）＞人事訴訟法等の一部を改正する法律案。

れ、当事者の予見可能性が確保されることになると期待される[33]。

おわりに

これまでに述べてきたとおり渉外的身分関係に適用される準拠法によって婚姻、離婚、実親子および養親子関係が有効に成立した場合には、その準拠法が日本法であるときまたは行為地法が日本であれば、日本の戸籍法に基づく創設的届出は受理される[34]。そして、受理された届書は、戸籍法48条によって受理・不受理の証明書、届書等の閲覧、記載事項の証明書を請求することができ、当該証明書が渉外的身分関係を証明するものとなる[35]。ただし、それらの証明書の請求は届出された地の市町村長に対して行わなければならないため、届出地が判明しなければ請求することができない。しかも届出地の所在地とは、住所地だけでなく、居所や一時的な滞在地も含まれるため、届出人でさえ届出地を失念したために請求ができないこともあったと考えられるところ、相続手続のためにその相続人が請求する場合にあっては、なおさら困難な状態になると思われる。

その点、平成24年7月9日に廃止された旧外登法[36]は、日本に在留する外国人について「市町村の長は、前条第1項の申請があったときは、当該申請に係る外国人について次に掲げる事項を外国人登録原票に登録し、これを市町村の事務所に備えなければおかなならない」と規定し、20にも及ぶ項目を登録事項としていた（同法4条1項）。その主なものは「登録番号」「氏名」「出

33　公益社団法人商事法務研究会『人事訴訟事件等についての国際裁判管轄法制研究会報告書』（平成26年3月）はじめに。
34　佐藤＝道垣内・前掲（注7）1頁によれば「戸籍法は、日本の領域において生じた人の生死及び家族関係に関する事項に適用される」として、外国人の出生および死亡の報告的届出に関する届出も受理される。
35　戸籍法規則50条2項は、戸籍の記載不要届書類の保存期間について、届出によって効力を生ずべき行為に関するものは、当該年度の翌年から50年、その他のものは、当該年度の翌年から10年と規定する。
36　旧外登法1条は「この法律は、本邦に在留する外国人の登録を実施することによって外国人の居住関係及び身分関係を明確ならしめ、もって在留外国人の公正な管理に資することを目的とする」としていた。

生の年月日」のほか、「出生地」「居住地」「世帯主の氏名」「世帯主との続柄」「世帯を構成する者の氏名、出生の年月日、国籍及び世帯主との続柄」「本邦にある父母及び配偶者の氏名、出生の年月日及び国籍」「勤務所又は事務所の名称及び所在地」であり、これらが時系列的にしかも網羅的に記載されていた。そこで、届出人または届出人の相続人が外国人登録原票を開示請求することによって、身分行為の創設的届出の届出地を推認する有力な手がかりとしていたことは紛れもない事実であろう。

　従来、在留外国人の在留管理は、Ⅰ1(1)ないし(3)のとおり入管法および入管特例法に基づく入国・在留関係の許可の手続と、旧外登法に基づき市町村が実施していた外国人登録制度の二元的な在留管理によって担われていたところ[37]、現在はⅠ1(4)および(5)のとおり入管法、入管特例法に一本化され、法務大臣が一元管理することになった。また、同時に外登法が廃止されたため、在留外国人の居住関係および一定の身分関係については、住基法が担うことになり、中長期在留者および特別永住者は、住民基本台帳に組み込まれることになった（住基法30条の45）。しかし、このような在留管理に舵を切った入管法等改正法および改正住基法の立法過程において、これまでの在留外国人の身分登録制度のあり方の検証と多文化共生社会の実現に向けた制度とするための議論、特に在留外国人の思いや利便性を考慮した制度であるべきという議論が十分でなかったように思われる[38]。

　そこで、Ⅲにおいては「在留外国人の身分登録の現状」がどのようになっているのかを探ることにしたい。

（徳山　善保）

---

[37] 山田利行＝中川潤一＝木川和広＝中本次昭＝本針和幸『新しい入管法　2009年改正の解説』11頁（有斐閣、2010）。

[38] これらについて日本司法書士連合会は、日本司法書士連合会「外国人住民票」検討委員会編『外国人住民票の創設と渉外家族法実務』（民事法研究会、2012）290頁〔資料7〕日本司法書士連合会意見書（平成23年12月26日付総務省自治行政局外国人住民基本台帳室宛て）および日本司法書士連合会「外国人住民票」検討委員会編『「外国人住民票」その渉外民事上の課題と対応』（民事法研究会、2013）246頁〔資料Ⅱ〕法務省入国管理局長宛て「外国人住民に係る渉外民事実務の課題について（提言）」において、意見を述べ、提言を行っている。

Ⅲ 在留外国人の身分登録の現状

はじめに

　親族関係を証明する身分登録に関する書面は、自らもしくは他者の存在を特定するために社会生活上必要なものである。日本の場合には、戸籍がその書面に該当する。しかし、外国には日本と異なり、一部の国を除き戸籍制度が存在しない。戸籍は日本人の親族的な身分関係を登録・公証することを目的とするものであり[1]、社会生活上さまざまなシチュエーションで用いられる。たとえば、旅券を取得する場合にも添付書面として必要であるし、婚姻等の身分行為を行う場合や相続が発生した場合の手続に用いられる。また、自らが親子関係等の親族関係を挙証しなければならない場合には、当然のことながら戸籍謄本の提示・提出が必要となる。

　このように、日本人であるならば親族関係の証明は戸籍謄本の提示・提出で足りるが、外国人の場合にはそれがないゆえに社会生活を営むうえで、不便が生ずることが多々ある[2]。それは、外国人当事者にとってもそうであるし、行政の立場からしても外国人の身分関係の把握が不十分であると行政事務に支障が生ずることとなる[3]。そこで、在留外国人の身分関係の立証を必要とする法実務においては、本国官公署発行の身分関係証明書に加え、後述

---

[1] 南敏文監修・髙妻新著・青木惺補訂『最新・体系戸籍用語事典』122頁（日本加除出版、2014）。
[2] ただし、日本人であっても戸籍に反映されないもしくは反映がされにくい身分変動は一定以上存在している。たとえば、国籍留保届がなされない子は戸籍に登載されず、母親の身分事項をみても出産事実は明らかとならない（西谷祐子「渉外戸籍をめぐる基本的課題」ジュリスト1232号145頁（2002））。そのほかについては、西山慶一「法定相続証明情報制度の疑問―渉外家族の視点から―」市民と法104号111頁（2017）を参照。
[3] たとえば、外国人の子が日本の領域内で産まれた場合、戸籍法上の出生の届出が義務づけられているが（昭和24年3月23日付民事甲第3961号民事局長回答）、出生の届出がなされない限り、行政は当該事実を把握することが不可能である。この場合、児童手当等の公的給付をなし得ないばかりか、検診の案内すらできないこととなる。

する日本の官公署が発行した身分関係証明書を組み合わせることで立証がなされているといわれている[4]。

Ⅰでは在留外国人の現況と法的地位が俯瞰され、Ⅱでは在留外国人は日本国内において、戸籍法が定める方式により身分行為を行い、出生や死亡といった身分変動の届出がなされていることが説明された。在留外国人は、身分変動事実の記録を日本国内の各所へ足跡を残しているのである。在留外国人の身分関係証明書は前述のとおり、社会生活において極めて重要であるが、現在、どのようにして入手し用いられているのだろうか。以下、順を追って述べる。

1　外国人登録原票から外国人住民票へ

2012年（平成24年）7月9日、外登法が廃止され、入管法等改正法および改正住基法が施行された。これにより、これまで市区町村に備え置かれていた外国人登録原票（以下、「登録原票」という）は廃止され、一定の外国人を対象とした住民票（以下、「外国人住民票」という）が新設された（住基法30条の45）。

(1)　登録原票と外国人住民票の「登録事項」

〔図表3〕のとおり、従前の登録原票の法定記載事項では、「国籍に属する国における住所又は居所」「出生地」「世帯主の氏名」「世帯主との続柄」「出生年月日」「世帯主である場合には、世帯を構成する者の氏名、出生年月日、国籍及び世帯主との続柄」「本邦における父母及び配偶者の氏名、出生の年月日及び国籍」が存在していた（旧外登法4条1項7号・8号・16号・17号・18号・19号）。しかし、外国人住民票の身分関係に関連する事項は、「世帯主についてはその旨、世帯主でない者については世帯主の氏名及び世帯主の続柄」（住基法30条の45、7条。以下、「世帯事項」という）のみとなっている。

4　西山慶一「在留外国人の身分登録の記録を考える(1)」市民と法94号5頁（2015）。

このように、外国人住民票には、登録原票にあった身分関係関連事項は捨象されてしまった[5]。

〔図表3〕 登録原票と外国人住民票の主な記載事項の対照

	外国人登録原票記載事項 (旧外登法4条1項)	外国人住民票記載事項 (住基法30条の45)
1	氏名(同項3号) ※通称名がある場合、登録原票の氏名欄に括弧書きして併記	氏名(同条本文、同法7条1号) 「通称」「通称の記載及び削除に関する事項」(同法7条14号、住基法令30条の25第1号・2号)
2	出生の年月日(同項4号)	出生の年月日(同条本文、同法7条2号)
3	男女の別(同項5号)	男女の別(同条本文、同法7条3号)
4	国籍(同項6号)	国籍等(同条本文) ※国籍・地域(入管法2条5号ロ)
5	国籍の属する国における住所又は居所(同項7号)	―
6	出生地(同項8号)	―
7	在留の資格(同項13号) 在留期間(同項14号)	ア 中長期在留者(中長期在留者である旨、在留資格、在留期間及び在留期間満了日並びに在留カード番号) イ 特別永住者(特別永住者である旨、特別永住者証明書番号) ウ 一時庇護許可者又は仮滞在許可者(一時庇護許可者又は仮滞在許

---

5 当委員会の前身である「外国人住民票」検討委員会(以下、「住民票検討委員会」という)では、総務省が公表した外国人住民票関連の法令案に対し、日本司法書士会連合会名義にて2011年(平成23年)12月16日付の意見書(巻末【資料6】)を提出したが、問題点として取り上げられることはなかった(日本司法書士会連合会「外国人住民票」検討委員会編『外国人住民票の創設と渉外家族法実務』191頁(民事法研究会、2012))。これら身分関係関連事項の有用性については同書174頁以下を参考にされたい。

		可者である旨、上陸期間又は仮滞在期間） エ　出生による経過滞在者又は国籍喪失による経過滞在者（出生による経過滞在者又は国籍喪失による経過滞在者である旨）（同法30条の45の表）
8	居住地（同項15号）	住所（転居した場合はその住所を定めた年月日）、転入した場合はその届出の年月日及び従前の住所（同条本文、同法7条7号・8号）
9	世帯主の氏名（同項16号）世帯主との続柄（同項17号）	世帯主についてはその旨、世帯主でない者については世帯主の氏名及び世帯主との続柄（同条本文、同法7条4号）
10	（世帯主である場合）世帯構成員の氏名、出生の年月日及び国籍及び世帯主との続柄（同項18号） ※1年未満の在留期間の者を除く	―
11	本邦にある父母及び配偶者の氏名、出生の年月日及び国籍（同項19号） ※1年未満の在留期間の者を除く	―
保存期間	閉鎖してから30年（法務省行政文書管理規則、標準文書保存期間基準）	消除・改製住民票5年間保存（住基法令34条1項）
備考	※登録原票は、居住地を変更したときは旧居住地市町村から新居住地の市町村に送付された（同法8条5項）。	※1の「通称の記載及び削除に関する事項」は、旧住所地の市町村から新住所地の市町村に通知される（住基法令30条の27、同令30条の31による同令23条2項の読替え）。

(2) 登録原票と外国人住民票の取扱いの相違

　登録原票は、他の市区町村に転出すれば転出先市区町村に送付され（旧外登法8条5項）、転入市区町村は送付された登録原票に順次追加して記載するのに対し、外国人住民票は、他の市区町村に転出すれば転出先市区町村に送付されず、転入先では新たに外国人住民票が作成されるのみである（住基法8条1項、22条1項、住基法令23条等）。これにより、転入前の世帯事項の記録は移記されず[6]、転入時点の世帯事項のみしか記載されなくなった。つまり、登録原票は在留外国人の場所的移動に伴い日本各所を巡回したが、外国人住民票は移動した場所で再作成され、立ち去った場所のものは消除される。

　したがって、登録原票では、入国（出生）から出国（死亡）までの事項を時系列的に確かめられるが、一つの自治体の外国人住民票では、転入から転出までの事項が確かめられるにすぎない[7]。

(3) 登録原票の開示請求

　廃止された登録原票は、市区町村から法務省に送付されたが、個人情報開示請求等の方法により、その内容を確認することができる。開示件数は、旧外登法が廃止された2012年（平成24年）度は約3万3000件であり[8]、2013年（平成25年）度は毎月平均約2500件だったようである[9]。この事実は依然として登録原票に記載されている情報に社会的ニーズがあることを表わしている[10]。

---

[6] 移記される例外に「通称の記載及び消除に関する事項」がある（住基法令30条の25第2号、30条の27第2項）。通称の取扱いについては、日本司法書士会連合会「外国人住民票」検討委員会編『「外国人住民票」その渉外民事実務上の課題と対応』5頁以下（民事法研究会、2013）が詳しい。

[7] 趙慶済「入管法改正と在留外国人の身分記録」大久保史郎ほか編著『人の国際移動と現代日本の法』370頁（日本評論社、2017）。

[8] 第6次出入国管理政策懇談会、入国管理局提出資料4（17頁）（http://www.moj.go.jp/content/000115711.pdf）（2017.9.15アクセス）。

[9] 巻末【資料10】参照。

2 在留外国人の身分変動と外国人住民票の記載

身分変動が起こった場合、外国人住民票はどのように変動するのであろうか。以下、概略的に述べる。

(1) 外国人住民票の作成と閉鎖

在留外国人が出生すれば外国人住民票が作成され、死亡すれば外国人住民票は閉鎖される。また、日本国籍を喪失した在留外国人には外国人住民票が作成され、在留外国人が日本国籍に帰化または日本国籍を取得した場合には外国人住民票は閉鎖される[11]。そのほか、在留外国人が海外で死亡した場合には、戸籍法上の届出義務は生じないが[12]、市区町村へ届け出ることで外国人住民票は閉鎖される（住基法令8条）。

(2) 外国人同士の身分変動の届出の場合と外国人住民票

日本で外国人同士が戸籍法に基づき婚姻・離婚等の創設的届出を市区町村に届け出た場合、通則法に定まる準拠法に適合すれば、市区町村はその届出を受理する[13]。また、外国人が認知、離婚などを日本の裁判所で行おうとする場合、日本に管轄権があれば判決や審判を行うが、その判決や審判に基づ

---

[10] 住民票検討委員会と法務省入国管理局は、2012年（平成24年）9月18日より連絡会が始まり（計3回）、2013年（平成25年）3月26日、日本司法書士会連合会名による法務省入国管理局長宛「外国人住民に係る渉外民事実務課題について（提言）」を法務省入国管理局長高宅茂氏に手渡した（巻末【資料7】）。これをきっかけに、法務省入国管理局よりヒヤリング要請があり、第6次出入国管理政策懇談会において西山慶一氏が意見発表を行った。巻末【資料10】は、それを踏まえた内容となっている。なお、登録原票に開示請求の具体的な方法・実務上の注意点については、日本司法書士会連合会「外国人住民票」検討委員会編・前掲（注6）66頁以下を参考にされたい。

[11] 「住民基本台帳事務処理要領の改正について」（平成24年2月10日総行住第17号通知）第2－2－(2)－ア。

[12] 平賀健太「渉外戸籍法」全国連合戸籍事務協議会編『戸籍実務読本』509頁（帝国判例法規出版社、1954）。

[13] 婚姻と婚姻以外の親族関係の形式的成立要件の準拠法として、日本の方式によって行えるのが法定化されていることについてはⅡ5を参照。

く戸籍法上の報告的届出義務は存在しないとされている[14]。そのほか、婚姻・離婚等を外国の方式によって行った場合は、戸籍実務上、受理できるとする見解と受理できないとする見解が対立していたが、近時の判例（大阪高決平成28年9月16日判タ1439号114頁）によると、外国人同士の外国方式による婚姻の報告的届出を市区町村長に対し受理せよとの申立ては、「立法論としてであればともかく、戸籍法上かような主張が採用できないことは、引用に係る原審判の説示に照らし明らかである」と判示され、棄却となった[15]。

したがって、特に本人が届け出ない限り、外国人住民票の世帯事項や続柄の記載には反映されない身分変動が存在することとなる（住基法30条の48）。

(3) 日本人・外国人間の身分変動の届出の場合と外国人住民票

日本人と外国人間の身分行為であっても、(2)と同様、通則法が定める準拠法に適合すれば、市区町村はその届出を受理する。この場合、裁判離婚が行われた場合や外国の方式による離婚などの身分行為が行われた場合には報告的届出義務が課せられている（戸籍法41条、63条等）。(2)に比して、外国人住民票には、戸籍届出に伴った職権記載がなされることから、世帯事項や続柄に身分変動事実が反映されている可能性は高いが、別世帯であれば、当然、何ら反映されない[16]。

3　在留外国人が入手しうる身分関係証明書

現在、在留外国人はいかなる身分関係証明書を請求・取得しているのだろ

---

[14] 財団法人民事法務協会＝民事法務研究所＝戸籍法務研究会『新版　実務戸籍法』270頁（民事法務協会、2001）。大阪戸籍だより130号28頁以下の【本省意見】も同旨。

[15] 日本国内で外国人同士が外国の方式で成立させた身分行為の報告的届出は、認知の場合、受理できるとされていたが（南ほか・前掲（注1）328頁）、婚姻の場合には受理できないとされていた（財団法人民事法務協会ほか・前掲（注14）362頁。上記の大阪高裁による決定が下されて以降、「外国人同士が外国の方式で成立させた身分行為については、戸籍法上に根拠規定が存在しないので、戸籍法の属地的効力は及ばず受理する事が出来ない」との見解が寄稿されている（小村泰弘「実務相談」戸籍時報745号80頁）。

[16] 前掲（注11）通知。

うか。以下、概括的に述べる。

(1) 戸籍法に基づく証明書

　外国人は、日本国籍をもたないことから戸籍に登載されない。しかし、日本国内にいる外国人にもその性質上適用できない条文を除き、原則として戸籍法は適用され、国内で発生した出生や死亡については、日本人の場合と同じく届出が義務づけられており[17]、また、婚姻、認知、離婚、養子縁組などの届出もすることができる。これらの戸籍届出は講学上二つに分類され、届出によって法律行為が完成する届出を創設的届出、すでに生じた事実や法律行為について戸籍に記載させる届出を報告的届出という。前者には養子縁組届（戸籍法66条）、養子離縁届（同法70条）、婚姻届（同法74条）、離婚届（同法76条）などがあり、後者には出生届（同法49条）、死亡届（同法86条）などがある。

　外国人は戸籍をもたないが、届出を行った後の戸籍届書類を市区町村で保管することで"登録"され、戸籍届出の受理証明または届書の閲覧もしくは記載事項証明書（以下、「戸籍届書証明書類」という）の交付によって"公証"がなされるとされている（戸籍法48条、戸籍法規則66条）[18]。

　戸籍届書の受理・不受理の証明書は、書式が定められており（戸籍法規則66条１項前段）、記載情報はあまり多くない（同規則附録20号書式、21号書式）。しかし、戸籍届書記載事項証明書は、届出された戸籍届書の写しを証明書として交付することから、極めてプライバシー性の高い情報を多く含み、その者の身分関係を把握するために必要十分な情報を含むものとなっている[19]。

　そのほか、戸籍届出の受附帳についても閲覧できるとされ、戸籍届書類の保存期間が満了し戸籍届書証明書類の発行が不可能である場合には、市区町

17　前掲（注３）回答。
18　財団法人民事法務協会ほか・前掲（注14）２頁。
19　たとえば、婚姻届書では、婚姻当事者の人的事項のほか、証人の人的事項、両親の氏名、および初婚か再婚かについてなどが記載される（戸籍法規則附録12号）。

村役場にて証明書として発行を請求することも可能である[20]。ただし、受附帳に記載される事項は、限定的であり情報量としては少ない(戸籍法規則21条)。

　それでは、外国人の戸籍届出に関する届書類は、日本のどの市区町村に保存がなされているであろうか。日本人を当事者に含む身分行為に関する戸籍届書類については、当該日本人の戸籍記載を有することから、本籍地を管轄する法務局に保存されるが(戸籍法規則48条2項、49条)、外国人のみの戸籍届出は、届出人の所在地でこれをなさなければならないことから、届出地の市区町村役場にて保存がなされる(戸籍法25条2項、戸籍法規則50条)[21]。所在地の定義は、一般的には当該外国人の住所地と思われるが、戸籍先例上、一時の滞在地も含むとされており(明治32年11月15日民刑第1986号回答)、予測が難しい市区町村役場に保管されていることもあり得るものとなっている[22]。

　次に、戸籍届書証明書類の請求できる者の規定について述べる。受理または不受理の証明書の請求は、届出人のみであるが(戸籍法48条1項)、戸籍届書の閲覧もしくは記載事項証明書の請求は、利害関係人については特別の事由がある場合に限り請求できる(戸籍法48条2項)。この利害関係人について、「届出事件の本人又は届出人、届出事件本人の親族・官公吏(職務の執行に関

---

[20] 昭和35年1月25日民二第33号民事局第二課長回答。

[21] 外国人の創設的届出の戸籍届書類の保存期間は、当該年度の翌年から50年となっており、比較的、長期間保存がなされる(戸籍法規則50条2項前段)。しかし、報告的届出の戸籍届書類は、当該年度の翌年から10年となっており、短期間しか保存されない(同項後段)。例外として、在日朝鮮人の戸籍届書類は当分の間そのまま保管するとされており、廃棄されない取扱いとなっている(昭和41年8月22日民甲第2431号民事局長通達)。一方、日本人を当事者に含む戸籍届書については、本籍地を管轄する法務局にて保管され、当該年度の翌年から27年が保存期間であるが、一定の場合には5年で廃棄することも可能とされている(戸籍法規則49条2項、49条の2)。平成26年より法務省内に「戸籍制度に関する研究会」が設置され、議論がなされたが、日本人を当事者に含まない外国人の戸籍届書類の保存期間については、問題点としては取り上げられなかった(戸籍制度に関する研究会「戸籍制度に関する研究会の最終取りまとめについて」〈http://www.moj.go.jp/content/001236231.pdf〉2017.10.1アクセス)。

[22] 実務上、この場合、届書のその他欄に、一時滞在地である旨を記入させる取扱いである。

係ある場合に限る)」との先例（昭和22年4月8日民事甲第277号通達）があり、特別の事由については、外国人の場合には戸籍をもたないことから、「それ以外に身分関係を公証することは出来ないこと」をもって特別の事由とされ、それ以外の事由について厳格な審査はなされないようである[23]。

(2) 判決・審判等

　外国人と日本人もしくは外国人同士を当事者とする渉外身分関係に係る人事訴訟事件等は、日本の裁判所に管轄があれば、日本の裁判所でそれらの事件は受理される[24]。判決・審判等によって形成される代表的な身分行為は、離婚、養子縁組、離縁等であろう。日本人を当事者にする判決・審判の場合、家事法では、一定の事項について判決・審判等の効力が生じたときは、裁判所書記官から当事者の本籍地の戸籍事務管掌者に戸籍の記載の嘱託を行われており（家事法116条、家事規則76条1項・2項）、また、一定の判決等・審判等の内容は、当事者の本籍地の戸籍事務管掌者に通知を行っているが（人訴規則17条、家事規則130条2項等）、日本人を当事者に含まない外国人に係る判決・審判等に関しては本籍を有さないことから、通知・嘱託がなされていない[25]。唯一、後見開始等の審判が確定した場合は、裁判所書記官による登記所に後見登記等の嘱託を経て（家事法116条、後見登記法4条）、後見登記官が後見開始の審判の登記後、本籍をもたない外国人については住所地の市区町

---

[23] 特別の事由とは「戸籍又は除籍に記載されていない届出事項で、届書類及びその添付書類の閲覧又はその証明を得なければ判明しない事項であって、これを利用しなければ利害関係人として意図する権利行使が出来ない場合」と指摘がされている（大西勇「戸籍法第48条第2項の特別の事由について」民事月報69巻3号21頁以下（2014））。そして、具体例として外国人に関する届書類のように他の方法で身分関係を証明することができない場合をあげている。
[24] 「人事訴訟法等の一部を改正する法律案」では、管轄基準として当事者が日本国内に住所を有することを原則とする内容となっている（法務省「人事訴訟法等の一部を改正する法律案」〈http://www.moj.go.jp/content/001177561.pdf〉）（2017.9.15アクセス）。
[25] 西山慶一「在留外国人の身分登録の記録を考える（2・完）」市民と法95号21頁以下（2015）が詳しい。

村長に通知がなされるだけである（後見登記省令13条）[26]。

したがって、日本人を当事者に含まない外国人の判決・審判等の情報に関しては原則、管轄裁判所のみに保存されており、管轄裁判所が判明しなければ情報取得が困難である[27]。また、事件当事者以外のどの範囲のものまでの判決正本・謄本等を請求できるかについては明確な規定があるわけではない。

(3) 本国官公署発行の書面

日本の戸籍は、一つの身分登録簿に系統だって身分関係を記載することとなっているため、これにより身分関係を証明することができる。諸外国においても、国家を構成する国民を把握するための制度を必要としていることは容易に想像できるが、身分関係を記録するための制度については多種多様である。たとえば、韓国においては「家族関係の登録等に関する法律」（2007年5月17日法律第8435号）が施行されており、駐日在外公館においては同法に基づいた身分関係証明書の発給を受けることが可能となっている[28]。当委員会では、韓国のほか、北朝鮮、中国、台湾の身分登録法制および証明書類についての研究を行い、ワークショップを開催した。これらの概要は、第2章を参照していただきたい。

4 在留外国人の「身分関係情報」を横断的に把握するための方策

現在、在留外国人の身分関係情報は、3で述べたとおり、情報が点在しているだけであり、横断的に把握する方法は存在しない[29]。わずかに外国人住

---

26 西山・前掲（注25）23頁以下。
27 趙・前掲（注7）374頁によると、最高裁判所「事件記録等保存規程」（昭和39年規程第8号、最近改正平成27年規程第2号）により、保存期間については、50年もしくは30年と定められているようである。
28 崔勝哲「家族関係登録法の改正と在外国民の登録事務」戸籍時報732号49頁以下（2015）。
29 これら市区町村や裁判所等に保管されている身分関係情報のほかにも、入国管理局には在留資格の認定に関する身分関係を証する書面が、法務局には日本国籍の取得・帰化申請の際に用いられた身分関係を証する書面が保管されていると指摘がなされている

民票の世帯事項のみがそれに該当すると考えられるが、日本人と比較してあまりに不十分であるし、登録原票制度が存在していた旧外登法施行時から比べると大きく後退している。

この事実に対し、日本司法書士会連合会は法務省入国管理局長宛てに提言書を渡し問題提起しており[30]、外国人が多数居住する自治体が集まった外国人集住都市会議（以下、「都市会議」という）も、外登法廃止に伴い、在留外国人への行政サービスが低下していると言及した「在留管理制度及び外国人住民に係る住民基本台帳制度の改正等に関する提言書」を発表している[31]。なお、都市会議は、当委員会名で2015年（平成27年）12月11日付けにて提出した「外国人住民の身分登録に関する質問書」に対しても、2016年（平成28年）1月4日付けで「外国人住民の今後の身分登録制度等については、国が中心となり、外国人住民の窓口となる自治体と情報を共有し連携して検討されることが望ましいと考えます」と回答している[32]。このように自治体も問題視しているのであり、それは在留外国人にとってのみならず、自治体の行政サービスを含む行政事務に支障を来すとの危惧が根底にあるからだと思われる。たとえば、在留外国人同士が離婚を行った場合、市区町村がその事実を把握できれば児童扶養手当の案内をすることも可能であるが、離婚方法が裁判離婚もしくは外国の方式による離婚だとすると、市区町村は離婚事実を把握できず、案内を行う機会がなくなるおそれがある。社会問題化している空き家問題に関しても、名義人が死亡した在留外国人である場合には、相続人調査が難航すれば、徴税事務はもちろんのこと、その空き家が倒壊するおそれがあるものだったとすると、速やかに相続人調査を行い措置がなされなければ、隣接住民に危険が生じる可能性が高まる。このように具体的な事例を考えると、枚挙に暇がない。

（西山・前掲（注25）23頁以下）。
30 巻末【資料7】参照。
31 巻末【資料8】参照。
32 巻末【資料8】参照。また都市会議は、多文化共生施策を総合的に実施するための外国人庁の創設を求めている（外国人集住都市会議「豊橋宣言」（巻末【資料9】）。

そこで、在留外国人の身分登録記録を横断的に把握する方策を考えるためには、次の点をまず念頭におく必要がある。
　①　在留外国人の身分登録を公証する書面には、戸籍届書証明書類、判決・審判書等、本国官公署発行の証明書などがある。
　②　そのうち戸籍届書証明書類、判決・審判書等は、どの市区町村役場、裁判所に保管されているかが判明しづらい。
　③　外国人住民票の世帯主、続柄欄からは身分関係の変動が推認でき、住所履歴から届け出た市区町村役場や管轄裁判所といった身分登録を公証する書面の保管先を予想することが可能となる。
　④　しかし、各自治体を流通していた登録原票とは異なり、住民票は消除されると保存期間は5年とあまりに短いのに加え、転入先で新たに作成された住民票は継続して移記される事項が限られている。
　つまり、登録原票には、登録事項の多さと保存期間の長さから身分関係記録を探索するためのヒントが多く残っていたのであり、外国人住民票ではそれが少なく、かつ保存期間の短かさから②の困難性に対応できないことが問題なのである。よって、外国人住民票の備考欄に身分関係関連事項を登録できるようにする、もしくは外国人身分関係登録簿を創設するよう新たに法定化するか、それが不可能だとしても最低限、住所履歴をたどるための保存期間の伸長が求められるのではないであろうか[33]。また、戸籍届書証明書類の保存期間の伸長も望まれる。
　現状、在留外国人の身分関係情報の把握しづらさについては、省庁では問題意識に温度差があると思われる。〔図表4〕にまとめてみた。

---

[33]　在留外国人の身分登録情報を補充するための総合的な方策は、趙・前掲（注7）376頁に多くの提案がある。戸籍届出がなされた場所と相手方が存在する場合は相手方当事者、身分関係に関する裁判が行われた場合には当該裁判関係情報を外国人住民票に記載するよう提言している。

〔図表4〕 在留外国人の身分登録に関する各省庁の考え方

省庁の種別	考え方・意見	引用元と発出時期
内閣官房	「新しい在留管理制度の状況も踏まえつつ、外国人の家族関係等身分関係の把握や、単純出国と入国を繰り返す等断続的に我が国に居住する外国人の経歴・履歴等の情報を、一人の在留外国人として国が把握することについて、そのあり方を検討する」。	外国人との共生社会の実現に向けて（中間的整理）（平成24年8月27日）[34]。
総務省	身分関係関連事項が外国人登録原票から住民票に移記されない事に関し、「住民票には、住民に関する事務の処理の基礎とするという住民基本台帳制度の趣旨に照らし、個人情報の適切な取扱いの観点も踏まえつつ、市町村が住民に関する各種の行政事務の処理のために必要な事項を記載するものであり、このような考え方に基づいて、改正住民基本台帳法及び本政令案において、外国人住民に係る住民票の記載事項を規定しているものです」。	「住民基本台帳法施行令の一部を改正する政令の一部を改正する政令案」及び「住民基本台帳法施行規則の一部を改正する省令の一部を改正する省令案」に対する意見の募集の結果について（平成24年1月21日）[35]
法務省入国管理局	在留外国人の身分関係の記録を整備する方法について早急に検討する必要があるとの指摘に対し、「御指摘の点については，出入国管理行政のみで対応できる問	第5次出入国管理基本計画（案）に関する意見募集の結果について（平成27年9月15日）[36]

[34] 「外国人との共生社会」実現検討会議「外国人との共生社会の実現に向けて（中間的整理）」〈http://www.cas.go.jp/jp/seisaku/kyousei/240827seiri.pdf〉（2017.9.15アクセス）。

[35] 総務省「『住民基本台帳法施行令の一部を改正する政令の一部を改正する政令案』及び『住民基本台帳法施行規則の一部を改正する省令の一部を改正する省令案』に対する意見の募集の結果について」（http://search.e-gov.go.jp/servlet/PcmFileDownload?seqNo=0000083148）（2017.9.15アクセス）。

[36] 法務省入国管理局「第5次出入国管理基本計画（案）に関する意見募集の結果について」（http://search.e-gov.go.jp/servlet/PcmFileDownload?seqNo=0000133083）（2017.9.15アクセス）。

	題ではなく、現時点で、出入国管理行政の今後の方針を示す本計画に記載することは適当ではないと考えております。他方，御指摘の点は平成26年12月の出入国管理政策懇談会の報告書においても指摘されている事項に関わるものであり、当省としても注視していくべき問題と認識しております。将来的に、当省としての対応が必要となった場合には，適切に対応してまいりたいと考えております」。	
法務省民事局	特になし。	特になし。

このように、在留外国人の身分登録の現状について問題視している省庁は存在するが、対応策は講じられていない。

おわりに

　外登法が廃止された2012年（平成24年）7月以後に出生し、登録原票がない外国人住民票だけの在留外国人は、今後ますます増加すると思われ、それらの者の身分登録に関する情報の把握・入手は困難となっていくであろう。

　これらの事実は、在留外国人との共生社会実現の足かせになるだけではなく、結果として新たな外国人差別を生む可能性すらあるのではないであろうか。本年、不登令が改正され法定相続情報証明制度が創設された。当該制度は、戸籍・除籍等の書面を揃えて法務局へ申出を行うと、相続関係を記録した証明書が発行されるものであるが、被相続人もしくは相続人に外国人を含むと利用できない制度となっている[37]。外国人との共生に逆行するものであり、現行の法技術で対応できないのならば、早急な立法による改善策が求め

---

[37] 法務局「法定相続情報証明制度の具体的な手続について」（http://houmukyoku.moj.go.jp/homu/page7_000014.html）（2017.9.15アクセス）。

られよう[38]。今後も法改正・法運用の動向を注視しつつ、積極的に提言したい。

(金　勇秀)

---

[38] 西山・前掲（注２）115頁。純国内家族と渉外家族に断層線を引く制度であると喝破している。

第2章

在留外国人の身分登録書面を問う

序

　日本司法書士会連合会渉外身分登録検討委員会は、2016年（平成28年）10月22日（仙台）および11月12日（広島）に「在留外国人の身分登録書面とは何か！」と題してワークショップを開催した。

　2012年（平成24年）7月9日に入管法等改正法および改正住基法が施行され、一定の在留外国人に外国人住民票が創設された。同時に外国人登録法が廃止され、外国人登録原票は法務省に送付・保管されるところとなった。

　本ワークショップは、これら改正法の施行から5年が経過しようとする中、あらためて渉外家族法実務の現状をとおして、今後の渉外身分登録のあり方を問うべく、とりわけ「中華人民共和国」（以下、「中国」という）、「中華民国」（以下、「台湾」という）、「大韓民国」（以下、「韓国」という）、「朝鮮民主主義人民共和国」（以下、「北朝鮮」という）の法実務に精通している司法書士から、当該国の身分登録および日本における渉外身分登録書面について報告を聞くために開催したものである。

　仙台では、中国と台湾の渉外身分登録書面について、広島では、韓国と北朝鮮の渉外身分登録書面についてワークショップが開催された。各ワークショップでは、渉外身分登録検討委員会の委員からの渉外相続事例および在留外国人の現状の説明が行われた後、講師の報告を聞き、質疑応答に入った。

　各講師は、当該国の身分登録制度の説明をした後、具体的にいかなる書面が必要となるのか、またいかにして渉外身分登録書面を取り入れるかを詳細に報告した。

　各ワークショップの内容は、今後の在留外国人の身分登録のあり方に一石を投じるものであった。仙台会場には40名、広島会場には70名の司法書士が参加していただいた。なかには札幌・鹿児島・富山からの参加者もみられた。

　ここに、ワークショップの講師並びに参加していただいた方に感謝を申し上げる。

I 被相続人の本国法が「中国法」「台湾法」の場合

1 被相続人の本国法が「中国法」の場合の身分登録書面

司法書士　大和田　亮（福島県会）

(1) 現代中国における身分登録制度

　ワークショップのテーマは、在留外国人の身分登録書面ということであるが、在留中国人がすべて日本で出生しているわけではないので、中国から日本に来る人、日本で帰化をする人も踏まえて、最初に中国における身分登録制度の概要を述べる。

　現代の中国においては、1958年に施行された「戸口登記条例」と2004年の「居民身分証法」が基本的な制度であり、戸口登記条例の「戸」というのは、日本にもある戸籍の「戸」で、もともと古代中国から東アジアに普及した家族集団の登録制度の単位である。中国においては、建国後、家族単位、企業単位で戸を管理していたが、だんだん個人経営者が多くなり、それだけでは管理しきれなくなったことにより、1985年から個人管理のための身分証という制度を採用し、それにより今では居民身分証法と戸口登記条例の二本立ての管理が行われている状況である。

　日本は、本籍をどこにでも移せるし、自由にどこにでも行けて、どこに住民票をおいてもよいことになっている。しかし、共産主義国家、社会主義国家の中国は、1949年の建国後、戸籍制度の形成期である1951年に「都市戸口管理暫定条例」ができた時点では、居住や移転の自由が保障されていたが、1958年に戸口登記条例ができてからは、農村から都市への移転は制限され、農村戸籍と都市戸籍が分離された状態が続いてきた[1]。

1970年代で一番問題になったのは、都市（都会）の男性が農村の女性と結婚をしても、女性は農村戸籍のままで、子供もその農村戸籍に入るという身分のことであった。1980年代に入ってからは、都市の国有企業に勤めていると主食の配給、社宅の提供等があるということで、都市と農村の格差が問題になった。1990年代に入ると、中国も学歴社会になってきたことにより、子供を都市部の学校に入れたいという人が多くなり、都市の戸籍を得るために賄賂が横行するという問題も起こった。

　そこで、1994年頃から上海や他の地方都市において、住宅の購入や納税の条件を満たすと、従前に農村戸籍であった者に都市戸籍を与える等の改善がされているということである。現在は、完全緩和に向けて、国家公安部が都市戸籍と農村戸籍の統一化を検討しているところで、2020年までに新制度にすると発表されているが、たとえば教育とか住宅の公共サービスを国民全体のレベルまで改善できるかという問題、年金制度や各層の既得権者の利害関係の調整、国の財政負担という問題もあり、難航しているようである。

(2)　戸口登記条例による戸の管理

　次に、戸口登記条例による戸の管理と居民身分証法による個人管理について述べる。

　「戸口簿」は各世帯に1冊配布されており、共通頁の記載事項は、「戸別」「戸口番号」「戸主の氏名」「住所」、個人頁の記載事項は、「本人氏名」「戸主との関係」「旧氏名」「性別」「出生地」「民族」「本籍」「生年月日」「本市（県）の他の住所」「宗教信仰」「身分証番号」「身長」「血液型」「文化程度」「婚姻情況」「兵役情報」「勤務先」「職業」「転入時期」および「転入元の住所、本市（県）内の従前住所」であるが、そのうち、「戸別」には、家庭戸であるか、集体戸であるかが書かれており、集体とは日本でいう農業協同組合や寺院等

1　2017年2月9日、中央人民政府のホームページに、公安部が「都市・農村統一の戸口登記制度が完成、各地で都市戸籍と農村戸籍の差別が廃止された」と発表したことが掲載されているが、実態は明らかでない。

の団体を示す。

　戸口登記において重要なのは、国外転出者の問題である。国外転出者は、本来であれば、戸口所在地の派出所に、出入国管理部門発行の「出国（国外）定居人員戸口抹消通知書」、パスポート、居民戸口簿、居民身分証を持参し、転出登記を申請することになっている。中国の出入国管理法実施細則には「国内に居住する公民は、渡航する国家の査証、又は入国許可書を取得した後、出国前に戸口の手続しなければならない」とされており、その場合の戸口の手続とは、「出国して外国に定住する場合には公安派出所、または戸籍事務室に出向き（筆者注：新しい条文では、あえて戸口ではなく、戸籍事務室とされている）その戸口の抹消をしなければならない」というものである。日本では、国民が一時的に出国しても、国民である限り戸籍から消えるということはないが、中国では、出国者、逮捕された人間等については戸口が抹消されることになっている。

　また、前述の細則の規定によると、短期出国の場合には、臨時外出の戸口登記を行って、帰国後にパスポートの記載で帰国したということを元の居住地で証明し、常住戸口を回復するということになっている。しかし、実際には、大半の中国人はこういう手続を行っていないと思われる。

　戸口制度全体の他の問題としては、全国レベルでの管理やデータベース化が、中央政府の思惑どおりには進んでいないことがあげられる（日本では、市役所に届け出れば、戸籍に全部反映されるし、コンピューター上でデータ化される。しかし、中国国内における身分登録の場合はそのようになっていない）。そこで、出入国をしてもそれらが常住戸口に反映されておらず、実際は出たり入ったりできてしまうという現状のようである。

(3)　居民身分証法による個人管理

　次に、中国政府が行っているのが、居民身分証法による個人管理である。もともと中国は、都市の住民がほとんど国有企業に勤めて社宅に住んでいたので、企業の人事課、共産党の委員会が管理をすればよいのであったが、改

革開放政策の進展に伴い、私人の企業が増え、外国資本の企業が入ってきたので、すべての企業に共産党の出先機関があるという前提が崩れ、管理ができなくなった。また、個人で商売をやっている中で、昔「万元戸」（当時の1万元、日本円にすると15万円の収入がある人は相当裕福な人であった）といわれたような人達をどのように管理をするかということでできたのが、1985年の「居民身分証条例」、そして2004年の居民身分証法である。

身分証の記載事項は、「氏名」「性別」「民族」「生年月日」「住所」「身分証番号」「発行機関」「有効期限」である。身分証は16歳になると発行され、最初の有効期間は10年で、26歳からは20年、46歳以上からは終身（長期）とされている。

身分証のID番号は、生まれたときに付されて終生変わらない。導入当初は15桁だったものが後に18桁となり、ID番号の最初の6桁は地区の番号、次の8桁は西暦による出生年月日、その次の3桁は同じ地区の同じ日に生まれた届出順を示し、男性の場合は奇数で、女性の場合は偶数とされている。そして、最後の1桁は、ISO7064の規則によって発行される乱数のような数字が記載されている。

身分証については、一応全国レベルでの個人データ管理がなされており、ID番号と名前を入力すれば、インターネットで該当者の有無が調べられるし、警察が検問等でデータを端末に入力すれば、犯罪記録もわかるようになっている。

(4) 中国国内における身分登録

前述のとおり、中国国内における身分登録は思惑どおりには進んでいないようである。

出生と死亡については、届出先は「常住戸口登記機関」であるが、戸口登記条例3条では「戸口登記手続業務は、各級公安機関が行う」とあり、4条では「戸口登記機関は、戸口登記簿を作成する」と規定されている。「戸口簿」という冊子は、各家に配布されており、戸口の登記機関である公安局の派出

所には、その担当地域の全部の情報が入っている「戸口登記簿」という簿冊が備えられていたが、現在はほぼコンピューター上でデータ化されているようである。以前は、企業の人事部門も管理をしていたが、現在は、都市部ではほぼ派出所が管理し、農村では人民委員会が管理している。

　出生・死亡は戸口登記機関が管理しているが、婚姻は、婚姻登記条例により婚姻登記機関が管理する。それによって、たとえば、婚姻登記機関に婚姻の届出をすると、婚姻登記機関にはデータが残るが、それと連動して戸口、日本でいう戸籍に反映されることはない。婚姻登記機関に自分が届出をすることによって、戸口簿の中の個人ページの婚姻の欄が今まで未婚であったものが既婚になるが、配偶者が誰であるかは戸口簿には反映されない。

　次に、養子縁組の手続に関する根拠法令は「公民収養登記弁法」（中国語で「収養」は養子縁組のこと）であるが、これも、管理する登記機関が異なり、戸口につながっていないという問題が生じている。

　このように、データベース化の遅れにより、婚姻登記や収養登記の結果が自動的に戸口登記簿に反映されていないし、他に転出入の制限という問題もある。戸口登記条例10条には「公民がその戸口管轄区から転出する場合は、本人あるいは戸主が転出前に戸口登記機関に転出登記を申請し、移転証明書を受領して、戸口を抹消する」という規定があるが、戸口を抹消して他の場所に自由に移動できないのが実情である。また、移転した先では転入許可証明書に基づくことになっているので、「戸口」の移動は容易ではない。

(5)　在外中国人の身分登録書面(1)――領事館の取扱い

　在外中国人の場合の中国における身分登録については、ある意味で中国政府自体が管理を放棄していると思える。

　中国領事館の取扱いについては、領事館のホームページに説明があるが、「申請者双方が中国公民（国民）で、双方（一方）が駐外大使（領事）館の管轄地域内に居住している場合」（「管轄地域内」とは、東京、茨城に在住の人は、東京の中国領事館、大阪在住の人は大阪の領事館、福島であれば新潟の領事館）で、

日本国内にいる中国人同士であれば婚姻を受け付けると掲載されている。ただし、出生、死亡については、領事館で受け付けていない。たとえば、「中国駐外領事館は、中国公民の死亡証明書について、中国国内で使用する必要がある場合には、現地の公証認証手続がされた後に、当事者の申請により領事認証を行う」とされている。その意味は、日本の出生届や死亡届に日本外務省の公印確認を受けて、それを領事館で認証したものを、中国国内に届け出てそれらを受理するというもので、ここでも中国にある「戸口」につながっていないという問題は残る。実際には、出国する際に全員が戸口を抹消してくるわけではないので、中国に戸口が残っている人が多数おり、そうした人が日本から中国内の人に委任状を書いて、現地で親族関係証明書が容易にできてしまうという実情があり、それが取得できれば日本での相続登記や帰化申請にも使えるというのが実態のようである。

　婚姻の手続については、領事館のホームページに解説があり、「駐在国の管轄領域に居住する婚姻当事者（双方が中国公民）」が中国国内に必要な書類に追加して、双方のパスポート、旅行証（パスポートを持っている人は不要）、居住証明書（日本政府で発行した在留カード、住民票がこれに当たる）等の資料を提出すれば、領事館で受付がなされる。離婚をする場合でも、その領事館で婚姻の手続をしたものについては、離婚を受け付けるが、他の地域の管轄の領事館や中国国内で受付をされた婚姻については、離婚を受け付けない。ここでも、駐外領事館での登録が、そのまま本国の身分登録に反映されないという問題点は残る。

(6)　在外中国人の身分登録書面(2)——身分登録証明

　中国人の身分登録証明はどういうものかというと、中国国内では、「公証書」（日本でいう公正証書）がすべてに通用するといわれている。不便な点は、日本、台湾および韓国のような戸籍謄本、家族関係証明書等の証明書が市役所等で発行され、その証明書が通用するというわけではないので、それぞれの派出所で書いてもらった証明書を公証役場（公証処）にもっていくことによって

公証書にしなければならないということである。そうした公証書が中国国内で発行されることが知られているので、日本の法務局は、中国人の相続登記のときに、中国の公証処が作成した公証書を要求してくる。

　日本に在留する中国人が、公証書の申請をするにあたって中国の公証処が要求するのは、「パスポート」「国内戸口抹消証明書」「居民身分証」および公証の内容に関する書面である。本来なら日本国内にいる人は、出国時に戸口が抹消されているはずなので、「国内戸口抹消証明書」を取得しない限り公証の申請をできないはずであるが、前述のとおり、それぞれの身分登録や出国の手続が連動しておらず、戸口に反映されていないので、日本に来ている当事者でも、中国国内で公証書を作成し送ってもらっているというのが実情である。

　次に、在外中国領事館における在外中国人の証明書がある。駐在国の管轄地域に居住する中国公民に関しては、当該大使（領事）館で、登録された婚姻・離婚の証明書、あとは、日本で結婚するための「婚姻要件具備証明書」等が発行される。また、管轄地域に居住する中国公民に対しては、「署名事実公証書（サイン証明）」や「相続権放棄公証書」が発行される。これは、国外（日本）に来ている中国人が、中国国内の被相続人の財産について相続放棄する場合にも必要なので、相続放棄の意思表示をするという証明書の申請を領事館で受け付けるという意味である。逆にいうと、日本でこのような手続をするには、日本で在留手続をしていなければならないので、いきなり日本に来た人が日本で不動産を買うから、領事館に行って「署名証明」をもらえるかといえば、そういう制度にはなっていない。また、中国国内において登記、登録された証明書を国外で使用する場合の手続については、公証法33条に規定があり、中国外交部が認証をする。日本からの逆ルート、すなわち日本の証明書を中国国内で使用するためには、外務省で公印確認したものを日本にある中国大使館、日本の北京領事館等で認証を受けることが必要である。

　このような状況であるが、中国人で日本に永く居住している人は、戸口が抹消されているか、戸口が不存在であるはずで、その場合は、外国人登録原

票により死亡を証明するか、死亡届の記載事項証明書が必要になると考えられる。

　最後に、継父母と継子間の親子関係の成立であるが、中国では、日本人が中国国内で婚姻した場合に、相手方の女性に連れ子がいれば、簡単に継父子関係証明書が発行され、それにより継子が相続人として扱われるケースが少なくない。しかし、中国の婚姻法によれば、「実際の扶養教育関係がある場合のみ、継父母と継子の間に法律上の親子関係がある」とされているので、実際の相続手続においては、扶養教育関係の実態調査が必要であることを付け加えておく。

2　被相続人の本国法が「台湾」の場合の身分登録書面

司法書士　林　　誠一（大阪会）

(1)　台湾籍の人の相続準拠法

　台湾籍の方の相続の準拠法については、通則法36条に基づいて台湾の法律によることになる。台湾の渉外民事法律適用法58条は、「相続は、被相続人の死亡の当時の本国法による。ただし、中華民国の法律によれば中華民国国民が相続人となるべきとき、その者は、中華民国に在る遺産につき、これを相続することができる」と規定されている。また、中華民国は二重国籍を認めており、台湾の渉外民事法律適用法2条によって「二重国籍の場合は、密接関連地の法律に従う」とされている。たとえばアメリカと台湾の二重国籍者でアメリカに住んでいる場合、密接関連地法でアメリカの法律が相続法として適用される場合であっても、台湾の法律に基づくと台湾人が相続人にな

り台湾にその財産がある場合は、その台湾にある財産の相続法はアメリカの法律ではなく、台湾の法律によるというのがこのただし書の意味である。

(2) 台湾民法による相続の特徴（相続人と相続分等）

次に、台湾の民法と日本の民法の相違点について述べる。中華民国民法1138条は、相続人は、配偶者を除き次の順位としている。第1順位は、直系血族卑属、つまり直系卑属である。日本との相違点は、養子については、実父の相続権はないことである。これは、同法1077条2項に「養子と実父母及びその親族との間の権利義務は、養子縁組関係の存続中においては、これを停止する」と規定されている。したがって、親子関係は停止するので、養子には、実父母の相続権はないことになる。第2順位は、父母。日本の場合は直系尊属とされ、祖父母等も第2順位となるが、台湾の場合は、父母である。第3順位は、兄弟姉妹。第4順位は、祖父母という形になる。

また、代襲相続も異なる。日本では、兄弟姉妹が亡くなっている場合、その子は代襲相続人になるが、台湾では、第3順位の兄弟姉妹が亡くなっている場合、その子は代襲相続人にはならない。

中華民国民法1144条の相続分、これも日本と異なる。直系卑属が共同相続人の場合は、配偶者も含めて均等となる。日本では、配偶者と子が2分の1ずつとなるが、台湾の場合は、配偶者が、直系卑属と共同相続の場合は均等となり、父母、兄弟姉妹と共同相続の場合は、配偶者は2分の1、祖父母との場合は3分の2が、配偶者の相続分となる。

また、遺産分割制度もあり、遺言で遺産分割を禁止することもできる。ただ、遺産の考え方については、共同共有という少し特殊な考え方である。一方、相続を知ってから3カ月以内は、相続放棄の制度もある。また、遺留分制度もあり、得留権ともいうが、日本との相違点は、兄弟姉妹にも遺留分がある点である。

(3) 台湾人の相続関係を証する書面

相続登記の依頼を受けて、法務局に相談に行く場合がある。その際、被相続人は台湾出身者だが、相続証明書としてどのような書面を提出したらよいかと問い合わせると、被相続人が台湾出身者の場合は、台湾の戸籍謄本の提出を必ず要求される。そこで、台湾の戸籍制度について述べていく。台湾の戸籍制度は大きく分けると三つの段階がある。

(A) 日本統治時代の戸籍調査簿

第一の段階は、明治28年下関条約によって、台湾が日本に併合されたとき、日本が戸籍調査簿という、日本でいう戸籍制度を台湾に導入した。これは日本の戸籍と同じで、本籍が台湾であれば、台湾に住んでいてもいなくても、身分事項がすべて記載された。また、日本の戸籍と同じように日本語で書かれており、この戸籍は、日本の戸籍と全く同じであると考えてよいと思われる。私の父母は、日本統治時代の台湾から来日したが、その当時の日本語で書かれた戸籍が残っている。

(B) 台湾政府作成の戸籍

第二の段階は、日本が敗戦し中華民国が戸籍を管理することになり、昭和21年頃から日本の戸籍調査簿をもとにして戸籍の編製を始めた。そのときの編製方法については、日本がつくった戸籍調査簿を中心にしながら編製されたが、実際に台湾に居住しなかった者、帰ってくる見込みがない者については編製されなかった。私の祖父母は、私の父が帰ってくると思い戸籍に入れたが、父が帰らなかったため、氏名は記載されているが、その他の事項に関する記載がない戸籍となった。このように日本がつくった戸籍調査簿には記載されているが、中華民国がつくった戸籍簿には記載されていないというケースがたくさんある。

第三の段階は、最終的な戸籍制度である。日本でいう戸籍と住民票を一緒にした形式のものを、台湾では戸籍としている。つまり、日本の場合、住民票と戸籍は分かれているが、台湾では住民票と戸籍を合わせた形式となって

いる。したがって、一人の人間について、本籍地に戸籍があり、居住地にも戸籍があるというケースもあり、同じときに違う場所で二つの戸籍謄本が出てくることがある。これは、一つは住所の管理、もう一つは身分事項の管理という形式をとっているからである。

(C) 民国81年（平成4年）の台湾戸籍法の修正

1992年（民国81年、平成4年）に大きく戸籍法が改正され、本籍地登記制度が廃止された。つまり、居住地に基づく管轄一つとなった。したがって、原則、居住していない者については除籍となった。台湾の戸籍法16条3項では、出国して2年以上帰国しない場合は転出登記をしなければならず、この登記をしなければ職権で除籍される取扱いとなっている。

(D) 在日台湾人の戸籍

在日台湾人の戸籍については、戦前から居住している人の場合、日本統治時代の戸籍には記載があるが、台湾政府が作成した戸籍には記載されていない場合が多い。私は、日本で生まれ日本で育ったが、1年間だけ台湾に留学したことがある。留学する際、戸籍がないと留学できなかったため、その間だけ、1年間だけの戸籍がある。その後は日本に転出したため、その後についての記載はなく、結婚したという記事もない。換言すれば、戦後から現在までに、台湾に住所をおいたことがない人は、日本統治時代以降の戸籍が存在しない場合が多いということである。

また、相続手続を行う際、被相続人などの台湾のパスポートをみると、パスポートの右の上の方に、身分証明書の番号、ID番号が入っているパスポートと、入っていないパスポートの2種類がある。身分証明書の番号が入っている場合は、台湾本土で本人確認ができている戸籍があるということなので、パスポートをみて、身分証明書番号があれば台湾になんらかの戸籍があると考えてよいと思える。

一方、実際台湾に戸籍がない場合でも、法務局は台湾には戸籍があるだろうという。戸籍という名称が同じなのが悪いのかもしれないが、日本の戸籍と同じものと認識されており、国籍があるのなら、戸籍がちゃんとあると思

われている。しかし台湾側からみると、帰ってこない人を本国で管理する必要はないため、戸籍はつくらない。以前は、日本にある領事館に届けると、領事館で僑民記録というものをつくって記録をとり、そして、領事館がその僑民記録に基づいて、さまざまな証明書を出してくれていた。しかし、記録には嘘の申告が多いため、領事館が不確かな情報で公的な文章を出してしまうのはよくないということで、現在、台湾の領事館が自ら証明する文章を書くことは、ほとんどない。

そこで、仕方がないので、上申書を出さざるを得ない。法務局は台湾に戸籍があると認識しているので、戸籍謄本の提出を求める。しかし、台湾に戸籍請求をすると、台湾の役所からは、探したけれども該当する戸籍はないという回答が帰ってくる。そこで、その回答書を添付して、台湾に戸籍が存在しないことを報告し、他に、日本の役所に届出した出生届、死亡届、婚姻届等をすべて収集し、上申書にまとめて法務局へ提出しているのが現状である。なお、私はその上申書の中に、相続関係説明図を記載し、これ以上相続人は私達の知っている限りいないという形にして申請しており、法務局はこれで大抵通してくれている。しかし、金融機関は上申書では通してくれない場合が多い。上申書は自己証明で、ただ書いて印鑑証明書、実印を押して提出しているだけとの理由で、金融機関によっては、承継系統表を領事館から取得することを求められる場合がある。

(E) 台湾戸籍謄本の入手方法

次に、台湾の戸籍謄本の入手方法について述べる。まず、本籍地を探す。本籍地は、外国人登録原票の、本国における居所住所という欄を手掛かりにしながら、そこを管轄する戸政事務所宛てに請求する。現在は、台湾全土で、古いものも含めてPDFでデータ検索ができるようになっているため、どこの戸政事務所に請求しても、送付してくれる。

ただ、最近は戸籍の取扱いが厳格になってきており、請求できる人は直系親族に限られる。たとえば、私は父母の戸籍は請求できるが、妹や姉の分は一緒に請求しても、あなたは傍系関係なので請求権限がないとされ、全部戸

籍の請求はできない。しかし、父母のみの戸籍だけでは相続手続ができないため、台湾戸籍法65条の1の1項3号の「相続登記の処理が被相続人の配偶者及び血族関係を調査して証明する必要があるとき」は請求できる規定から、相続手続に必要な書類で私はその相続人であるというような書類と、その相続関係を日本で証明するために戸籍謄本が必要との理由で送付依頼すると、調査して送付されてくる。

　ただ、問題は、身分証明書や相続、利害関係を証明する書類である。日本人の場合であれば戸籍謄本になるかと思われるが、日本籍と違う場合は、自分の出生届の父母の欄に載っている、父の死亡事項の記載のある死亡届を添付して請求する。しかし、日本でつくられた公文書については領事認証が必要で、台湾で公文書として取り扱ってもらうためには、領事館で認証シールを貼ってもらう必要がある。その領事認証を受けた書類を添付して台湾へ申請するのだが、それに加えて、本人確認の書類として、パスポート、運転免許証等のコピーを添付する。今までは、コピーに自己証明をして申請していたが、この本人確認書類について、2016年3月から公証が必要になった。

　また、領事館は台湾のパスポートのコピーについては直接認証できるが、日本の運転免許証等、日本国が発行したもののコピーについては直接認証できないため、いったん日本の公証人役場でコピーの認証をしてもらい、その認証文に領事館の認証のシールを貼ってもらって、戸政事務所に送付することになる。

　戸政事務所によっては、申請書自体に領事館の認証を必要とする場合がある。これについては、「本人確認書類に領事館認証が必要という内政部の通達が出ているが、申請書にも認証が必要という通達や条文があれば、知らせてほしい」と、戸政事務所に伝えているが、未だその正式な返答はない。

(4) 承継系統表

　日本の相続関係説明図のような、継承系統表というものがある。これは相続関係説明図を作成し、相続人全員で、私達以外には相続人は存在しないと

する、自己証明書のようなものである。

　承継系統表を相続人が自らつくり、台湾の領事館において、領事の面前で全員が署名押印し、その書類を確認したとするシールを貼ってもらう。金融機関には、この承継系統表を使うことが多い。ただ、これを使って大阪法務局管内の数カ所の法務局に申請をしたことがあるが、この系統表は、領事館が相続人を特定した証明ではなく、相続人が、他に相続人は存在しないということを、ただ台湾の領事館に申告したものにすぎず、相続証明書としては取り扱えないといわれ、加えて法務局宛ての上申書を提出するよう指示された。

　上申書には、承継系統表と同じような文章を書くのだが、その際、この系統表は、闇雲に作成されたものではなく、領事館に対して、台湾にある戸籍資料だけでは証明できないということを説明した後、日本における戸籍関係の届出記載事項証明書等をすべて提出し、なおかつ、台湾のパスポートを持っている人の場合は僑民記録があるので、その僑民記録と照らし合わせて齟齬がないということを確認したうえで、認証されたものであって、全く調査せず適当に認証しているものではないという説明を添付し、法務局に受理してもらったこともある。

(5)　在日台湾人の相続手続

　在日台湾人に相続が発生した場合、台湾の戸籍謄本を請求する方法は、外国人登録原票の取寄せから始める。外国人登録原票を取り寄せて、本国における住所を確認するが、外国人登録原票は請求できる者が制限されている。まず、第一に日本に住所がない人は、東京の法務省まで行かなければ、開示請求することができない。なぜかといえば、郵送請求での添付書類の中に、住民票の原本が必要とされているため、非居住者は開示請求ができないことになる。また、利害関係人からの情報開示はできない。相続人の相続人という形で、いくら利害関係を示しても、請求される人との間に直接利害関係がないのであれば交付されない。この点は日本司法書士会連合会のほうでも改

正要望等をしていただきたい。

　外国人登録原票で本国の現住所が判明したら、その住所をもとに、戸政事務所へ戸籍請求を行う。しかし、だいたい存在しないとする返答が帰ってくる。「検索したが、該当戸籍は存在しない」とする回答があれば、その回答書を翻訳して、それに、日本で届出した出生届、死亡届等を全部集めて、上申書にして相続登記申請をする。

　もちろん、承継系統表を作成する場合もある。しかし、法務局に承継系統表を提出しても、前述したように、上申書を別途要求されることが多く、上申書だけで申請するほうが簡単であるため、多くの場合、法務局へは上申書を提出し、登記申請を行っている。

　私の母の場合は、承継系統表を作成してもらった。なぜかというと、戦前日本の統治時代に創氏改名という、日本人風な名前に変えさせられた制度で改名し、来日後、創氏改名した名前が気に入らないとの理由でさらに改名し、その勝手に変えた名前で外国人登録をし、また領事館にもその名前で届出をしたからである。

　前述の外国人登録原票であるが、外国人登録原票は、法務省の考え方では、住所を証明する書面にはあたるが、その他の事項についてはすべて疎明資料とされている。続柄にしても、申請人の申告どおりに記載されており、たとえば、外国人登録申請の際に、私の妻は誰々ですと申告すれば、そのまま記載されてしまう。母は、台湾での名前とは異なる名前で申告していたため、台湾にある日本時代の戸籍謄本と、日本で亡くなった時の日本の資料とが、全然つながらない事案となった。

　こうなってしまうとどうしようもないため、日本にある領事館と相談した結果、この場合は、承継系統表を作成することが可能ということで、死亡したときの名前で承継系統表を作成してもらった。本人に関する事項の訂正は、本人からしかできないが、その本人がすでに亡くなっているため、相続人たちからはどうしようもないので、そのような手続をしてもらった。

　継父母継子関係については、台湾にも認められる場合と認められない場合

がある。しかし基本的には、前妻の子供については、相続権がないと処理してかまわないと思う。認められる場合については、家族会議を開き、家族会議の承認を得て、連れ子に相続させるということがあるが、原則継子に相続関係はない。

現在、私の両親も含め、一世がだんだん亡くなってくる歳になっており、台湾人の相続といってもいろいろな事案がある。帰化した人の場合でも、帰化前の書類を集めるのが大変で、一つひとつがすべてオーダーメイドのような形であり、渉外関係事件をしていてルーチンワークで終わる簡単な仕事の依頼はめったにこない。どれほど簡単にみえる場合でも、何か問題があって、それを解決しながら進めていかないといけない。ただ今回のワークショップに参加させてもらって、私は委員会のメンバーではないが、このように皆様が鋭い勉強しているということを知った。このような簡単な説明でよかったのかはわからないが、私が行っている相続手続の方法について報告させていただいた。

3　質疑応答

(1) 日本で中国人が婚姻する場合、婚姻が有効に成立するための要件はどこの国の法律か

(質問　徳山)　日本で中国人が婚姻する場合、婚姻が有効に成立するための要件はどこの国の法律によればよいのでしょうか。また、届出等の形式的に必要な要件は、どこの国の法律で行うことになるのでしょうか。離婚についてもご教授ください。

(大和田)　通則法24条「婚姻の成立は、各当事者につき、その本国法による」ということで、たとえば、中国人同士の場合であれば両当事者の本国法である中国法によることになりますが、中国の国際私法である渉外民事関係法律適用法21条は「婚姻成立の要件については、当事者の共通の常居所地

法」と規定されているので、中国人同士であっても、日本に反致して日本法でよいはずだと考えられます。ただし、中国人同士が日本で結婚したものを中国が認めるかというと、そこが問題であって、中国の審査機関が日本法を理解して審査してくれるとは思えません。中国人と日本人が、中国で婚姻する場合は、中国の機関が審査をしますが、中国の婚姻法の適用しか考えていない。ですから、（両国の国際私法を検討すれば、準拠法が日本法になる場合でも）実際日本法でよいのかというところに若干疑義があります。

　日本で中国人同士が市役所に婚姻届を出し、それを領事館に持っていき、常居所地法が日本だと判断、受理されればそれは有効になるはずですが、実際は中国婚姻法でしか審査されないと思います。どのような場合に中国の渉外民事関係法律適用法21条の「共通の常居所地法」がきちんと審査されるのかといえば、外国で挙行された婚姻の有効性が、中国の裁判所で問題になったときで、その場合には中国の渉外民事関係法律適用法21条に基づいて議論がされるのだと思います。

　離婚の場合は、通則法27条で「25条の規定を準用する」とされており、「夫婦の本国法が同一であるときはその法」になります。同法41条に「当事者の本国法によるべき場合において、その国の法に従えば……」という反致の規定があるのですが、「ただし、第25条、第26条1項、第27条において準用する場合又は第32条の規定により当事者の本国法によるべき場合は、この限りでない」といっているので、離婚の場合は反致せず、中国法になると思います。

（徳山） 日本で婚姻が成立した場合、中国における身分登録機関に婚姻の登録は可能なんでしょうか。

（大和田） 中国には、報告的届出の概念があまりないので、反映されないケースが多いと思います。ただ、出国時に戸口の抹消手続をしないで日本に来ている中国人と日本人が日本において結婚する場合、日本において婚姻届が出され、その婚姻届を外務省の公印確認および中国領事館の認証を受けて中国の戸口登記機関に出した場合には、中国に戸口が残っておりそこに

記載されるケースが出てくると思います。

（徳山）　それは、中国人間の婚姻に限った場合ですか。

（大和田）　違います。前述は中国人と日本人の場合で、逆にいうと中国人同士のほうが戸籍に記載されるか怪しくなると思います。中国と日本人の場合であれば、戸口が中国にあれば、中国に届け出ることで反映されると思います。

（徳山）　中国人間のほうが怪しいとのことですが、私は、中国人同士のほうが可能ではないかなと思ったんですが。

（大和田）　日本に常居所を有する中国人同士であれば、在留カードを持って領事館に直接行けば婚姻を受け付けるという規定になっているので、日本の婚姻届を持っていくよりは、自分のところで婚姻登録をしろ、すなわち領事婚にしろと言われそうな気がします。

（徳山）　国際私法に則った処理がされていないように思われますがいかがでしょうか。

（大和田）　私もそのように思います。

(2) 中国公証員が作成した公証書の入手方法とは

（質問　金）　中国人の身分関係を証する書面として、中国公証人が作成した公証書が該当するとのお話だったんですが、その証明書を司法書士が取得しようとした場合、実務的にどのように対応するのがよいか教えてください。

（大和田）　日本に来ている中国人が本来行うべき出国時の戸口抹消手続をしていれば、国外からの公証書の作成は、簡単に受け付けられるはずはないのですが、実際に出国してくる人のほとんどはその抹消手続をせず、戸口が残ったままなので、現地の親戚等に依頼することで、意外と簡単に公証書が取得できるというケースが大半です。

　日本において身分行為が発生したというものについて、身分登録を現地で行うためには、日本の役所で取得した証明書を外務省で公印確認を受け

て、それを管轄の中国領事館で認証を受けて中国に持参します。あとは、中国の現地の関係者のほうへの委任状も認証を受けていれば、身分登録の申請が受け付けられると思います。（その登録された身分関係の）証明書を公証役場で取得する場合、申請人が戸口のある人であれば、戸口簿と居民身分証を持参し、戸口のない人であればパスポートの写し等を持参することが必要です。

　公証書になる前の段階での各身分登録機関における証明書については、日本であれば市町村役場、税務署、年金事務所等がネットワークでつながっていますが、中国ではつながっていないので各機関から証明書が出てきます。しかも派出所によれば、手書きで書かれたものに簡単に偽造できるような判子が押された程度の書類を持ってきます。はたしてそれでは（本物かどうか疑わしく）、使えるかどうかがわからないので、管轄の公証役場で形式を整え、法律要件を満たしているか、あとは、申請に来た当事者が民事行為能力を有している人で、その人が提出したかを確認して、それを公証書として作成すると思います。

(3)　日本に留学中の台湾人男女が日本で婚姻した場合、台湾の戸籍に載せる方法はどのようなものか

（質問　北田）　両親が台湾に在住しておりまして、留学で日本に住んでいる台湾人の男女が日本で結婚した場合、台湾の戸籍に載せることはできるのでしょうか。載せるにはどのようにすればよいのでしょうか。

（林）　婚姻の話になるので、通則法では台湾の法律になります。

　台湾の渉外民事法律適用法46条をみると、「婚姻成立要件は本国法によるが、締結の方式については、当事者一方の本国法又は挙行地法によってもよい」ということですので、日本で婚姻届を提出し、婚姻届を受理してもらったら、これで婚姻は有効に成立します。その後、受理証明書を向こうの戸政事務所に提出しますが、もし、本国に両親がいるのであれば、両親に送って、それを出してもらう形になります。なお、婚姻届の受理証明

書には、領事館の認証が必要となります。

　また、婚姻については、直接届ける代わりに、領事館から送ってもらうこともできます。その方式については、領事館（駐大阪経済文化弁事処）のホームページにも載っていますが、厳密的にいいますと、台湾の戸籍法26条3項で、海外の居住者については、報告的届出をすることもできると書いてあります。しかし、ホームページの中では、その報告的届出を戸政事務所に送っているのか、領事婚を行っているのか、どちらとも解釈できるような書類を要求されています。というのも、婚姻届の受理証明書を持参すると、それを認証してくれますが、その際に、日本で婚姻届を出したときの証人2名をそのまま連れてきなさいとか、パスポートを持ってきなさい等、指示されることがあるからです。これは、領事館のほうで創設的届出なのか報告的届出なのか区別できていないからだと思います。台湾の戸籍法26条3項は、婚姻の事実があった証明書に、領事館で認証を受け、それを送付し提出したら、報告的届出を行うというようになっていますが、領事館から送ってもらおうと思うと、あたかも創設的届出と同じかのような書類を、提出しなければいけないというようなことが領事館のホームページに載っているのです。

⑷　在日台湾人に相続が発生した場合の相続証明書とは

（質問　金山） 在日台湾人に相続が発生した場合、もう一度整理のためにお伺いしたいのですが、相続が発生した場合の相続証明書、本国作成のものとして、先ほど僑民記録と、継承系統表と、日本に出している届出書ですね。出生届、婚姻届等々関連も含めて、相続証明書としてどちらを添付しているのか、また法務局が求めるものとしては、どういった書類を添付すべきなのかも含めて、あわせて教えていただければと思います。

（林） 基本的に法務局は、台湾には戸籍制度があるため、戸籍謄本の提出を求めます。戸籍謄本がない場合、その証明のために、請求したけれど当該戸籍謄本は返ってこなかったという資料を添付します。あとは、台湾の戸

籍は報告的届出であり、実際に事象は日本で起こっているわけですから、日本の届出書が一番事実に近いということで、それを全部集めます。そして、「本来なら戸籍謄本をとるべきだが、戸籍謄本はありません。相続人はこれだけです」という上申書で処理しています。

一方、領事館で台湾のパスポートを取得する際、申請書を記入するのですが、その情報をもとにして、領事館は日本にいる僑民の記録をデータベース化しています。そのため、名前しかわからない、パスポートしか持っていないときでも、それを持っていくと領事館内で調べてくれて、僑民記録を確認し、台湾での本籍地、住所、家族などを教えてくれるときがあります。ただ、それが合法的に教えてくれているのか、私にたまたま領事館に勤める知人がいるから教えてくれているのか、それはちょっとわかりません。

また、領事館が承継系統表をつくる際は、提出された資料と、僑民記録等領事館がもっている資料との間に、齟齬がないかを確認しながらつくります。しかし領事館も、すべての記録を管理できていないことはわかっていますので、結局、承継系統表についても、日本に出された届出をもとにしてつくらざるを得ない、確認せざるを得ないというのが現状です。

総じて、本当に存在しない資料を、提出することは不可能ですので、そのない書類を埋めるために、上申書を提出しています。法務局のほうも、以前までは、書類がないのであれば、登記はさせないといっていましたが、登記をさせずにおいておくのがよいのか、上申書で登記させるほうがよいのかを天秤にかけ、最近は、上申書等で相続人達が責任をもってくれるのであれば、登記を許しましょうというような姿勢に、段々と変わってきていると思います。

⑸　住民票が消除されてつながらなくなった場合の証明の方法

（質問）　住民票が消除されてつながらなくなった場合の証明の方法について教えてください。

(大和田) 日本人であれば戸籍の附票でつながっていきますが、外国人の場合で転居して5年で消除されてしまえばつながらなくなってしまいます。その場合は上申書をつけるしかない。そこを我々は問題点として法務省に対して要望を出している状況です。

(6) 外国人の本国の身分証明書の請求方法

(質問) 外国人の方が共同相続人となっている場合、市町村からの公用請求をしたい場合、本国の証明書を司法書士、市町村から請求することができるかどうか、方法があれば教えてください。

(A) 台湾の戸籍謄本の請求方法

(林) 台湾の場合ですが、基本的に、台湾は職務上請求制度というのがないので、台湾の弁護士でも、職務上請求はできず、利害関係を証する書面が必要です。一応、相続人が誰かわかっているのなら、相続関係を証する書面を添付して、相続人のうちの一人であるということを伝えれば、その分は交付してくれます。

(質問) その利害関係人というのは、日本人でも大丈夫ですか。

(林) 大丈夫です。たとえば、妻が日本人の場合、妻であるということが戸籍謄本等で確認できれば、被相続人と戸籍をともにする兄弟や子の中の一人に協力を頼まなくても、その部分の戸籍は、相続に使用するということで、請求できます。

(B) 中国の戸籍謄本の請求方法

(大和田) 中国の場合は、はっきりいって難しいです。中国の律師（日本でいう弁護士）法35条に、日本の弁護士の23条照会のような形で請求する権利がありますが、それが実際に機能をしているかといえば、必ずしも機能していません。逆に、一般人でもとることができることもあります。政府の関係に通じている人であれば、その人脈でとれることもあるというのが実態だと思います。

(7) 中国国籍の人の相続を証する書面は何か

(質問) 妻が中国国籍の場合に、その相続を証する書面は何でしょうか。

(大和田) 被相続人の妻が中国籍の方で、5、6年前から日本にいる人であり、中国に戸口が残っているとすれば、現地の公証役場で親族関係証明書が出てくると思います。

(8) 反　致

(質問) 反致のデメリットがあれば具体的にご教示ください。反致ということのメリットをもっと理解したいという趣旨からの質問です。

　通則法の逐条解説をみると、法制審議会において反致についての見解が大きく分かれていると書いてあります。反致に対して批判的な立場からは、削除をすべきではないかとの議論がなされたと。反致があることによって、たとえば中華人民共和国の承継法には、土地の相続に関する規定がないため、反致の規定があるからこそ実務上の処理ができるとメリットのことは書かれてあるんですが、反致のデメリットのことがみえてこないので、もしそれがわかれば、この制度が具体的に理解しやすいと思っているので、質問をさせていただきました。

(大和田) 具体例として、人の行為能力をあげて説明しますと、通則法4条1項に「人の行為能力は、その本国法によって定める」とされています。また、反致の41条をみると「当事者の本国法によるべき場合において、その国の法に従えば日本法によるべきときは、日本法による」とあります（25条、26条1項、27条、32条は除外されています）。中国法をみてみると、渉外民事関係法律適用法12条で「自然人の民事行為能力については、常居所地法を適用する」とされており、すなわち日本に常居所を有する人であると日本法によることになります。「19歳の中国の人が不動産を買う場合、中国の成年年齢は18歳だから大丈夫だ」と簡単に考えるんですが、常居所地法である日本法に反致してくると、日本の民法では、20歳ですよね。この

ような論点も反致においては考慮しなければならない。これがデメリットといえるかどうかはともかく、戻ってくることによってかえって厄介になる場合も出てくると思います。

（林）　反致の問題は、国際私法の中で一番難しい問題だと思います。いまの例でも、その人の生活基盤が日本にあるのなら、国籍という客観的概念を意識しながら生きている人は別として、日本の社会で生きている以上、大抵の人が日本の民法が適用されると考えて生活しています。国籍が違うために本国法による場合でも、本国法があえて日本法を適用することを指示する場合、反致が生きてくると思うのです。たとえば、日本で生まれ育った我々のような在日にとっては、ただ単に生まれたときに両親の国籍が台湾だったからということだけで、台湾の法律の適用という形になるわけですが、反致があれば、常居所地である日本の法律に従ったらよいということで、自分が生活している日本で日本人と同じ感覚で法律的処理をしてもよいという形になります。このように、日本を常居所地として暮らしている人間が、意識としてそのまま日本の法体系の中で生きているのであれば、反致は生きてくると思います。

　相続の場合ですが、中国大陸の場合でしたら、反致により日本の民法を適用することになります。中国の相続法を適用するのとでは結果が、たとえば相続分が、全然違います。日本の民法が適用されると、妻が2分の1、子供も何人いても2分の1をもらいますが、中国法では妻、子供もみんな均等になります。つまり反致により日本法の適用になれば子供の権利は少なくなり、中国法の適用が当たり前だと思って生きている子供にとっては反致がないほうがよいことになります。日本の民法は中国からいえば、また、とりわけ共産主義の考え方からいえば、みんな平等なのになぜこんな差別的なのだと思うでしょう。また、認知した子どもについても、いわゆる日本の民法が適用されたら、かつて非嫡出子は嫡出子の2分の1になってしまう規定でした。それは、中国の婚姻法にあるみんな子供は平等だという考えに合致しません。結局、反致があれば、このような形になるので、

中国に住んでいる国民から考えたら、それおかしいという取扱いになると思うのです。それとは逆に、日本でずっと暮らしている人にしてみれば、反致があることによって日本人と同じような考え方で同じ法体系の中で処理できるっていうメリットはあります。だから、反致が決して、悪いというわけではないと思います。

　ただ、いろいろな国際私法の中で本国法と決めているのに、わざわざ本国法を適用しないで、本国法以外の国の法律を使うということであれば、住んでいる国によって、国籍は同じなのに適用される法律がバラバラになるという反致の考え方がはたしてよいのかどうか。まとめると、反致が本当の国際私法の中の基本的な考え方になるかといえば、本国法という限り、世界中のどこにいても本国法であるべきではないのかというのが、反致を反対している人の考え方であり、現在生活している、特に常居所地の概念から、常居所地で暮らしている場所の法律を適用することが、その当事者にとって自然であるというのが、反致に賛成する人の考え方であると、私は理解しています。

（西山）　私からも反致について一言述べたいと思います。中国の国際私法である「渉外民事関係法律適用法」には反致に関する条項はありません。中国には、なぜ反致規定はなく、日本の通則法41条に反致規定は存在するのか。この点は、ハーグ国際私法条約が一般的に反致規定をおかないこととをあわせて、今後日本が考えるべき課題の一つだと思います。

⑼　在外中国人の身分登録書面についてなぜ公証書を発行してもらうのか

（質問　西山）　在外中国人の身分登録書面については、中国に戸口がないときは、日本国内での出生、死亡、婚姻、離婚等の証明書を添付して、在日中国領事館等で公証書等を発行してもらい、それによって証明するということですが、なぜ公証書を発行してもらうのでしょうか。つまり、それらの証明書があり一定の蓋然性があれば、司法書士が何らかの形でそれらの

説明をすればよいのではないでしょうか。なぜ、外国官憲発行の証明書でなければならないのか、その点に縛られていないか。いかがでしょうか。

(大和田) おっしゃるとおりだと思います。私自身も外国官憲発行の証明書というものに縛られているのかもしれません。

⑽ 上申書がなぜ必要か

(質問　西山) 在日台湾人の身分登録証明についてですが、台湾に住所がないとすると戸政事務所には戸籍はないとのことですね。そうすると、日本における身分関係の記録の証明書を集めるか、もしかして台湾以外の外国における身分証明書などを集めて、それらの証明書で証明していくことになりますね。それなのに、なぜ相続人全員の上申書が必要なのでしょうか。なぜ、外国官憲の証明書が必要なのでしょうか。私には理解ではないのですが。

(林) 上申書がどうして必要かということですね。西山さんが言われているのは、事実はすべて客観的書類で揃っているではないか、それになおかつ説明する文章をどうして付ける必要があるのかという意味でよろしいでしょうか。

(西山) 少し違います。揃っているかどうかもわからないのに、なぜ当事者に上申書で説明させるのかということです。司法書士がそれらから説明を加えればよいのではないか、という意味です。つまり、当事者に印鑑証明書付きで実印を押させるのではなく、司法書士自らが、それら書面で相続人である蓋然性が高いと判断できればよいのではないか、相続人全員の上申書を絶対的必要書面と考えてはいけないのではないか、ということです。

(林) そうですね、言われていることはよくわかります。法務局がそれで受けてくれるのであれば、そのほうがよいと私も思います。けれど、上申書とは何かというと、端的に言えば、法務局が免責されるための書類です。我々が上申することで、相続関係に関して責任をもてるかといえば、我々も被相続人の親族関係等について、すべてを知っているわけではない。そ

う考えると、やはり被相続人について一番よく知る、相続人達からの「これしかありません」という上申のほうが、説得力があると法務局は考えているようです。

　以前、実際に私からの上申書を提出したことはあります。「こういうふうな形で戸籍謄本とろうとしましたが、とれませんでした。これこれ、こういう事情です」と書いて、職印を押し、法務局に提出しました。しかし、それでもやはり最終的には、相続人からの上申書を求められました。実際のところ、他に相続人がいるのかいないのか、その記録がない以上、相続人にもわからないし、我々にもわかりません。けれど結局我々よりも、相続人のほうが、被相続人についてよく知っているだろうから、上申してもらっているというのが現状です。

(西山)　渉外的な身分関係については日本の戸籍でも十分に把握できているとは思えません。そこには、国際私法上の先決問題がありますか。親子関係が成立するかしないか、婚姻関係が成立しているか、本当に離婚があったのか、また判決離婚があったのか、そういうような点を、一定の形で司法書士が集める努力をしたのか、という点です。

(林)　言われていることは、よくわかります。我々が、事実関係を証する書面について、「このように調べて、先決問題ではこのように解決した。このような形で、結論を出した。だから今回も、相続はこのようになります。適用する法律は、この国のこの法律で、結果、彼らにはこれだけ相続持分があります」という形で、証明書が出せるようになれば、それは本当によいことだと思います。今後、我々司法書士にそれができるだけの実力がつき、それを法務局が認めてくれるようになれば、仕事はすごくやりやすくなるでしょう。そうなれば、実際は調べていない相続人達が、あたかも自分達で調べたかのような上申書を作成し、その責任まで負わせる必要はなくなると思います。

⑾ 外国人登録原票の国籍欄の記載に関する被相続人の本国法決定

(質問　西山)　今まで外国人登録原票の国籍欄は「中国」とだけ書かれ、2012年7月以降に、「中国」「台湾」と別に表記されるようになりました。そうすると、2012年7月以前は、被相続人の本国法を台湾とする根拠は何によっていたのでしょうか。

(林)　以前の外国人登録原票のときも、「中国（台湾）」というのは、入れてもらえていました。実際私も、外国人登録原票のときには、「（台湾）」と入れてもらい、新しい外国人住民票のときには、国籍台湾でもらいました。「（台湾）」と入れてもらう際には、市役所で一応、書面としてパスポートを確認するといわれましたので、パスポートを提示しました。余談になりますが、現在は入国管理局で台湾のパスポートを提示すれば、国籍を中国から台湾へ変更させてくれます。ただ、台湾のパスポートは台湾省の人だけが取得できるというわけではなく、中国の広東省や山東省でも、台湾のパスポートを取得することができますし、逆に、台湾省の人でも中国のパスポートを取得できます。特に中国の方は、台湾のパスポートのほうが旅行の際など便利ということで、台湾のパスポートを取得する方が結構いるのですが、それを入国管理局へ持参して、国籍を台湾に変えてもらえるのかどうかは、私にもちょっとわかりません。

(西山)　外国人登録原票取扱要領では「中国」ということになっていたが、中には「台湾」と入れていた方もいるということですが、その場合に、被相続人の本国法が台湾であるってことは何によってわかるのですか。

(林)　やはり基本はパスポートです。

(西山)　パスポートだけですか。

(林)　私はパスポートだけでみています。

(西山)　ということは、たとえば、外国人登録原票の「出生地」「国籍に属する国における住所又は居所」が本土の福建省である場合であっても、「台

湾」パスポートを持っていけば「外国人住民票」には「台湾」と記載されると考えてよいのでしょうか。
(林) 私はまずパスポートをもとに台湾に本籍があるか、戸籍があるかどうかを確認します。あれば台湾として取り扱いますが、役所は台湾のパスポートを提示すれば「台湾」として記載するようです。
(西山) つまり、戸籍のあるなしで判断するということですね。

⑿ 除籍が滅失している場合の相続登記について（平成28年3月11日法務省民二第219号民事局長通達に関して）

(質問　金) 平成28年より、除籍が滅失等により取得できない場合においても、廃棄証明書等があれば、いわゆる上申書は不要となりました。そして、登記研究誌には解説文が掲載されており、被相続人のひ孫等、親等の遠い人に、上申書を書かせることにはあまり意味がないと言及されています。また、渉外相続登記に関しても、原則、従来の取扱いに変更はないとしていますが、本国官公署発行の廃棄証明書が提出されれば、本先例に準じて取り扱ってよいとされています。

　そこで、お聞きしたいのは、この先例を中国・台湾の場合に適用できる場合というのが現実的に存在しているか否かという点で、それと先例自体の感想もお聞かせください。なお、解説文によると、廃棄証明書は必ずしも証明書形式である必要はなく、発行不能である旨の連絡文であっても足りるとされています。

(林) 結局、法務局の呪縛、上申書の呪縛というのがずっと頭の中にあるので、確かに言われるように、事実関係の書類を集めて、それ以上どうにもならないということが明らかな場合で、なおかつ、日本籍の方の場合に上申書が必要ない案件であるのなら、外国籍の方の場合でも、当然にいらないという形でもよいのかなと思います。

　ただそうなると、先ほど西山さんのお話にもありましたが、先決問題があっても、それを示さずに相続人の誰々とだけ書いて提出し、後は法務局

のほうで考えろという形になります。そういう形で提出し、本当に法務局に任しておいて、はたして提出した書類の分だけ処理してもらえるのかという疑念があります。たしかに、日本人の場合であれば、資料がないのは仕方がないことだから何もつけなくてもよいというのに、外国人場合のみ、上申書を付けて出さなければいけないというのは、ちょっと気になります。ただ日本の場合は、前提で片づけないといけない問題というのが少ないので、相続人の確定もある程度わかりますが、外国人の場合だと、本国法の適用等も含め、法務局がすべてをわかっているとはまだ思えません。そのため、何の道標もなしに、これだけ出しているのだから間違いないでしょう、と提出し、法務局のほうが自信をもって、調べた結果間違いないからこれで登記する、というふうになるとは、どうも思えません。今後、そういうふうになっていけばよいのでしょうが、実際、上申書にどのような意味があるのかといえば、はっきり言って法務局の免責以外ありませんので、現状、そういうような形で処理しています。ただ、方向を変えて、我々がすべて先決問題を解決し、ある程度目途を立て、そのような事実を調べたということを、その職印押して証明し、それでもって上申書に代えるというのは、本来の姿なのかもしれません。

（大和田） 中国では、以前は、10年に一度日本でいう国勢調査が行われると、派出所では前の書類をすべて破棄してしまい書類がなくなるという場合がありました。公安に照会をしたときに、派出所は書類がないというので、書類がないと言ったことを誰かが宣誓供述のような形で作成して、その書類に公証役場が認証をしてくれないかと中国の関係者に頼んでみました。すると、派出所にはないという書類は出てきたが、公証書にはできないと公証人に拒絶されたので、どうしたかといえば、私が、「現地に請求し、現地の派出所の職員が書いたことには相違ないが、ただ、公証人の認証は受けることができなかった」と書いて法務局へ提出をしました。しかし、司法書士が書いてはダメでしょうと言われ、そのときは、本人の名前で上申書を再提出しました。

(金) 大和田さんは、公安が出した書類を公証書にしなければならないと言われたのですが、登記研究の内容を読むと「廃棄証明書」とあるが「交付不能書面」でよいと書いてあって交付不能書面は何かといえば、ただのないことのお知らせでよいと書いてある。証明書までは書いてなくて、派出所の書類だけでもこの書面に当てはまるのではないかと思っています。

(大和田) そこは、迷うところで、本当にその書面でいけるのかという疑問があります。それを法務局に出せるのか。

(林) 台湾の戸籍がないという証明は、文章ですが証明書ではないです。調べたが当たらないという手紙でくるだけで、判子も押していませんが、その現物をコピーして提出しています。

II 被相続人の本国法が「韓国法」「北朝鮮法」の場合

1 被相続人の本国法が「韓国」の場合の身分登録書面

司法書士　松原　基嗣（愛知県会）

(1) 韓国の身分登録制度

　韓国においても、日本と同じく、出生・婚姻・死亡等の身分関係の発生・変動に係る登録制度として戸籍制度が採用されていたが、2008年1月1日から「家族関係の登録等に関する法律」（以下、「家族関係登録法」という）が施行され、戸籍制度から家族関係登録制度に移行した。

　家族関係登録法1条は、「この法律は国民の出生・婚姻・死亡など家族関係の発生及び変動事項に関する登録とその証明に関する事項を規定することを目的とする」とし、9条1項は、「家族関係登録簿は電算情報処理組織によって、入力・処理された家族関係登録事項に関する電算情報資料を、第10条の登録基準地によって個人別に区分して作成する」と規定し、戸主を中心に家族関係を記載した戸籍簿を編製するという制度から個人別に身分登録を記録する家族関係登録制度に変更した。

　家族関係登録簿は、2007年12月31日時点の戸籍簿に従って作成されており、それ以前に死亡していたり国籍喪失をして、その旨を届出ていた者は、家族関係登録簿に記録されていない。逆に、それ以前に死亡や国籍喪失していても、その旨の届出をしていない場合は、家族関係登録簿には生存しているままであったり、または韓国籍を保有しているままの状態で記録されていることになる。

⑵ 韓国の家族関係の登録事項別証明書

　家族関係登録法は、2016年法律第14169号で改正されており、2016年11月30日に施行される予定である。同法15条1項は、「登録簿等の記録事項は、次の各号の証明書別に第2項による一般証明書と第3項による詳細証明書を発給する」とし、各人に対して、1号「家族関係証明書」、2号「基本証明書」、3号「婚姻関係証明書」、4号「入養関係証明書」、5号「親養子入養関係証明書」の5種類の「登録事項証明書」を発給している。従来の戸籍簿に記されていた情報を5分割して、五つの登録事項証明書に落とし込み、それぞれについて「一般証明書」と「詳細証明書」を発給する予定である。

　家族関係登録法15条2項は、同条1項各号の上記証明書について一般証明書の記載事項を定めており、1号から5号の証明書には「本人の登録基準地」「姓名」「性別」「本」「出生年月日」「住民登録番号」が共通して記載されている。

　家族関係証明書では、「父母の姓名」「性別」「本」「生年月日」「住民登録番号」が記載されるが、入養（養子縁組）をしている場合には、「養父母」を「父母」と記録するとしていることから注意が必要である。「養父母」を「父母」と記録することから、実父母の記録については、4号および5号の入養関係証明書および親養子入養関係証明書に、「養父母」と「実父母」が併記されている。プライバシー保護の関係で一般証明書には「養父母」を単に「父母」と記録している。その他、「配偶者と生存する現在婚姻中の子女」の情報が記載されることになっており、これに対して家族関係証明書の詳細証明書には、「すべての子女」の情報が記載される。

　基本証明書では、家族関係登録法15条2項2号の一般証明書の記載事項には、「本人の出生」「死亡」「国籍喪失に関す

る事項」が記載され、これに対して同条3項2号の詳細証明書には、「国籍取得及び回復などに関する事項」が記載される。

婚姻関係証明書に関する家族関係登録法15条2項3号の一般証明書の記載事項には、現在の「配偶者」の情報と「現在の婚姻に関する事項」が記載されるが、同条3項3号の詳細証明書には、「婚姻及び離婚に関する事項」が記載され、過去の婚姻・離婚の記録が記載される。

入養関係証明書および親養子入養関係証明書の一般証明書には、「実父母と養父母」の情報が記載されるほか、「現在の入養に関する事項」が記載されるが、家族関係登録法15条3項4号・5号の詳細証明書には、「入養及び罷養に関する事項」や「親養子入養及び罷養に関する事項」が記載され、過去の縁組と離縁の情報も記載されることになる。

(3) 韓国の家族関係の登録事項別証明書の取寄せ

韓国の上記証明書を取り寄せるには、「本人や配偶者・直系血族」が直接取得するか、それらの者から委任状をもらい司法書士等の代理人が取得することになる。

司法書士が取得するときは、本人等から本籍地または登録基準地が判明する書類を入手することが重要となる。なぜなら、韓国の本籍地または登録基準地の番地まで正確にわからないと証明書が取得できないからである。また、証明書を取得できるのは、本人・配偶者・直系血族とこれらの者から委任を受けた者であり、司法書士が職務上の請求によって取得することは当然できない。

なお、2016年6月30日、韓国の憲法裁判所は、従来、証明書を取得できる者の中に「兄弟姉妹」が含まれていた規定に対し違憲決定を下したため、今後、兄弟姉妹の証明書は取得できなくなったので注意が必要である。

⑷ 相続関係を確定・確認するうえで必要となりうる証明書等

(A) はじめに

　日本在住の韓国籍の者は、日本の役場に対して出生・婚姻・死亡などの身分関係に係る届出を行っても、当然に韓国の役場に当該情報が反映されることはない。日本の役場が韓国の役場に対し、出生届や婚姻届を受理した旨を通知することはないので、当該情報が韓国の家族関係登録簿に反映されることはない。そのため、韓国の役場に対しても同様の届出を行わなければ、家族関係登録簿に記録されない。したがって、当該届出を行っていない状況で5種類の証明書を取得しても、現在の身分関係の実態に合致しない証明書を取得することになる。

(B) 韓国の家族関係登録の整理

　在日韓国人は、本国に対して身分行為の届出をしているかといえば、必ずしもそうとはいえない。届出をしていない人の相続の登記手続はどうするのか。実態に合わせるべく日本にある在日領事館を経由して韓国の役場に対して家族関係登録の申請を行ったうえで、5種類の登録事項証明書を取得する方法が考えられる。

(C) 日本における家族関係を証明する書面

　韓国の家族関係登録簿の整理を行う以外には、日本において発行される証明書により身分情報の補完を行い、正確な身分関係を確定・確認する方法が考えられる。

　しかし、この方法は韓国から一定の情報しかとれない状況で、日本の戸籍謄本等のように一連として証明することができないので、点と点をつなげるような立証方法になる。たとえば、日本で出生した在日韓国人の被相続人が、在日韓国人と婚姻し子供が3人いて、いずれも韓国籍という場合を考えてみよう。日本においては、これらすべての身分行為の届出は行われているが、韓国には被相続人の出生の届出しかされておらず、婚姻届や3人の子の出生届出を行っていないという状況では、韓国の登録事項証明書を取得しても被

相続人は独身のままになっている。日本で婚姻して子供3人がいるという状況にもかかわらず、韓国では被相続人の出生届しか申告していないため、独身のままの証明書しか取得できないのである。

そこで、下記の①〜③の証明書でもって身分関係を補完していくということになる。

① 被相続人と相続人の外国人登録原票の写しを取得する。外国人登録原票のⓐ「国籍の属する国における住所又は居所」、ⓑ「出生地」、ⓒ「居住地」、ⓓ「世帯主の氏名・世帯主との続柄」、ⓔ（世帯主である場合）「世帯構成員の氏名、出生の年月日及び国籍及び世帯主との続柄」、ⓕ「本邦にある父母及び配偶者の氏名、出生の年月日及び国籍」といった情報が重要で、さらに外国人登録原票の備考欄に、長男、二男、三男といった家族の氏名が記載がされているケースがあるため、当該情報から家族関係を判断することになる。

② 次いで、被相続人の婚姻届記載事項証明書・死亡届記載事項証明書を取得する。日本では外国人に対しても戸籍法上の届出義務を課していることから、それらの証明書を取得し、韓国の証明書の情報とあわせて、家族関係を証明することになる。

③ 相続人の出生届記載事項証明書を取得する。当該証明書には、父母の記載があることから、嫡出子かどうか、相続人かどうかということが判断ができる。

この①から③の書面によって被相続人と相続人の関係はほぼ証明可能と思われるが、「他に相続人がいない」ことの証明ができないことおよび書面の保存期間の問題がある。外国人登録原票の保存期間は30年であり、戸籍の届出書は50年または10年で廃棄されることが、今後の課題となると思われる。

2　被相続人の本国法が「北朝鮮」の場合の身分登録書面

司法書士　髙山　完圭（大阪会）

(1)　北朝鮮を本国法とする意味

　日本に住んでいる韓国・朝鮮人のおよそ98％が今でいう韓国の支配する地域の出身者である。そこで、朝鮮民主主義人民共和国（以下、「北朝鮮」という）を本国法とする人というのは、戦前に現在の北朝鮮に住んでいた人を指すのではない。外国人登録の国籍欄の表記の「朝鮮」は朝鮮半島出身者という意味で、それはあくまで表記の問題である。1948年に朝鮮民主主義人民共和国が創建されたときに、「北朝鮮」を祖国であると思った人およびその後も北朝鮮を祖国と思っている人が、北朝鮮を本国法とする人といってよいと思われる。

　そのため、相続の登記手続の依頼があったとき、あなたのルーツはどこですかとの質問に対し、「釜山です」、「済州島です」、「ソウルです」との回答を得たときに、本国法を「韓国」とするのは間違いが起こりやすい。

(2)　在日朝鮮人の本国の身分登録

　北朝鮮を本国法とする相続の場合に、北朝鮮に身分登録書面を請求しても取得できない。なぜなら、在日朝鮮人の身分登録書面は北朝鮮には存在しない。私も外国人登録の国籍欄を「朝鮮」とする在日朝鮮人であるが、北朝鮮には戸籍もなく、身分登録もしてしない。北朝鮮には「公民登録法」という身分登録に関する法律は存在するが、北朝鮮国内に居住している人が公民登録法に基づいて登

録しており、北朝鮮に居住していない人については、登録義務の規定は存在しない。また、在日朝鮮人の人で北朝鮮のパスポートを所持している人は多いものの、北朝鮮を支持する在日の団体である在日本朝鮮人総連合会（以下、「朝鮮総連」という）においてパスポートの発給を受ける際に、公民登録をしたうえで発給を受けるという手続はなく、韓国のように大使館・領事館において、国民登録をした後でなければパスポートの発給を受けることができないとすることはない。

(3) 在日朝鮮人の身分登録書面

　そこで、在日朝鮮人の身分登録書面は本国に存在しないため、韓国の身分登録書面であったり、日本における戸籍法に基づく届出書、外国人登録記載事項証明書等による証明が考えられる。なぜ韓国の身分登録書面を取得するかというと、在日朝鮮人の多くは現在の韓国に属する地域の出身者が多いことから、日韓併合時代は、そこに住んでいた人々は日本の戸籍制度を基に戸籍が編製されていたためである。戸籍を検索すれば、ほぼ間違いなく戸籍を取得することができるが、1945年以降に出生した人については、途切れている可能性がある。私についても、母までは韓国戸籍を取得することができる。もし、私の母が亡くなった場合には、韓国における母親の戸籍を取得することになるが、そこに私は記録されていない。そのため、その他の身分登録書面として婚姻届や出生届、死亡届を添付して証明することになる。

　そのほかの例として、自分は韓国国籍ではないと思っている人でも、兄弟が韓国に戸籍整理申請する際に自身もともに掲載され、韓国に記録があるという人がいる。このケースでは、登記手続に限定していえば、韓国の身分登録書面を相続証明書として利用できることになる。

(4) 朝鮮総連の証明書

　在日朝鮮人に関して朝鮮総連が身分登録に関して証明書を発行するのではないかとよくいわれる。以前は朝鮮総連が発行した書面を使用して相続手続

を行っていたと聞いたことがあるものの、私が業務を始めた平成12年以降は、当該書面は相続登記では通用しないという理由で発行していないと知己の朝鮮総連の関係者が発言している。また、現在の朝鮮総連は、本部においては政治的・外交的な役割を担っているものの、地方においては自治会組織のようなもので、朝鮮新報という新聞を配布したり、結婚式や葬儀を執行する互助会的な組織であるため、相続を証する書面の発行などできないと思われる。

確かに、昔は朝鮮総連を中心として、在日朝鮮人の社会が存在したが、ここ20年くらいでそのような社会も崩壊しつつある。特に、拉致問題や核問題で北朝鮮と距離をおいている在日朝鮮人もおり、朝鮮総連から脱退した人も多い。昔は「この人の相続人は誰ですか」と聞けば、朝鮮総連も身分関係を把握していたので、相続人を記載した書面を発行して証明していた。現在では、同じことを聞いたとしても「多分こうだと思う」という程度と思われ、それに依拠する方法は採用できない思われる。ただし、相続人に「他に相続人がいないか」、「北朝鮮に帰国した人がいないか」と尋ねても回答しない相続人らもおり、そのような場合に、その点を補完する意味で朝鮮総連に確認することがある。在日朝鮮人の相続には、そのような聴取りが一番重要なのではないかと考えられる。

(5) 被相続人の本国法が「北朝鮮」か「韓国」かの判断

たとえば、父親が死亡して遺産分割協議を行い長男が全部相続する場合は、被相続人の本国法が「韓国」であろうと「北朝鮮」であろうと差異は生じない。

しかし、法定相続の場合になると、「北朝鮮」を本国法とする場合は、日本民法が適用されるので相続分も日本人と同じであるが、「韓国」を本国法とする場合は、兄弟姉妹が相続人になるかどうかで差異が生じる。韓国の場合は、配偶者が単独で相続することになるので注意が必要である。そこで、法定相続の場合は相続関係者からの聴取りが大切である。

聴取りの際のポイントは、外国人登録原票や現在の外国人住民票の国籍欄

が「朝鮮」となっているかどうか、職業を聞いたり、またストレートに「韓国または北朝鮮に帰国しなければならないとすれば、どちらに帰国するか」と聞いたりすることである。韓国に本籍（登録基準地）があり「韓国に帰る」という人は「韓国」であるし、「北朝鮮に帰る」という人は「北朝鮮」と判断できるであろう。問題はどちらでもないという人だが、その場合の最後の判断材料は、外国人登録原票の国籍欄の記載ではないかと思われる。このほか、どちらかの国のパスポートを保有しているのであればそれに従うことになろう。

もう一つの判断材料で、被相続人の生前の職業について、「朝鮮総連に勤務していた」とか「朝鮮学校で教師をしていた」のであれば、「北朝鮮」となろう。民族金融機関、昔でいう「朝銀」に勤務していた場合にも「北朝鮮」である確率が高いと思われる。いずれにしても難しい問題であるが、紹介先がどこかということも判断材料となると思われる。韓国を支持する在日の団体である「在日本大韓民国民団」（民団）の紹介であれば「韓国」であるといえるし、朝鮮総連の紹介であれば「北朝鮮」と判断せざるを得ないのではないかと考えられる。

(6) 相続人が北朝鮮に帰国している場合

北朝鮮に帰国している相続人がいる場合はどうすればよいか。その相続人を除外して遺産分割協議をすることはできないため、一つは、日本の家庭裁判所に対し不在者財産管理人の選任を申し立てることである。ただし、財産を処分するうえで難しい問題が生じる。

もう一つは、北朝鮮に行って印をもらってくる方法である。私の知り合いの朝鮮総連の関係者は、年に2、3回は北朝鮮を訪問しているので、その訪問者に依頼して分割協議書に印をもらってくるという方法をとることがある。この場合、日本語の分割協議書に漢字で名前を書いてもらい、印鑑を押してもらって印鑑証明書を添付すれば、日本の法務局でも問題なく手続はできる。北朝鮮にも印鑑証明制度があるので、その印鑑証明書と居住証明書に

よって登記は行うことができるのである。印鑑証明書は、昔の会社の印鑑証明書のように紙に直接印鑑を押して、それに証明をするという形式になっているようである。なお、あらかじめ手紙や国際電話を利用して、「相続分としていくら支払います」とか、「このような事情で相続分はありません」と説明しておかなければ、私自身も経験あるのだが、協議に失敗するケースがあることから気を付けなければならない。

印鑑証明書の費用について、地方によって違いもあると思うが、いくらかの費用を請求されるケースがあった。また、以前、北朝鮮の書類で「基本証明書」や「家族関係証明書」など韓国で発行している証明書と全く同じような書類を入手した。当該証明書が住民登録に基づいて発行されているのかどうかは不明である。その点は曖昧な部分も多いが、北朝鮮に帰国した人も亡くなっている人も多く、その相続人の証明が必要となるケースもあり、その場合には「家族関係証明書」を利用することになるであろう。

(7) 継父母継子関係

再婚している被相続人に相続が発生した場合、再婚時点で相手にすでに子がいると、北朝鮮法ではその子との間には継父母継子関係が生ずるので、その再婚相手の子も相続人となる。相続書面としては再婚相手との婚姻証明書、再婚相手の子の出生届等によって被相続人との継父子関係を証明しなければならない。もし、再婚相手が日本人であれば、その日本人の戸籍謄本を取得すれば、被相続人との婚姻関係およびその日本人の子の記載があるので、日本の戸籍を取得すればよいと思われる。ただし、日本の法務局では、北朝鮮法によれば継父子関係が成立することを知らないことが多いことから、北朝鮮家族法のコピーを添付するか、相続人らの説明書が必要となると思われる。

(8) 上申書の必要性

すべてのケースについて、「上申書」は必ず必要であろう。上申書を相続人全員に確認してもらい、「間違いなければ、上申書に署名押印してください」

とお願いをする。これは韓国籍で戸籍がほぼ揃っているような場合でも同様である。

　その他気を付けなければならないのは、韓国の戸籍の場合は「子」として記載されるのみで、日本の戸籍のように「長男」「長女」「二男」という記載方法ではない。そのため、韓国の戸籍上は「子、子、子」と3人であるが、日本の戸籍法上の出生届を取得したら、「長男、二男、四男」となっているケースがあった。「三男はどうしたのか」と尋ねたところ、死亡していたり、北朝鮮に帰国していたというケースがあった。韓国籍の場合でも北朝鮮に帰国しているケースがあるので、できる限り出生届で確認したほうがよいと思われ、そういうこともあるので上申書で確認してもらうことがよいのではないかと考えている。

3　質疑応答

(1)　韓国家族関係登録事項証明書の取寄せ

（質問）　本籍地が現在の韓国にある在日朝鮮人で、国籍の表記は朝鮮という方が亡くなって、被相続人となりました。その場合の戸籍収集なのですが、相続人の方が本国に直接請求するのではなく、韓国の領事館に収集を依頼する場合、相続人の国籍が朝鮮のままですと領事館は応じてくれないのでしょうか。さらに、領事館の方から、韓国籍への切替を強要されるのではないでしょうか。

（髙山）　本人が領事館に交付請求に行けば拒否されます。韓国領事館がどのような対応をするかというと「在外韓国人のための領事館であるから、それ以外の人のためには動きません」ということで、朝鮮籍のままではたぶん拒否されます。ただ、国籍の切替の強要はされません。どういう方法で取得するかというと、韓国籍の方に委任してとってもらいます。

（質問）　韓国の本国に戸籍を請求する場合で、私が以前に受けた案件で、本

籍地の番地までが具体的に明らかでないケースが結構ありまして、その場合でも一度か二度、戸籍がとれたという記憶があります。講師のお話の中では番地まで正確にわからないととれないとのことであったが、本籍地の番地まではっきり書かないととれないのでしょうか。

(松原) 私の経験上では、大阪領事館に行って請求したのですが、「番地までわからないととれない」と言われました。でも、"里"までわかればとれるという話を聞いたこともあるので何とも言えません。ただ、私は、窓口対応で「番地までわからないとダメである」と突き返されました。

(質問) 韓国憲法裁判所で違憲決定が出て、兄弟姉妹については身分証明書の請求ができなくなったということですが、今後必要になった場合には、どのような方法がとり得るのか教えていただけますでしょうか。

(松原) 2016年の6月30日に違憲決定が出たということで、領事館も対応に困っているようです。窓口には「一切とれません」という張り紙がしてあったと記憶しています。韓国の憲法裁判所ホームページには、家族関係登録法14条1項本文の「兄弟姉妹」の違憲決定の意義について、「従来、兄弟姉妹であれば本人についての家族関係登録法上の各種証明書を発給できたが、本違憲決定により家族関係登録法第14条第1項ただし書各号に該当する場合（訴訟・非訟・民事執行の各手続に必要な場合、他の法令で本人等に関する証明書を提出するよう要求している場合、民法上の法定代理人である場合、債権・債務の相続と関連して、相続人の範囲を確認するために証明書の交付が必要な場合等）にのみ、本人についての証明書の発給を申請することができるようになった」と書かれてあります。また、韓国の「家族関係の登録等に関する規則」19条2項には、家族関係登録法14条1項4号の「正当な利害関係のある者」として「2．債権・債務の相続と関連して相続人の範囲を確認するために登録事項証明書の交付が必要な者」と規定されているので、ここに兄弟姉妹が当てはまる場合にとれるのではないかという見解があります。ただし、相続人の範囲というのは、あくまで韓国が考える相続人の範囲ですから、我々が考える相続人だからとれて当然であるという

(2) 日本の市町村における身分登録書面の取寄せ

(質問) 被相続人の婚姻届記載事項証明書を相続証明書の一つとしてあげられていたのですが、その具体的な探索方法を教えてください。数年前、私が経験したケースで、登記名義人の妻と称する方から相続登記の依頼を受けたのですが、住んでいた区役所に請求しても、婚姻届記載事項証明書が出なくて、結局、婚姻関係を証する公的証明が出なくて内縁の妻と判断するしかなく、その案件は塩漬けになってしまいました。こういう案件には、どういう対応をすればよいのでしょうか。

(髙山) 一般的には閉鎖外国人登録原票を取得して、婚姻届を出した年月に夫婦が住んでいたところに請求するというのが一つの方法です。また、大阪市内であれば、各区の検索をすることができるので大阪市内のどこかに婚姻届を出していれば、取得できると思います。ただ、他の市でいくと一つひとつ調査していかなければならないので、すごく時間がかかります。その方の場合ですが、閉鎖外国人登録原票の妻欄とか夫欄には記載されていなかったでしょうか。

(質問) 載っていました。

(髙山) 外国人登録原票の記載事項であった①「世帯構成員の氏名、出生の年月日及び国籍及び世帯主との続柄」と②「本邦にある父母及び配偶者の氏名、出生の年月日及び国籍」の記載は、平成5年から始まっていまして、平成5年時点で一緒に住んでいなかった場合には、子供であっても載っていません。ですから、独立していた子供は載っていないのです。父母、配偶者は必ず記載するようになっています。平成4年、5年当時ですが、指紋押捺で問題になった、いわゆる切り替えのときに、書くように言われ

判断は難しいと思います。5種類の証明書があるといいましたが、そのすべてがとれるというわけではありませんので、兄弟姉妹の相続において、登録事項証明書が必要だというときに、どの程度とれるのかというのは、現時点ではよくわからないというところです。

ていたのです。しかし、一つの資料ではありますが、法務局がそれをどのくらい信頼し、評価してくれるかはわかりません。もし、そのケースで私がどうするかといえば、夫婦双方の閉鎖外国人登録原票と「間違いなく妻でした」という上申書を書いてもらうと思います。

（質問）　髙山さんは、自身は韓国に戸籍がないと言われてましたが、そういう方は日本にもほかにいると思います。そこで、髙山さんは、将来自身に相続が発生したときに備えて、自分の相続証明書として準備しておいたほうがよいと思われるものを具体的に教えていただければと思います。

（髙山）　私の母が亡くなったときの相続証明書と私が死亡したときの相続証明書で、母の分はもう用意しています。母の婚姻届と離婚届、私の出生届、母の再婚の婚姻届、再婚相手との間の子の出生届、それと自分の閉鎖外国人登録原票はすでにとってあるので、あとは母の閉鎖外国人登録原票をとっておかなければなりませんが、これはまだです。私自身の相続の場合には、妻が日本籍なので、妻との婚姻、妻との子供に関しては、日本の戸籍で証明できるので心配していません。

(3)　韓国・北朝鮮のいずれの本国法か

（質問）　講義の中で「被相続人の本国法が北朝鮮か韓国かの判断を迫られる場面」という話がありましたが、これは、本人から預かった外国人住民票の北朝鮮か韓国かという記載をもって形式的に判断するという意味ではなく、実際に聴取りをしたうえで判断をするということでしょうか。

（髙山）　私の場合では、もともとの依頼先が最初からわかっているので、そこの部分はあまり気にしないです。北朝鮮と思って依頼を受けていますので、そこが韓国であろうが、朝鮮であろうが、あまり判断に迷うことはありません。被相続人の来歴が情報として伝わってきていますので、その情報で、とりあえず自分の判断はできます。もちろん、確認はしますけれど。ただし、飛び込みの人である場合には、まずは「住民票上の国籍ですが、これで間違いないですか」というのは、聞いたほうがよいかな、もしくは、

韓国であれば「パスポートはお持ちですか、お持ちでしたか」というのが、一番よいのかなと思います。韓国籍でないと、パスポートをとれないので。そこを聞くのが確実だと思います。持っていないときは、少し困りますけど。

(質問) 法務局への登記申請において、住民票の国籍が形式的に相違する場合には、上申書か何かを付けて説明するということでしょうか。

(髙山) 形式的に相違する場合には、たとえば、「被相続人は生前に北朝鮮の国籍であると言っていたので、今回の準拠法は日本法で行います」という具合にします。

⑷ 韓国と日本で身分登録事項に齟齬があった場合

(質問) 帰化した方の帰化前の証明の件なのですが、被相続人の方の韓国除籍謄本の生年月日の記載が日本の戸籍と異なっているとか、相続人である一部の孫が載っていないということが起こっているのです。先ほど日本の証明書と韓国の登録事項証明書の情報をあわせて家族関係を証明するということでしたが、日本の閉鎖外国人登録原票等ですべて相続関係が証明できるということであれば、あえて韓国の登録事項証明書を使用しないで、閉鎖外国人登録原票や上申書等で手続を進めることができるでしょうか。

(松原) 今の質問の中で、一つ気になったのが「韓国の登録事項証明書を使用しないで」というとことろです。「あるにもかかわらず使用しないで行う」ということは、私は考えていないです。韓国の証明書があるのであれば、それをとったうえで、なぜ相違するのか、相違点を自分なりに考えて、説明できるだけの情報を収集するということが大事だと思います。やはりベースは、韓国の証明書です。日本の証明書との整合性を合わせていく、合わないところを探求していくというのが、率直な意見です。

(質問) やはり、韓国の除籍の誤りの部分を正していくということでしょうか。

(松原) 正していくといいますか、もともと韓国の方も生年月日が旧暦で

あったり新暦であったりして、韓国の除籍謄本の情報との相違があり、すべて正確ではなく誤りもあるので、どちらが正確かというのを聴取りのうえで見極めていくというのが必要です。ただ、帰化している方だということであれば、法務局、法務省で帰化の審査において親子関係の認定や生年月日をかなり厳重にチェックしていると思うので、帰化している方については、私は帰化後の情報を重要視して、韓国の情報と見比べて考えるようにしています。

(5) 閉鎖外国人登録原票の保存期間

(**質問**) 閉鎖外国人登録原票の保存年限が30年間ということですが、講師の方が業務をする中で、やはり年限どおりかなということになっていますでしょうか。

(**松原**) 法務省行政文書管理規則標準文書保存期間基準が根拠で「閉鎖から30年」とされています。これが実際どうなのかというのは、私にはわからないです。

(6) 韓国の家族関係登録事項証明書の請求権者

(**質問**) 韓国の登録事項証明書をとれる資格、すなわち請求権者についてのことです。父名義の不動産の相続について、その長男の配偶者は、最終的な相続人になるのですが、韓国の家族関係登録法14条の請求権者にならない、つまり直系卑属でも配偶者でも本人でもないということで断られてしまったという実例があります。広島の領事館に、その長男の配偶者から夫の父親の登録事項証明書を請求したところ、最初は受理したのですが、「14条の規定に当てはまらないから出せない」と断られてしまいまして、相続人なのに相続登記できないということになり、すったもんだあったのです。本国にも照会して、本国の回答がダメだというからダメだということですが、結論としては、本国のほうへ直接、事情を書いて送付したところ、返ってきたのですが、実際に、大使館とか領事館とかでこうしたケースがあっ

た場合にどうすればよいのか、何か秘策があれば教えてほしいと思います。

（松原） そのケースでは、領事館が発給できないということを断言したのでしょうか。

（質問） そうです。

（松原） たとえば、父Ａが亡くなって長男Ｂが亡くなって、Ｂの配偶者がＣですから、数次相続ですよね。このケースは、私も扱ったことがありまして、Ｃの委任状をもらい、いわゆる利害関係人としてＢ、そしてＢの親Ａの戸籍をとりました。ただ、請求したときに何を添付したかというと、こちらから積極的にＣが正当な相続権者であることを証する資料として、ＢＣ間の婚姻届記載事項証明書であるとかＡＢ間の親子関係を証する書面とかを添付しました。「請求権者に相違ない」といえるだけの書類を集めて「これでどうだ」という形で窓口へ行ったのですが、そのケースで質問者はどれだけの書類を集て、窓口へ行かれたのでしょうか。

（質問） そうした書類を付けて出しました。

（松原） それでとれないのですか。

（金） 私から説明させていただきます。広島の領事館ですか。

（質問） はい、そうです。

（金） 現状でいうと、広島と神戸そして横浜の領事館は、登録事項証明書を発給する際に決裁する場所がその領事館ではなくて、韓国のソウルの家族関係登録事務所というところになります。そして、そこの決裁はかなり厳重すぎて「これはどうなのかな」ということが、ままあります。ただ、大阪、福岡の領事館そして東京の大使館は、在日の事情をかなり把握しておりますので、発給してくれるものと思われます。これは事実上の話です。広島等、本国で決裁するものについては、相当厳重で、出てくるべきものが出てこないことがあるので、もしそれで不発給の処分をされたということであれば、不服申立てできる余地があると、私は考えております。

(7) 韓国の家族関係登録事項証明書の一般証明書と詳細証明書

（質問）　先ほど、家族関係登録法が2016年法律第14169号により一部改正された登録事項証明書の説明がありました。「一般証明書」と「詳細証明書」が発給され、詳細証明書には詳細な記録が記載されるという話でしたが、今まではどうだったのでしょうか。そしてそれが今回の改正でどのように変わったのでしょうか。また2016年改正ということですが、施行されているのでしょうか。

（松原）　改正法は、現時点でまだ施行はされておらず、附則によれば、公布後6ヵ月を経過した日から施行するとなっておりますので、現時点（2016年11月12日）では一般証明書、詳細証明書というように分かれてはいません。現時点では、現行法の15条の条文のままとなります。

　一般証明書と詳細証明書について、私が読んだ書籍によるとプライバシーの関係でいろいろなことを載せすぎないようにということで、従来は一部事項証明と全部事項証明とで分けて出していたが、韓国では一部事項証明だと何か隠しているんではないかということで全部事項証明の提出を求められるケースがあり、一般証明書を原則的な証明としたということもあるのでないでしょうか。

（質問）　本人の同一性についてで、韓国の方というのは、ニュースとかで改名ができるように聞いているのですが、改名の履歴は、詳細証明書に載るようになっているのでしょうか。

（松原）　詳細証明書にどういったものが載るかというのは、今の時点で、まだ具体的にわかっておりません。私個人の感想でいえば、おそらく載るであろうと思っています。

(8) 渉外相続登記と上申書

（質問）　韓国の相続登記の事件では、相続関係を確定させること、中でも、相続人がいないことを確定させるのが難しいとのお話でした。韓国、朝鮮

の場合も、日本と同じように相続人からの他の相続人はいないとの証明などはしますか。

(髙山) 私の場合は他に相続人はいないという上申書を添付し、異議は申し立てませんという文言も入れています。実際には他の相続人が出てきて覆るという話も聞いていますので不安もありますが、司法書士のできる範囲で取得する書類をすべて取得して相続人に説明して登記をするというところまでしかできないのではないのでしょうか。

(松原) 私の考えでは、戸籍をとるのは日本ぐらいで韓国も登録事項証明書に切り替わりました。ワールドワイドでみると戸籍がつながるところはありません。ほかはどうしてるのかというと、出生証明や婚姻証明、死亡証明といったように証明書単位でとっている。あとはアメリカのように公証人の面前で宣誓供述をして公証人がそれを認証するということしています。韓国本国でも同様な例はあると思いますが、相続の場合、日本にいる在日韓国人が韓国に行って手続をするかというとそれもできないので、遺産分割協議書に上申文言を記載する方法しかないのかなとは思います。

(徳山) 在日韓国人が韓国の役場に対し身分関係の届出を行っていない場合、日本にある在外公館を経由して本国の役場に対し家族関係登録の申請を行ったうえで、登録事項別証明書を取得しなければならないとのことですが、日本の役場に対して行った報告的届出および創設的届出の記載事項証明書があれば、当該証明書とともに身分関係が登録されていない登録事項別証明書を提供することによって相続登記の申請ができませんか。

(松原) 法務局サイドは本国の書類を集めてほしいという話を聞きます。したがって、韓国に死亡の登録した後に韓国の書類を集めてほしいということになります。だからといって在日韓国人の人々は、ずっと日本に住んでいますから、韓国の身分登録をしなさいと強要することは難しいので、日本で取得できる証明書で登記ができるように登記官と打合せをし、本国の登録についてはこの際に整理できるのであれば整理してはどうかというのが私のスタンスです。

(金) 登記研究には、北朝鮮に本籍を有する者の相続の場合、戸籍謄本を取り寄せることが困難なことから相続人全員の外国人登録済証明書と誓約書の添付でよいとされています。一方、平成28年３月11日法務省民二第219号民事局長通達は、除籍が滅失している場合などで「他に相続人はいない」との証明を出させることは「不能をしいている」とし、また、自身の親の子が他にいるかどうかを知ることは困難であるとして他に相続人はいないとの証明をさせることはあまり意味がないとしているが、それでも上申書を添付すべきといえるのでしょうか。

(髙山) この通達が出されたのが今年の３月ですから、それからあまり日数が経ってないこともあり、上申書を添付せず登記ができたという事案は私自身はまだ耳にしておりません。ただ、何も添付せずに登記申請して通るかどうかわからないので、私は上申書を付けます。これが数次相続で曾孫や玄孫が相続人になる場合、曾お爺さんやその上のお爺さんのことを証明することができないので、わかっている範囲で書くのかなと思います。わかっている範囲で書いてそれ以外はこの通達があるからいいでしょうって形でもっていかないといけないのかとは思います。

(9) 北朝鮮法の継父母継子関係

(西山) 北朝鮮では、継父母継子関係が成立するといわれています。日本の国際私法から考えて、被相続人と再婚相手の子に継父子関係が成立する根拠はどのように考えるべきなのでしょうか。

(髙山) 北朝鮮家族法は継父子関係は血縁関係がなくても成立すると規定し、最終的には日本の通則法30条１項で準正の要件を類推適用しておりますが、再婚相手の子は被相続人からみて嫡出性を取得すると考えられなくもない。しかし、この点は私も疑問がありますが、一応結論としては成立すると思います。

(西山) 非常に重要なご指摘と思います。被相続人が、再婚した相手の子と養子縁組をしていなくても、親子関係は成立する可能性があるとのご指摘

ですが、北朝鮮を本国法とする被相続人の相続人は誰かを考える際には、常に継父母継子関係を念頭におくということですよね。日本民法には存在しない制度ですので、要注意とするべきことになりますね。

第3章

在留外国人の身分登録の実情と今後の将来像を探る

序

　入管法等改正法、改正住基法が平成24年（2012年）7月9日施行され、外国人登録法が廃止された。これにより中長期在留者等の在留外国人には「外国人住民票」が作成され、これまで交付されていた「外国人登録証明書」が廃止されて「在留カード」「特別永住者証明書」が交付された。この法改正が在留外国人の渉外実務にどのような影響を与えるのかを検討するため、日本司法書士会連合会（以下、「日司連」という）は平成23年に「『外国人住民票』検討委員会」を組成し、さらに平成27年からは「渉外身分登録検討委員会」を組成し、継続して外国人住民の渉外身分登録に関する課題等の検討を行ってきた。本章では、在留外国人をめぐる法制度を概観し、渉外実務からみた今後の在留外国人の身分登録のあり方等について、下記6テーマについて検討する[1]。

① テーマ1「平成21年（2009年）改正で何が変わったか」　改正された入管法、入管特例法の内容、外国人登録制度と外国人住民票制度の差異、とりわけ外国人登録原票と外国人住民票の記載事項の相違点やその問題点等について言及する。

② テーマ2「平成24年（2012年）施行以後の在留外国人の身分登録の手がかり」　外国人登録法の廃止による法務省に対する外国人登録原票

---

[1] 本章は、日司連の渉外身分登録検討委員会による座談会「今後の在留外国人の身分登録を探る」（平成29年5月27日㈯愛知県司法書士会館にて開催）の記録をもとに大幅に加筆修正を行い、収録するものである。座談会の出席者は、大和田亮（1960年生、福島県司法書士会、司法書士登録2004年）、金山幸司（1968年生、愛知県司法書士会、司法書士登録2000年）、姜信潤（1955年生、大阪司法書士会、司法書士登録1985年）、北田五十一（大阪司法書士会、1952年生、司法書士登録1981年）、金勇秀（1984年生、兵庫県司法書士会、司法書士登録2009年）、髙山駿二（1953年生、愛知県司法書士会、司法書士登録1984年）、徳山善保（1966年生、愛知県司法書士会、司法書士登録1993年）、西山慶一（1950年生、京都司法書士会、司法書士登録1984年）（五十音順）である。

の開示請求の方法、その保存期間と開示請求の現状、登録原票以外の在留外国人の身分登録の具体的な手がかり等について言及する。

③ テーマ3「主要国の身分登録制度の概要と在留外国人本国の身分登録の関係」　中国、台湾、韓国、北朝鮮の身分登録制度の概要、在留外国人の身分変動を本国の身分登録簿に記載できるか等について言及する。

④ テーマ4「これまでの日司連等の取組み」　日司連が平成23年に「外国人住民票」検討委員会を組成し、さらに平成27年からは渉外身分登録検討委員会を組成し、現在に至るまで渉外身分登録の問題について具体的にどのような活動を行ってきたのか等について概観する。

⑤ テーマ5「昨今の外国人法制の変化と現況」　最近の在留資格の変化、ヘイトスピーチ対策法、入管法制の変化等に言及し、在留外国人および帰化者の実数等について概観する。

⑥ テーマ6「在留外国人の身分登録の将来像を探る」　在留外国人や帰化者が利用できない法定相続情報証明制度の問題点、在留外国人の本国の身分登録との関係と日本における身分登録の現状、日本において在留外国人の身分登録のあり方については今後どうすべきか等について言及する。

Ⅰ　平成21年（2009年）改正で何が変わったか

姜：金山幸司さんから、テーマ1「平成21年（2009年）改正で何が変わったか」の説明をお願いします。

1　平成21年（2009年）改正

金山：まず、平成21年（2009年）7月15日、入管法等改正法が法律第79号として公布されました。この法律により、入管法、入管特例法が改正され、外国人登録法が廃止されました。また、改正住基法が、入管法等改正法の公布日と同日に法律第77号として公布されました。これらの改正法は平成24年7月9日施行されました。これに伴い在留外国人の身分登録に一定の役割を担った外国人登録制度は廃止され、外国人住民票制度が新設されました。

　この改正が在留外国人にどのような影響を与えたのか。注目すべきは、従前の外国人登録原票の記載事項と新たに創設された外国人住民票の記載事項の相違点です（第1章Ⅲ〔図表3〕参照）。その相違点がもたらす影響、特に相続登記、外国人の身分登録等に与える影響、さらには、外国人住民票の保存期間の問題点等が考えられます。外国人住民票上の記載事項の一つについて報告すると、従前、日本に在留する中国人、台湾人の外国人登録上の国籍欄はいずれも「中国」と記載されていましたが、台湾出身者については、外国人住民票の国籍・地域欄に「台湾」と表記がされるようになりました。

2　入管法改正・入管特例法改正

姜：入管法とは、どういった法律ですか。
金山：入管法は、「出入国管理及び難民認定法」といい、日本に入国し、または日本から出国するすべての人の出入国の管理を図るとともに、難民の

認定手続を整備することを目的としています。一方、外国人登録法は、日本に在留する外国人の登録を実施することによって外国人の居住関係および身分関係を明確ならしめ、もって在留外国人の公正な管理に資することを目的としていました。

姜：入管特例法とはどういった法律ですか。

金山：入管特例法については歴史的背景があります。1951年（昭和26年）に入管法の出発点である出入国管理令が制定されました。その後、サンフランシスコ講和条約（以下、「サ条約」という）により、その発効日である1952年4月28日に朝鮮戸籍、台湾戸籍登載者は日本国籍を喪失するとされ、1952年4月19日の法務省民事甲第438号民事局長通達が出されました。その結果、在日韓国・朝鮮人（以下、「在日」という）は日本国籍を喪失して外国人となり出入国管理令の適用対象となりました。しかし、在日については、出入国管理令上の在留資格がなくとも、当分の間日本に在留できるとする「ポツダム宣言の受諾に伴い発する命令に関する件に基づく外務省関係諸命令の措置に関する法律」（昭和27年4月28日法律第126号。以下、「法律126号」という）が施行されました。その後、1965年（昭和40年）日本と韓国が国交回復する日本国と大韓民国との間の基本的関係に関する条約（日韓基本条約）締結の際に、日本国に居住する大韓民国国民の法的地位及び待遇に関する日本国と大韓民国との協定によって「日本国に居住する大韓民国国民の法的地位及び待遇に関する日本国と大韓民国との協定の実施に伴う出入国管理特例法」（昭和40年法律第146号）が制定され、在日の在留資格について韓国籍を保有する在日を対象とした「協定永住」という在留資格が新設されました。

1982年、難民の地位に関する条約が発効しましたが、これに伴い、出入国管理令が「出入国管理及び難民認定法」

金山　幸司

という法律に昇格し施行されました。その際、入管法の附則に日韓法的地位協定による「協定永住」を申請しなかった法律126号の該当者およびその直系卑属で一定の要件を満たすものは、特例的に申請により一般永住権を取得することになりました。この永住権が「特例永住」といわれました。在日の在留資格は大きくは協定永住と特例永住の二つになりましたが、最終的には1991年（平成3年）入管特例法が施行され、協定永住と特例永住という在留資格が「特別永住」に一本化されました。

西山：いま出てきた法律126号とはどういう法律だったのでしょうか。

姜：サ条約の発効時点（1952年4月28日）で、在日は日本国籍を喪失します。そうすると外国人であって在留資格がないことになり、適法に日本に在留できないことになるので、サ条約発効日と同時に法律126号が施行されたのです。この法律の2条6項は「昭和20年9月2日以前からこの法律施行日まで引き続き本邦に在留するもの……は、……、別に法律で定めるところによりその者の在留資格及び在留期間が決定されるまでの間、引き続き在留資格を有することなく本邦に在留することができる」と定められていて、当時の出入国管理令上の在留資格なしで、当分の間在留することができるということの根拠になりました。このことを法律126号2条6項に規定していたので、この法律の対象者を一般に「126－2－6」対象者といいます。

西山：126－2－6の対象者は、日本が連合国との降伏文書に調印した1945年9月2日以前から引き続き日本に居住する者で1952年4月28日に日本国籍を喪失する者ということになりますね。それでは、その者の子どもが日本に在留する根拠となる法律はどのような法律になるのでしょうか。

姜：126－2－6対象者の子どもで、1952年4月29日以降に日本で生まれた者は「特定在留」という在留期間3年の在留資格でした。この在留資格は在留期間の切れる3年ごとに、法務大臣に在留期間の更新申請が必要でした。特定在留は「出入国管理令第4条1項16号に基づく特定の在留資格及び在留期間を定める省令」（昭和27年外務省令第14号）1項第2号に規定さ

れていたため、これに該当する者を「4－1－16－2」対象者と呼ばれていました。そして、これらの「126－2－6」対象者および「4－1－16－2」対象者は、協定永住者とともに、入管特例法の「特別永住者」に該当する者とされたと思いますが、金山さんいかがですか。

西山　慶一

金山：1991年に制定・施行された入管特例法の3条は、法定特別永住者の該当する者として、①126－2－6により在留する者、②協定永住者、③4－1－16－2の在留資格者、④サ条約関連国籍離脱者の子の在留資格をもって在留する者としています。

西山：1991年の入管特例法施行当時の在日韓国・朝鮮人、台湾人、中国人の総計は何人でしょうか。

金山：1991年当時の在留外国人数は、約121万人で、韓国・朝鮮籍は約69万人で、中国籍は約17万人です。

姜：ところで1990年には外国人労働者の導入の必要性から改正入管法（平成元年法律第79号）が施行され、「定住者」という在留資格が設けられ、いわゆるニューカマーと呼ばれる日系ブラジル人やペルー人が来日するようになりました。その後これらの人々も含めて、在留外国人の増加、多国籍化に対して、日本社会は新たな対応が必要になったといわれていましたが、金山さん、その後どうなりました。

金山：入管法が2009年（平成21年）に改正されました。それは二元管理の弊害があったからです。つまり、外国人登録制度が発足した終戦直後は在留外国人のほとんどが在日でしたが、その後1990年代以降、そうしたニューカマーと呼ばれる人々が増加しました。ニューカマーの中には、安定した生活基盤がないため、外国人登録に際して正確な申請を行わなかったり、再入国許可を受けて帰国しても再入国するか否か不明な者も現れ、在留外

国人の把握が困難になってきたといわれました。それにもかかわらず、外国人の在留情報は、入国・在留関係の許可手続時の法務大臣の管理と外国人登録時の市町村長の管理とする二元管理が続き、その弊害が生じていたのです。

姜：高山さん、具体的にはどういうことでしょうか。

高山：従来、日本に入国する外国人住民は、入管法に基づき法務大臣が入国時の審査や在留資格等の管理をしていました。また日本に居住する外国人住民は、外登法に基づき市区町村の長が氏名、居住地、国籍等の情報を管理していました。このように、外国人住民は入管法と外登法により二元的に管理されていたわけです。このような中、入管法上の問題としては、外国人住民が転校、転職して在留資格の取消事由が発生したにもかかわらず法務大臣がそれらの実態を把握しきれていなかったこと、一方、外登法上の問題では、外国人住民が住所を移転するなどしても市区町村の長に職権で調査を行う権限がないことから、外国人登録の登録事項と実態が異なっていること等があげられていた。

大和田：もう一つは、非正規の在留者でも外国人登録ができたことです。非正規在留者であっても、登録を行えば登録証明書が交付されました。この証明書により正規滞在者と誤解され、不法滞在者の在留継続を結果として容易にしたとされています。

姜：以上のような二元管理の問題があって法務大臣が在留外国人の在留管理に必要な情報を一元的に把握する制度に変更したということですね。

3　外国人登録法の廃止と外国人住民票の創設

姜：なぜ、外国人登録法が廃止され外国人住民票が創設されたのですか。

金山：たとえば、日本人と外国人の婚姻の増加など、家族自体の国際化があります。同一世帯を正確に反映させようとすると、外国人登録ではなく、日本人と同様に同じ住民基本台帳法の下で反映できる制度として、住民基本台帳の中に外国人を組み込んだのではないかと思います。

高山：さらに、住民基本台帳制度に外国人を組み入れることによって、行政サービスを向上させることができ、年金、各種保険等にリンクさせることが容易になり、正規に在住する外国人住民にとって行政上のサービスを受けられやすくなることもあります。

西山：2008年（平成20年）3月には「新たな在留管理制度に関する提言」を法務省内の第5次出入国管理政策懇談会が公表し、同月に総務省・法務省は「適法な在留外国人の台帳制度についての基本構想」をまとめています。これを読むと、2008年当時の段階では、外国人住民を住民基本台帳に組み入れるという発想はなかったのではないかと思います。その後、法制局や内閣府から、新たな法制度をつくる必要性が乏しいから、住民基本台帳法に組み入れてはということになったと聞き及んでいますが……。

高山：複数国籍世帯の住民票ができるということで、窓口、行政の簡素化をさせることができるからではないでしょうか。

西山：簡素化というよりは、市町村の窓口でも全体を一元化して外国人住民の情報を正確に把握すべきとの理由からかと思います。

姜：前述の総務省・法務省の基本構想によれば、外国人登録制度の見直しについて、「規制改革推進のための3カ年計画」（平成19年6月20日閣議決定）において「外国人の身分関係や在留に係る規制については、原則として出入国管理及び難民認定法に集約し、現行の外国人登録制度は、国及び地方公共団体の財政負担を軽減しつつ、市町村が外国人についても住民として正確な情報を保有して、その居住関係を把握する法的根拠を整備する観点から、住民基本台帳制度も参考とし、適法な在留外国人の台帳制度へと改編する」とされたことが記述され、外国人登録制度の見直しについては住民基本台帳制度を参考にすることが強く意識されていたのではないかと考えられます。

4　外国人登録原票と外国人住民票の記載事項の相違点

姜：そして、平成24年7月9日に改正された入管法、入管特例法および住基

法が施行されました。金山さん、外国人登録原票と外国人住民票の記載事項の相違点について、説明願います。

金山：外国人登録原票と外国人住民票の記載の相違点の主な部分としては、今まで外国人登録原票の記載事項とされていた、「国籍の属する国における住所又は居所」「出生地」「本邦にある父母及び配偶者の氏名、出生の年月日及び国籍」等が、外国人住民票の記載事項とされなかったことです。

一方で外国人登録原票と外国人住民票では保存期間の違いもあります。

金：外登法は、「外国人の居住関係及び身分関係を明確ならしめ、もつて在留外国人の公正な管理に資することを目的とする」としています。一方、住基法は、「住民の居住関係の公証、選挙人名簿の登録、住民に関する事務の処理」等のために住民基本台帳の制度を定める、すなわち主に住所の管理をすることが目的です。つまり、外登法の「身分関係を明確ならしめ」というところが、住基法には盛り込まれていない。このことが、外国人登録原票の記載事項とされていた、「国籍の属する国における住所又は居所」「出生地」「本邦にある父母及び配偶者の氏名、出生の年月日及び国籍」等は外国人住民票の記載事項とされなかった理由だと理解します。

西山：そういう認識であれば、なぜ「通称名」が記載事項とされたのですか（住基法令30条の25）。通称名が住所を移転しても引き継がれるのは、なぜでしょうか。身分関係と関係がないからですか。

金：通称は、住民基本台帳法の1条（目的）にあるとおり、「住民に関する記録の適正な管理を図るため」に必要なものだと理解しています。

姜：住民基本台帳には社会保障について、後期高齢者、介護保険、年金、児童手当に関する事項も記載されています（住基法7条10号の2～11号の2）。そうすると行政が通知を送る場合、通称名で生活している人の場合は通称名が落ちてしまう

金　勇秀

と困るということで通称名が入れられたと思います。
西山：当初通称名を記入することについて、入国管理局は反対していました。ローマ字表記で統一しようとしていました。漢字の名前を入れることも反対でした。
高山：やはり、現場からの意見だったのでしょう。
西山：住基法というのは、あくまで、入管法の規定を援用している。入管法の規定を援用しながら、そこに世帯を中心とした人員把握、それに独自の市町村の便宜を付加していくというのが、法令編製の大枠ではないかと思います。

　外国人住民票の根拠規定は、住基法30条の45で、入管法、入管特例法を援用しています。それゆえに、入管法に組み込んでない通称名を入国管理局は必要とせずに住民票を取り扱う市町村から入国管理局への通知事項とはしていません。
高山：在留外国人の管理の目的を達成するためには、入国管理局が保有する情報は必要最小限度に留めることになっています（入管法19条の18第3項）。入国管理局としては、通称名は不要な情報で、在留外国人の氏名はローマ字で管理をすればよいからです。

5　何が不便になったのか

姜：金山さん、外国人住民票になって何が不便になりましたか。具体的にお願いします。
金山：外国人登録原票の記載事項で在留外国人の本国に備置されている身分登録にアクセスする指標となる「国籍の属する国における住所又は居所」、また外国であれ日本であれ、在留外国人の出生届を取り寄せるのに不可欠な「出生地」、家族関係を推認させる「家族事項」等が外国人住民票の記載事項とされませんでした。

　さらに住所の変更登記や相続登記の際の被相続人の同定に必要なその人が登録してからの住所や氏名の履歴はすべて記録されて外国人登録原票に

記載されていましたが、外国人住民票になってからは、たとえば、住所を移して除かれた場合には5年間しか保存されなくなりました。日本人であれば戸籍の附票等で住所履歴を追うことが可能な場合がありますが、外国人住民の場合はそういった制度がないので、住所の記録は一律5年でなくなってしまいます。これらが外国人住民票の不便な点です。

姜：外国人登録原票に記載されていた住所や氏名変更の履歴等も、外国人登録原票から外国人住民票には記載されなかったのですね。

6　国籍・地域欄「台湾」の表記開始

金山：外国人住民票の「国籍・地域欄」は原則として外国人登録原票の「国籍」欄の記載に基づき記載されますが、外国人登録原票の国籍欄に「中国」と記載があり、かつ、備考欄に「台湾」と記載されている場合は、外国人住民票では「台湾」とする扱いとなりました。

西山：ちなみに法務省の在留外国人統計では、それまで「韓国・朝鮮」と合算された数字のみが公表されていましたが、2012年からは「韓国」「朝鮮」別に数字が公表され、在留資格別の詳細な数字も2015年から公表し始めています。なぜ、「台湾」を表記し始めたのでしょうか。

金山：台湾籍とする人からの要望が多かったからではないでしょうか。

Ⅱ 平成24年（2012年）施行以後の在留外国人の身分登録の手がかり

姜：大和田亮さんから、平成24年（2012年）施行以後の在留外国人の身分登録の手がかりについて、説明をお願いします。

1 外登法の廃止と外国人登録原票開示請求

大和田：2012年施行以後の外国人の身分登録についてですが、外登法の廃止に伴い外国人登録原票がすべて法務省に送付されました。この外国人登録原票は相続登記においても重要な資料ですが、現在は、本人が存命か否かで二つの方法により取得請求ができます。

本人が生存している場合は、行政機関個人情報保護法12条に基づく「保有個人情報開示請求」であり、請求者は本人および法定代理人となっています。

本人が死亡している場合は、法務省の行政サービスによる「死亡した外国人に係る外国人登録原票の写しの交付請求」です。請求権者は、①死亡当時の同居の親族、②配偶者、直系尊属、直系卑属、兄弟姉妹、③①または②の法定代理人となっています。

請求先もそれぞれ異なり、料金も前者は300円発生するのに対し、後者は無料です。後者に関しての開示の対象は、死者に関する個人情報と交付請求権者の個人情報となっていますが、私が請求した際には他の部分がマスキングされていたという経験はありません。

なぜ、これらの外国人登録原票が重要になるかというと、当事者が韓国人、

大和田 亮

台湾人、中国人等であれば、外国人登録原票に記載されている「国籍の属する国における住所又は居所」が現地の本籍地に戸籍を請求する手がかりとなるからです。

その他では「出生地」「居住地」「本邦にある父母及び配偶者の氏名、出生の年月日及び国籍」等が手がかりとなります。また、外国人登録原票については文書の保存期間が30年となっています。

もう一つの手がかりとなるのは、外国人住民票の記載ですが、こちらの一番の問題点は保存期間です。住民票の保存期間は消除された日から5年間です。日本人には戸籍の附票という制度があり、住民票が5年間で消除されても戸籍の附票に住所変更の履歴が残るので、手がかりとなります。しかし、日本人と違い、外国人には戸籍がないのでそのような制度はありません。

姜：皆さんにお聞きしたいのですが、閉鎖された外国人登録原票の写しを法務省に請求した場合、手元に届くまでどのぐらいを要していますか。

金：現在では早くて1週間ぐらいで発行されますし、すごく時間がかかって3週間ぐらいではないでしょうか。

金山：制度が始まった当初は1カ月ぐらいかかっていたと思います。

姜：請求する際の請求方法は簡便といえるのでしょうか。

大和田：所定の用紙の必要事項を記載すれば、郵送でも直接持参してでも請求できます。代理で請求することはできませんが、依頼者から依頼があれば、代わりに必要事項を記入して依頼者本人の名前で請求することができます。

しかし、依頼者が自身で用紙に記入して請求するとなると、かなり難しいと思います。従来であれば、片言しか話せない外国人でも、市町村の窓口で外国人登録原票を取得できたのですが、現在は所定の申請書によって請求しなければならないので、自身で請求するのは難しいのではないでしょうか。

金：当初は司法書士が法務省入国管理局に原票請求の進捗状況を照会した場

合、本人でないと教えられないという説明を受けましたが、最近は運用が変わったのか、請求者の氏名、生年月日を伝えれば進捗状況を教えてくれることがよくあるかなという印象をもっています。

金山：進捗状況というのは受付して検索中ということに限らず、発送の時期まで教えてくれるのですか。

金：はい、教えてくれますし、至急郵送してくれないかというお願いにも対応してくれるようです。

西山：請求権者を証明するもので何か障害が生じたことがありますか。

金：請求権者の法定代理人の部分で、誰でもよいというわけではなく親権者は法定代理人に含まれるが、不在者財産管理人や遺言執行者は法定代理人に含まれないとの説明を法務省の担当者に聞いたことがあります。

西山：請求権者について、死亡した外国人の兄弟姉妹というのは、どのように証明するのですか。

大和田：私の経験では、亡くなった兄が朝鮮籍、妹が韓国籍の場合の開示請求で「兄弟の関係が明らかではない」もしくは「同居であることが疎明されていない」という理由で開示請求が却下されたケースがあります。

高山：私の場合は韓国の除籍謄本と訳文を添付して兄弟から請求したときに、開示されました。

西山：ということは、戸籍がなかったら請求は無理ということですか。

高山：兄弟姉妹の関係が証明されなければ無理だと思います。

西山：戸籍以外の他の方法は考えられないのでしょうか。

高山：出生届記載事項証明書を取得して父母欄が同一であれば兄弟の証明が可能だと思います。

2　外国人登録原票の保存期間と開示請求の現状

西山：死亡した者の外国人登録原票の保存期間30年ととする根拠は、法務省行政文書管理規則16条別表第1の備考五に規定があるといわれています。死亡した者の外国人登録原票の保存期間が30年とすれば、保存期間がなく

なり廃棄される外国人登録原票がこれから多くなることは必定です。保存期間の伸張について議論が急がれます。

　また、現在死亡した者の外国人登録原票の開示は、行政のサービスとして行われています。そうするとこの行政サービスが行われなくなる可能性も考えられます。

　まずこの行政サービスによる開示請求の件数はどの程度なのでしょうか。

姜：平成24年7月から平成26年7月で死亡した外国人に係る外国人登録原票の開示請求は1カ月あたり約400件となっています（西山慶一「在留外国人の身分登録の記録を考える(1)」市民と法94号6頁（注12）（2015年8月）日本司法書士会連合会「外国人住民票」等実務検討チームへの入国管理局の口頭回答）。

西山：この方法による外国人登録原票の開示請求については、あくまで行政のサービスで制度的担保がないので永久に続くとは考えられないと思います。

大和田：「保有個人情報開示請求」による外国人登録原票の開示請求の場合は、請求者本人の外国人登録原票開示請求以外に「開示請求者本人が、本人の個人情報が含まれる本人以外の登録原票を請求できる」（法務省ホームページ＞情報公開・公文書管理・個人情報保護＞個人情報保護＞外国人登録原票に係る開示請求について）とされていますので、開示請求者以外の者（たとえば、請求者の親または子等）の外国人登録原票を開示請求した場合には、開示請求者以外の者の外国人登録原票に開示請求者本人の氏名等の個人情報が記載されている場合に限って開示され、記載されていない場合には開示されないとされています。

3　外国人住民票の記載事項

姜：次に外国人住民票の記載事項についてはどうでしょうか。身分登録の手がかりとなると、記載事項にある「世帯主についてその旨、世帯主でない者については世帯主の氏名、世帯主との続柄」が唯一の記載事項ですが、この記載事項については信憑性は高いのでしょうか。

大和田：これについては、氏名や続柄の記載を求めるに際しては、何らかの証明資料を添付しなければいけなかったのではないでしょうか。

高山：外国人住民票の「世帯主との続柄」に変更があれば、一定の場合、世帯主との続柄を証する文書を提出して世帯変更届をしなければなりません（住基法30条の48）。また、その際には外国人住民の世帯主との続柄を証する文書を提出しなければなりません(同法39条の49)。たとえば、内縁関係であった外国人住民同士が本国で婚姻した場合、婚姻証明書を提出し、翻訳文を添付する必要があります。外国人住民票に移行する前段階として、平成24年（2012年）5月7日の時点で外国人登録原票の記載を基に仮住民票を作成し、この仮住民票を本人に通知して記載事項に関して間違いがないかどうかを確認する作業をしていますので、基本的には正確と考えてよいと思います。

高山　駿二

4　外国人登録原票の開示請求の必要性

西山：死亡した外国人の外国人登録原票はなぜ必要なのでしょうか。

高山：死亡の記載、住所変更、氏名の変更の証明で必要となるからです。

金山：私の場合、たとえば平成24年7月9日以降に亡くなった人のケースで、不動産の登記簿上の住所と死亡時の外国人住民票の住所が一致せず外国人住民票には前住所の記載もないので、住所変更の証明が必要となり外国人登録原票を取得しました。

姜：本国の身分登録証明を取得する際に本国の本籍地等を確認する必要がありますが、そこで、「国籍の属する国における住所又は居所」もしくは「出生地」を知りたいということで外国人登録原票の開示請求をしたケースはありませんか。

大和田：本国の発行する身分証明書が必要な場合で、依頼者本人がまったく韓国の本籍地を知らなかった場合がありました。それらを知るために実際に外国人登録原票を請求して、その「国籍の属する国における住所又は居所」の記載から本籍地を特定して、領事館で本国戸籍謄本を取得できたというケースがありました。

姜：中国の場合でも同様ですか。

大和田：中国の場合も外国人登録原票に記載されている「国籍の属する国における住所又は居所」に該当する地区の公安関係者に問合せをし、知人に委任して親族関係証明書を取得できたケースがあります。

金：帰化申請において居住履歴証明のために外国人登録原票を請求したケースがありますが、現在は法務省が職権で取得しているようです。ただし、居住歴以外の身分関係を調べる必要から取得が必要な場合は、職権ではなく申請により取得しなければいけないようです。

北田：被相続人が韓国籍から帰化した人の相続で、韓国の本籍地がわからないという人について、外国人登録原票を取得することで本籍地が判明したケースがあります。

5　外国人登録原票以外の在留外国人の身分登録の手がかり

姜：外国人登録原票の開示請求以外に外国人住民の本籍地等を探る方法は何かありますか。

大和田：日本の市町村役場から出生届、婚姻届の記載事項証明書等を取得した場合に本国の本籍地が記載されている場合があります。

北田　五十一

Ⅲ 主要国の身分登録制度の概要と在留外国人に係る本国の身分登録の関係

姜：徳山善保さんから、テーマ3「主要国の身分登録制度の概要と在留外国人に係る本国の身分登録の関係」についての説明をお願いします。

1 中国、台湾、韓国、北朝鮮の身分登録制度

徳山：まず日本においては、戸籍法および戸籍法規則があり、戸籍法には属地的効力があり、たとえ外国人であっても日本の領域において生じた生死や身分行為については戸籍法が適用される結果、当該届出を行わなければならないとされていることに注意が必要です。

中国においては、戸口登記条例および居民身分証法があり、公証法によって身分関係が公証されます。台湾においては、戸籍法および戸籍法施行細則があり、韓国においては、家族関係の登録等に関する法律（以下、「家族関係登録法」という）および家族関係の登録等に関する規則があります。最後に北朝鮮には公民登録法があります。

2 在留外国人に係る本国の身分登録の関係

徳山：在留外国人が外国で行った身分行為を本国の身分登録機関に登録できるかどうかについてですが、中国においては戸口登記条例10条によれば、国外転出者は戸口を抹消しなければならないようです。ただ大和田さんのお話によると、戸口を抹消して出国するという人は少数のようです。また、戸口が残っていたとしても生死や婚姻・離婚等の身分変動が戸口に登記されているかどうかはわからないとのことです。居民身分証は、中国国内に居住する16歳以上の中国公民を対象に発行されて個人の認証・管理に利用されるもので、身分関係を証明するものではありません。

台湾においては、戸籍法16条3項によれば「出国して2年以上のときは、

転出登記をしなければならない」と規定しており、戸籍法施行細則5条において、戸政事務所が出入国管理機関から当事者が出国して満2年間未入国であるとの通知を受け取ったときは、当事者に通知後、職権で戸籍を抹消することができるため、在日台湾人が身分行為の登記を申請するためには、台湾に帰国して戸籍法17条の規定に従い転入登記をしたうえでなければ登記申請をすることができないようです。

　韓国については、家族関係登録法34条において、在外国民がその地域を管轄する大韓民国在外公館の長に申告または申請をすることができるする規定があります。北朝鮮については、公民登録法3条2項が「外国で生活している公民の登録は、朝鮮民主主義人民共和国領事代表機関が行う」と規定しているものの、日本における事実上の領事代表機関と思われる在日本朝鮮人総連合会（朝鮮総連）は身分登録を行っていないようであり、本国に身分登録の記録はないと思われます。

3　身分関係を証明する書面

徳山：身分関係を公証する書面について、日本においては、外国人が戸籍法に基づき届出したものについては、同法48条によって受理証明書や記載事項証明書が発行されることから、当該書面が身分関係を証明する書面になります。

　ところで、日本政府が在留外国人の身分関係事項を当該外国人の本国に通知する制度があります。それは日本が1983年（昭和58年）に領事関係に関するウィーン条約（昭和58年条約第14号）に加入することに伴い発出された外国人の死亡届を受理した場合の処理に関する昭和58年10月24日民二第6115号民事局長通達に基づくものです。その内容は、在留外国人の死亡届を受理した市区町村長は、その写しを管轄法務局の長に送付し、管轄法務局の長は、これをとりまとめて、外務大臣官房領事移住部長宛てに送付し、外務省から、当該国の領事機関へその旨が通報されるというものです。

　中国においては、婚姻登記条例7条による婚姻証、同法13条による離婚

証が発行されるとともに、公証法11条によって公証される書面が身分関係を証する書面となります。台湾においては、戸籍法65条および66条によって戸籍謄本が発行されるようですが、台湾に住所がなければ請求できないようです。

　韓国においては、2005年の民法改正により戸主制の廃止、父姓承継強制主義の修正等により新たな身分登録制度を創設する必要があり、戸籍法が廃止され、個人別（一人一籍）編製方式による家族関係登録法が2008年1月1日から施行されています。同法14条および15条によれば家族関係証明書、基本証明書、婚姻関係証明書、入養関係証明書および親養子入養関係証明書という5種類の登録事項別証明書が発給され、同法附則3条および4条によって従前の戸籍法による除籍簿の謄本を請求することができます。

　北朝鮮においては、そもそも本国に在日朝鮮人の身分登録がなされていないため、身分関係の証明書は取得することができないと思われます。

4　中国の身分登録制度

姜：中国の身分登録制度ですが、戸口登記条例に基づく戸口登記簿、居民身分証法に基づく居民身分証および公証法に基づく公証書があるわけですが、どうもそれらの関係がよくわかりません。大和田さんのほうから少し整理してお話いただけませんか。

大和田：出生は戸口登記条例7条により、死亡は同条例8条により、公安機関が戸口登記手続業務を行います。具体的な届出先は公安局の派出所です。

　婚姻は婚姻登記条例、養子は公民収養登記弁法により、人民政府の民生部門が届出先とされていますが、婚姻担当と収養担当は別部署で管理されており、それぞれがコンピューターでつながっているわけではないと思われます。

　また、それぞれの管轄の派出所に出生、死亡それに転出入等の届出がされ、簿冊である戸口登記簿に書き加えられ、あるいはデータとしてコンピューターに入力されても、他所のコンピューターと連動していないので

正しく反映されていません。連動していないので証明書が出てこないというものでした。

　婚姻をするには、一方当事者の戸口所在地の人民政府の民生部門に出頭して結婚登記を行わなければならず、そこには誰と婚姻したかが記載されますが、結婚後に戸口登記機関である派出所に戸口登記を申請したとしても婚姻相手が同一の戸籍に転入できるとは限らないこと、転入できたとしても戸口簿の個人の項の婚姻状況欄には未婚・既婚の別しか記載されないので、誰と婚姻したかわからない。そこが昔からの中国の問題の一つでした。

　居民身分証の管轄もやはり公安機関ですが、あくまで社会秩序維持のための個人管理が目的であり、現在の居民身分証にはICチップが搭載され、犯罪記録の有無までが照会できるもので、全国レベルで個人データ管理が行われています。

　以上のとおり戸口登記簿は各世帯の情報を管理するものであり、居民身分証はあくまで個人の情報を管理するものです。公証書は日本でいうところの公正証書とほぼ同じ役割をするものです。日本では、市町村長が発行する証明書や戸籍謄本が官公署の発行する証明書として日本全国どこでも通用しますが、中国では、各派出所の発行する書類が単独では証明書として通用しないので、それを真正なものとして通用させるためにわざわざ公証書にするということが行われています。

5　中国の戸口登記制度

徳山：中国の戸口登記条例19条は、婚姻・離婚・養子縁組等で戸口の変動が生じたときは、戸主あるいは本人が派出所に変更登記を申請しなければならないと規定していますが、先ほどの大和田さんのお話によると、婚姻登記をして、相手方の戸口管轄区の派出所に転入の申請をしたとしても、登記できないことがあるということですが、それはなぜでしょうか。

大和田：それは、中国においては、都市戸籍と農村戸籍の間の移動が自由に

できないということが基本にあるからです。通常であれば、都市部の男性と農村部の女性が結婚して男性の住所で一緒に住んだとすれば、女性のほうが、男性の戸籍に移動し、女性の戸籍簿の情報が都市部の男性側の戸籍に移動すれば、情報が共有されるはずです。しかし、派出所から許可を得なければ両戸籍間で情報の移動ができないので、男性の戸籍には結婚の記録だけされるだけで、女性は一緒に住んでいようが相変わらず農村戸籍のままです。戸籍が自由に移動できないこと、そこが中国の戸籍制度の一番の問題点であったと思います。

徳山　善保

　養子縁組の場合は、縁組の要件がかなり厳しいと思われ、親の戸口簿の中に養子個人の情報が移動されると思いますが、そこはよく把握できていません。

徳山：中国の戸口制度は、日本の戸籍法のように親族関係を公証するというより、住所を基準に戸を単位として登記簿を作成しているので、日本の戸籍とはかなり異なるものと考えてよいのでしょうか。

大和田：かなり違うと思います。常住戸口地も住所であれば、転居すれば自動的に新しい住所に移動できればよいのですが、韓国の家族関係登録法の登録基準地のように自由に動かせるものではなく、戸口登記条例13条では、公民が住所を移転する場合、それを許可できるような規定になっていますが、実際には許可は簡単ではなく、移動は自由にできません。戻れと言われます。あるいは移動してもそこに戸籍がないのだから、戸口登記条例15条の臨時居住登記をして、そこの公安局の派出所にお金を払って短期で住んでいるという状態でした。

　そこで中国政府は、この状況を改善するために、1990年代から農村戸籍でも都市部で住宅を購入したり、納税をしたりする者には、都市への常住

戸口地の移動を認めるという扱いをしていますが、それでも全国的に認められているわけではありません。友人の話によると、都市戸籍とか農村戸籍とかいうのは、現在の戸口簿に記載されてはいないようです。しかし、今でも都市戸籍と農村戸籍の移動が自由にできる状態ではないらしいです。

徳山：居民身分証法3条の常住戸口所在地の住所と戸口登記条例の戸口所在地とは同じ住所であると思われますが、農村戸籍の公民が都市で生活している場合、農村戸籍から都市戸籍への移動が自由にできないとのことですから、実際に居住している住所と登録・登記している住所が相違していてもよいのでしょうか。

大和田：極端な例でいえば、農村出身の親から出生した子供が16歳くらいで居民身分証を申請した段階で発覚することもあると思いますが、どの程度一致しているかは把握できていないと思います。

徳山：そうすると一致しない、相違しているケースが現実的にあり得るということでしょうか。

大和田：逆にいうと、そのために戸籍をお金で買うということが生じます。1980年代から1990年代にかけて頻発した現象ですが、都市に移り住んだ人間は、転入許可を得ない場合であっても、子供を都市の学校に通わせたいので、住むところと登録するところを無理やり合わせるために、公安関係者に賄賂を使って戸籍を買うということがありました。

西山：日本の国会にあたる中国の全国人民代表大会では、例年農村戸籍から都市戸籍への移動の自由や都市戸籍・農村戸籍統一の議論があり、一部の省や市では統一戸籍を設けているとも聞きます。大和田さん、何か情報をおもちですか。

大和田：習近平政権になってから戸籍廃止の取組みが毎年のように論文等で出てきますし、今年の春にも中央人民政府のホームページに、公安部が「都市・農村統一の戸籍登記制度が完成し、各地で都市戸籍と農村戸籍の差別が廃止された」と発表していますが、具体的にどのように進んでいるかは、把握できていません。

6　台湾の戸籍制度

姜：次に台湾の戸籍制度についてですが、ワークショップ仙台での林誠一さんの報告を聞いていると、台湾の戸籍制度は、日本の統治時代の戸籍制度を引き継いでいて、当初は日本のような戸籍制度であったものが、現在では本籍を廃止して、住所を基準に戸籍が編製されているそうですが、そのような理解でよいでしょうか。

金山：現在、台湾戸籍は住所を基準に編製されており、在日台湾人が戸籍整理をしようとしても、台湾に住所がないため、戸籍整理ができないのではなかったかと思います。

金：台湾の戸籍制度については、改正経緯が不明なので、海外に住んでいる人が記載されているかどうかよくわからないのです。戸籍の記載から、その戸籍がいつ編製されたものなのかはっきりとしないことも多く、日本の戸籍制度と比較してわかりにくい点が多く見受けられると思います。

7　帰化の通報制度

姜：少し話題が変わりますが、日本と韓国はお互いの国の帰化者についての情報を共有しているとのことですが、これは日本と韓国で明文で規定されているのでしょうか。

金：駐大阪大韓民国総領事館の戸籍担当領事であった柳光熙氏による『韓国の戸籍実務』（啓文社、1997年）262頁によれば、「1986年1月1日以降日本国に帰化して国籍を喪失した者に対しては、日本国の通報によって駐日大使館において一括して整理しているので個別的に在外公館に国籍離脱申告をする必要はない。（92.10.7．領事20820－5508参照）」という記述がありますが、

姜　信潤

引用された文書の原文は未入手で確認できていません。しかし、実務上、日本に帰化した者の除籍や家族関係登録簿の閉鎖は申告によってされたものでなく、国籍喪失を事由とする法務部長官の通報によって職権消除がされているものが多く見受けられることから、その取扱いが存在していることがうかがわれます。

西山：たとえば日本国への帰化などで当該国の国籍を取得した場合に国籍を喪失した国への通報はどのようになっているのか、両国の外交当局間でそのような情報交換をしているのか、一度確かめる必要があると思います。中国、韓国のように日本との国交がある国については、領事機関に直接聞いてみることも必要かもしれません。それらによって複数国にまたがる身分変動の記録が身分登録簿に反映されているのかどうかがわかるかもしれません。

8　在留外国人の身分変動を本国の身分登録簿に記載できるか

姜：最後に、日本で外国人が行った身分変動を本国の身分登録簿に記載できるか確認したいと思います。大和田さん、中国ではいかがでしょうか。

大和田：中国の場合、これはワークショップ仙台でもお話しましたが、中長期在留者の中国人男女がそれぞれ管轄の領事館に在留の登録をして、どちらか一方または双方の管轄の領事館に婚姻届を出せばこれは受付がされます。ただし、これについては、そこで受け付けて、そこで離婚もできるし、そこで婚姻の証明書も発行できるけれども、中国国内ではその限りではありません。先ほども申し上げましたが、本国の戸口と実際の住所地の連携ができていないということがいえます。

　ただし、中国政府が気を付けているのは日本に帰化申請をする人についてです。法務省は中国人の帰化申請について、申請受理する前の最終段階で、先に中国領事館にパスポートを持参し、国籍離脱の手続をするようにと指導しています。日中間でその取り決めをしてあり、中国政府としてそ

れを徹底しておかないと在留統計ができず、日本に帰化した人数がつかめないことになります。ですから、そこは気にしていると思います。逆のとらえ方をすれば、それ以外の日本における身分関係の発生はフィードバックできていないということです。たとえば、日本で中国人間から出生した子は父母がともに合法な在留資格をもっていれば、父母により新生児のパスポートを申請することができますが、本国の戸口への出生登記を領事館で申請することはできません。それをしようとする場合には、日本の出生届記載事項証明書に公印確認を受け、中国領事館の認証を受けて、自分で中国の公安局の派出所に届けるようにと規定している。ただ、それをしない人が多いという状況だと思います。

金：台湾では、戸籍に載っている日本在住の人が死んだ場合、台湾の戸籍に死亡の記載をすることはできるようです。

金山：台湾に戸籍がある人というのは、以前台湾に居住していて最終的に日本で亡くなった人ということですね。

金：台湾には電算化されていない戸籍など、さまざまな状態の戸籍があるようですが、どうも死亡の記載はすることができるようです。

大和田：ワークショップ仙台で林さんがお話していましたが、台湾の人で一度でも台湾の戸籍に登録した人であれば、パスポートの右上に番号があるとのことから、パスポートをみれば台湾に戸籍があるかないかがわかるとのことです。ですから、おそらく添付書類として、パスポートのその部分を付けて東京の台北駐日経済文化代表処や大阪の台北駐大阪経済文化弁事処に届け出れば、本国に対し、それを反映させることができるのではないでしょうか。

姜：金山さん、韓国はいかがでしょうか。

金山：先ほど徳山さんが話されたように、韓国人は、家族関係登録法34条および35条により日本で行った身分行為を韓国の身分登録簿に反映させることが可能です。

金：韓国の家族関係登録法の考え方は日本の戸籍法の考え方に非常に近く、

属人的効力を認めているようで、韓国人が外国で身分行為を行った場合、同法35条１項で「在外国民が、その国の方式により申告事件に関する証書を作成した場合には、３か月以内にその地域を管轄する在外公館の長にその証書の謄本を提出しなければならない」としています。なお、海外に在留する韓国人の戸籍整理申請について、在外国民の就籍、戸籍訂正及び戸籍整理に関する特例法が1973年に制定されていて、現在では、在外国民の家族関係登録創設、家族関係登録簿訂正及び家族族関係登録簿整理に関する特例法が制定されています。この法律が適用されるのは、大韓民国国民として在外国民登録法により登録されている在外国民ということになっています。簡易な手続といいますか、ボリュームの少ない資料で簡便に家族関係登録簿の整理申請手続ができる特例法です。また、この法律の特徴は、廃止された戸籍法および家族関係登録法においても、申告期限について罰則規定がありますが、この特例法による申告は、いつ行っても罰則規定が適用されないというところにあります。そのほかにも利害関係人からの届出が可能という点も重要です。父母が死亡している場合でも、父母の婚姻事実、死亡事実、自らの出生事実をすべて単独で申告することができます。これについては、崔勝哲「家族関係登録法の改正と在外国民の登録事務」戸籍時報732号56頁（2015）に詳細が書いてあります。

　さらに、2015年に在外国民にする関する登録事務の処理および支援のために在外国民家族関係登録事務所が設置されました。これにより、それまで韓国の市・邑・面の長が行っていた登録事務を一元的に処理することになりました。これまで申告書を郵便で送付して処理していたものが、電子文書化して処理するようになったことにより、大幅に処理速度が向上しています。また、出生とか死亡については、一部の領事館では派遣された家族関係登録官が直接処理しているようです。韓国は在外国民の家族関係に関してはかなり関心があるということがいえると思います。

大和田：印象ですが、最近、韓国の人で除籍謄本を取り寄せたところ、そのPDFに家族関係登録のナンバーが記載されていたのをみて、韓国は、国

民を正確に把握しているなと思いました。

西山：韓国は38度線を境に北朝鮮と休戦状態にあります。徴兵制を採用している国でもあります。そのような意味もあって国民把握は重要と考えているのでしょう。

IV これまでの日司連等の取組み

姜:高山駿二さんから、テーマ4「これまでの日司連等の取組み」の説明をお願いします。

1 「外国人住民票」検討委員会の設置

高山:平成23年(2011年)の第74回日司連定時総会において、代議員提案「日司連内に外国人住民票検討委員会を早急に設置する件」が決議され、平成23年(2011年)年8月に「外国人住民票」検討委員会が組成されました。「外国人住民票」検討委員会の主な検討課題としては、改正住基法、同政省令および改正政省令、入管法等改正法、同政省令および改正政省令の内容の把握やそれらによる渉外家族法実務等への影響でした。

そこで、平成23年(2011年)8月から10月にかけて3回のワークショップを開催し、渉外民事実務について専門の司法書士から報告を受けました。

ところで、日司連が総務省自治行政局外国人住民票基本台帳室に、パブリックコメントの意見書(巻末【資料6】)を提出したのが同年12月16日です。この意見書の内容は、外国人登録原票の法定記載事項である「国籍の属する国における住所又は居所」「出生地」「家族事項」を外国人住民票の記載事項とすること、仮住民票に外国人住民票の記載事項を移記すること、本人の希望があれば氏名欄に通称名の記載を併記すること、外国人住民票の保存期間を改製されてから50年、外国人登録原票の保存期間を150年とするなどでした。我々の意見に対する総務省の回答は、一般的な回答に終始しており、その対応には失望しました。

翌24年(2012年)5月17日に、「外国人住民票」検討委員会編による『外国人住民票の創設と渉外家族法実務』(民事法研究会)が発刊されました。これは、入管法等改正法および改正住基法が施行される2カ月前のことです。

いよいよ施行日である平成24年（2012年）7月9日を迎えることになりましたが、日司連は、全国都道府県知事宛てに「外国人登録法廃止後の登録原票データの一部保有と開示の要望書」を施行日の5日前の7月4日に発送しました。

　翌25年（2013年）6月21日には、「外国人住民票」検討委員会編による『「外国人住民票」その渉外民事実務上の課題と対応』（民事法研究会）が発刊されました。その中に「外国人住民票」検討委員会が検討してきた外国人住民票についての改善策、法務省入国管理局への提言、所轄官庁への質問書を掲載しました。

2　法務省入国管理局長宛て提言

高山：平成25年（2013年）3月26日に法務省入国管理局の高宅茂局長に対して「外国人住民に係る渉外民事実務の課題について（提言）」（以下、「日司連提言書」という。巻末【資料7】）を提出しました。この提言を作成するにあたっては、事前に3回にわたって法務省入国管理局と日司連との連絡会を行いました（第1回連絡会は平成24年（2012年）9月18日）。

　連絡会に先立つ同年5月、政府に「外国人との共生会議」実現検討会議の設置され、その中で「外国人との共生社会の実現に向けて（中間的整理）」（平成24年8月27日）が出されています。入国管理局としては、中間的整理を踏まえて検討するということがその中にうたわれていたため、「日司連から意見や提言を頂きたい。その上で行政サービスとして、どこまで情報開示ができるのかを検討したい」ということで連絡会が設置されたものです。

　第3回の連絡会の席上、入国管理局より在留外国人の身分変動に関する情報をいかに取得し、管理・整理すべきかを検討するので、これについて日司連に意見書を提出していただきたいとの要請がありました。そこで、「外国人住民票」検討委員会は、上記日司連提言書をとりまとめたのです。その骨子は、「外国人の情報の蓄積と開示の制度上の措置をとる」、「外国

人の氏名についてはローマ字表記について、外国人住民票や在留カードに片仮名表記をする」、「市町村から法務大臣に対する通知事項に、世帯事項や通称に関する事項を加える」、「入国管理局の開示請求手続について、これを使用用途別に開示できるようにする」、「外国人登録原票の保存期間を延長する」というものでした。

　これらの成果を挙げ、「外国人住民票」検討委員会は、平成25年（2013年）6月開催の平成25年度日司連定時総会の終結をもって廃止されました。

3　第6次出入国管理政策懇談会

高山：平成26年（2014年）8月、日司連に「『外国人住民票』等実務検討チーム」（以下、「検討チーム」という）が設置されたました。

　設置の経緯は次のとおりです。同年7月上旬に入国管理局から、日司連提言書に関連して司法書士の業務分野で特に不便を生じている点等について、日司連に対してヒアリングを行いたいとの要請があり、同月24日に入国管理局から4人が日司連を来訪し、ヒアリングと意見交換が行われました。その席上、入国管理局から、9月12日開催の第6次出入国管理政策懇談会において意見発表の要請があり、これに対応するため日司連に検討チームが設置されたのです。

　そこで、検討チームの西山慶一座長が第6次出入国管理政策懇談会の第12回会合にて意見発表を行いました。その内容は、「国籍の属する国における住所又は居所、出生地を住民票の記載事項とすること」、「創設的届出及び報告的届出の区分、届出地を併せて住民票の記載事項とすること」、および「外国人の書面の保存期間の伸長」でした。その後平成26年12月に、第6次出入国管理政策懇談会は、報告書「今後の出入国管理行政の在り方」を公表しました。その中の「第6　共生社会の実現に向けた取組」において、「外国人登録原票の無い在留外国人が徐々に増加していくものと予想されるが、将来的には、これらの外国人の家族関係や身分事項、住所歴等の証明が困難となる可能性も見込まれる」と記載されました。その後平成

27年6月に、第5次出入国管理基本計画（案）に関する意見募集があり、同年9月には、第5次出入国管理基本計画が公表されましたが、残念ながら前記の意見は取り上げられていません。

4　渉外身分登録検討委員会の活動

高山：平成27年（2015年）6月に、渉外身分登録検討委員会が設置され、中国・台湾・韓国・北朝鮮の身分登録に関する法令の検討、ワークショップ開催への準備活動等を行ってきました。対外的には、外国人集住都市会議や神奈川県青年司法書士協議会との交流があげられます。

5　「外国人住民票」検討委員会が組成された経緯

姜：平成23年（2011年）6月、この委員会の前身である「外国人住民票」検討委員会が組成されたわけですが、北田さんが提案者でした。いろいろ苦労があったかと思いますので、その経緯等についてお話いただけますか。

北田：毎年日司連の総会は東京で行われていましたが、提案を行った総会は東北地方太平洋沖地震のあった年の6月でしたので、東京では開催できないということで京都の国際会議場で開催されました。代議員であった私は、外国人住民票が創設されるという情報は知らなかったのですが、姜さん、高山さんおよび西山さんから検討委員会の設置を提案していただきたいと言われ、提案原稿を作成し、近畿ブロック司法書士会の組織員の賛同を得て総会に組織委員提案として、以下の議案を提出しました。

　議案の名称は、「日本司法書士会連合会内に、（仮称）『外国人住民票検討委員会』を早急に設置する件」で、提案内容は、次のとおりです。

　「平成24年7月に施行予定の改正住民基本台帳法において創設される外国人住民票は、在留外国人の思いと利便性を見過ごしている点が多々あります。そこで、外国人住民票のあり方を検討し、その改善策について提言を行う委員会を早急に連合会内に設置することを求めるものであります。

　平成21年末現在、日本に在留する外国人で外国人登録をした人は約

219万人であり、その国籍（出身地）は189に達しております。また、日本に無制限で永住することを許可されている永住者、特別永住者は約94万人であります。平成21年（2009年）7月に公布されました改正住民基本台帳法は、これまでの外国人登録法による人的・身分的登録にかえて、住民基本台帳制度の枠組みに外国人を組み入れる外国人住民票を創設しました。外国人住民票の作成対象者は、中長期在留者、特別永住者などでありますが、その記録からは、外国人登録原票に記載されていた身分事項の多くが除かれ、人的事項の記載についても、例えば、氏名の表記を原則アルファベットとしたり、在留外国人が日常生活で使用している通称名の表記を削除しようとするなど、当事者の思いや利便性を無視する傾向が多く見られます。さらに、身分事項や人的事項の変遷経過の記録を当事者でさえ容易に入手できない制度設計も見過ごし得ないところであります。現在考えられております外国人住民票制度は、長年日本で生活する外国人にとって、安定した社会生活の営みにブレーキをかける要因となることは必定であります。

全国にくまなく均在する司法書士は、日本の隅々に生きる在留外国人を含む市民に対し、法化社会に生きるすべをアシストする役割を担っていると考えています。外国人住民票のあり方を再度市民の目線で検討し、その改善策を練り上げるべきであります。改正住民基本台帳法は、来年7月に施行予定であります。早急に連合会内に、仮称でございますが、外国人住民票検討委員会を立ち上げて、外国人住民票のあるべき姿を提言する必要があると考えるものであります」。

僅差でしたが、総会承認をいただきました。その後、日司連執行部によって当該提案が総会決議案件のため、「外国人住民票」検討委員会が設置されたということです。同委員会は日司連の執行補助機関という位置づけでした。

大和田：総会において「僅差で総会承認をいただいた」ということですが、かなりの反対票があったと聞きました。何が反対票の理由であったので

しょうか。その時点では、在留外国人の身分登録に関する問題の重要性が理解されていなかったからではないでしょうか。

西山：定時総会に議案を提出するには、議案提出賛同者が必要なのですが、北田さんにお願いして賛同者を集めていただきました。その議案をみて全国の代議員はその意味がわからなかったのではないでしょうか。また、外国人の問題が、突如出てきたことに対する違和感もあったのではないでしょうか。そのために、議案の可決が僅差になったと思われます。

北田：補足しますが、提案の前に、西山さんが月報司法書士に外国人住民票が創設されるという内容の原稿を投稿されていたのですが、多くの司法書士は、その月報司法書士を読んでいなかったため、僅差になったという面もあるのではないかと思います。

大和田：そのような問題意識を提起したことが、その時点では、やはり正解であったと思います。それで当該委員会が組成されたことは評価できることです。

西山：議案が可決された結果、日司連執行部は「外国人住民票」検討委員会を設置すべき義務が課されたのですが、当初は戸惑いもあったのではないかと思います。

大和田：現在、相当数の司法書士会から渉外事件について、講師派遣の依頼があるというのは、今になって思えば、相続登記の際に有用であった外国人登録原票の記載事項の多くが、外国人住民票の記載事項から除外された影響が、ボディブローのように効いてきているからであり、その時点で予測できたのは、西山さんとそのグループだけだったと考えてよいのではないでしょうか。

6　「外国人住民票」検討委員会の活動

姜：平成23年（2011年）8月に「外国人住民票」検討委員会が始動しましたが、委員会が組成された直後にワークショップを開催しました。これについて西山さんから説明をお願いします。

西山：外国人住民票に問題があると思いながら、はたして司法書士がこの問題をどのように考えているのか、とりあえずぶつけてみようと思い、2011年（平成23年）8月から10月にかけて大阪、京都、愛知で、それぞれの分野のエキスパートからお話をしていただきました。

　具体的にはアメリカ人の相続、北朝鮮を本国法とする者の相続、帰化申請、中国人が当事者となる相続登記、元外国国籍であったが日本国籍を取得した者の相続、ブラジル人の相続などについて講演をしていただいたのですが、講演をいただいたエキスパートの皆さんは「これから大変なことになるな」という印象はおもちになったと思いますが、その段階ではボディーブローのように後になって効いてくるとまでは思われなかったのではないか。観念的なものにとどまっていたという印象です。

姜：日司連は、外国人住民票についての意見書を、平成23年（2011年）12月26日付けで総務省自治行政局外国人住民基本台帳室宛てに提出しています。文案は「外国人住民票」検討委員会が作成したものです。

西山：この意見書は、日司連に「外国人住民票」検討委員会が組成されてから4カ月後の12月に提出しています。

姜：それまで外国人登録原票の記載事項であった「国籍の属する国における住所又は居所」「出生地」の重要性について、また「氏名」はローマ字表記が原則になるので、本人の希望があれば、本国文字を表記する、あるいは漢字表記をする、ほかに本国文字の表記に片仮名を併記することを提案しています。

　それから、本人の希望があれば、氏名欄に通称名を併記することや、保存期間について、たとえば外国人住民票の保存期間は消除または改製された日から30年以上とし、法務省に送付された外国人登録原票の保存期間は150年とするべきことを、総務省宛て意見書として作成し、日司連に提出しました。

西山：補足ですが、我々の中で当面の問題として浮上したのは、外国人住民票には「前住所」の記載がないことや、氏名はローマ字表記のみなので通

称の記載がどのようになるか、でした。いずれにしても、この意見書は何回も書き直した記憶があります。

7　法務省入国管理局との連絡会

姜：入国管理局との連絡会は3回ありましたが、開催に至る経緯はさきほど説明がありましたが、何かきっかけがあったのでしょうか。

西山：決定打は平成24年（2012年）5月に発行した書籍『外国人住民票の創設と渉外家族法実務』だと思っています。

姜：その当時、入管法等改正法の施行で一般的に関心があったことといえば、たとえば、韓国系の在日本大韓民国民団（韓国民団）は、外国人登録証明書から特別永住者証明書への切替時期の通知を法務省からしてほしい、そうしないと一般的に切替時期がわからない、あるいは、外国人登録証明書の常時携帯義務を廃止してほしい、常時携帯義務違反は刑事罰になっていたことから、これを廃止しろといった意見でした。

高山：外国人登録証明書の携帯義務については、従来から問題となっていました。中長期在留者には常時携帯義務が維持されたものの、特別永住者は入管特例法17条3項で常時携帯義務は課せられず、提示義務に変更されました。

西山：一般的にはそういうことが関心事となっており、その当時、我々が主張したことは問題にならなかった。だから、法務省入国管理局は、『外国人住民票の創設と渉外家族法実務』で、渉外家族の実務に何か問題があるんだということがわかったのだと思います。しかし、なぜ外国人住民票の担当でない入国管理局が興味を示したのでしょうか。

高山：総理大臣決裁により平成24年（2012年）5月に「外国人との共生社会」実現検討会議が設置され、8月に「外国人との共生社会の実現に向けて（中間的整理）」が発表されました。その中で外国人の家族関係と身分関係の把握や出国と入国を繰り返すなど断続的に日本に居住する外国人の経歴・履歴等の情報を一人の在留外国人として国が把握することについて、その

あり方を検討するということがあげられていることから、外国人住民の身分登録に関して、日司連の主張に興味をもったのではないのでしょうか。

西山：入国管理局は、管理にとって余計な情報は不要としていたが、日司連の主張を知りたいということは、管理するためにその情報は必要かという点もあったかと思います。

姜：我々は、入国管理局に対して身分変動に関する情報をいかに収集し、管理するか考えてほしいと言ったわけです。

北田：その後国の施策の中で、管理を進めていくうえでますますこの情報を見過ごすことができなかったということではないでしょうか。管理の必要上、その身分変動の部分を押さえておきたいと考えたのでしょう。

西山：おそらくそうでしょう。本当は多くの情報があったほうがよいのではないかと。管理するためには国籍国の本籍がどこで、登録基準地も全部知るのがよいのではないか、そのような思いもあったのかも知れません。

姜：我々は、連絡会での入国管理局との応答で、在留外国人の身分変動に関する情報は、もう少しあったほうがよいのではないかと言ってきたのですが、入国管理局は、法律上、必要最小限の情報で管理することになっているので、これ以上は情報としては入れることはできないという答えでした。

8　外国人との共生社会

西山：ところで、皆さんがおもちの「外国人との共生社会」とはどのようなイメージでしょうか。

金山：共生社会のイメージは外国人に寄り添って、外国人が日本で就職、就学も含めてしやすいように、日本側がその位置まで問題点を探るということから始まって、初めて共生社会は始まると思います。

西山：共生社会の理想とは、どういう社会ですか。

金山：差別のない社会、言葉の問題も含めて日本で生活するときのストレスを少なくしたうえでお互いが認め合う。具体的には進学、就職などでしょうか。

西山:外国人が日本に来て必要なことは、住むところ、食事、医療・社会保険、そういう生活の隅々のところも必要ではないでしょうか。

金山:共生社会とは、外国人がそういった先住者と同一のサービスが受けられるということではないでしょうか。

9 外国人集住都市会議とのかかわり

姜:外国人集住都市会議には何回か参加し、委員会有志で平成27年(2015年)12月11日には外国人住民の身分登録に関する質問書も提出しています。この質問書(巻末【資料8】)に対しては、翌年1月4日、同会議事務局から回答書を受領しています。

　質問と回答は、次のとおりです。

　質問事項(1)「外国人住民票制度の移行に伴い法定の記載事項から、外国人登録原票の記載事項であった、『国籍に属する国における住所又は居所』、『出生地』、『本邦にある父母及び配偶者の氏名、出生の年月日及び国籍』がなくなりました。これらの記載事項が外国人住民にとって必要との要望が貴会議参加都市から寄せられたか。また、それらについて、貴会議は、国に対し、提案(改善案を含む)をされているのでしょうか」。

　質問事項(2)「提言書の中にある、これまで各市町村で即日交付していた前住所履歴等を記載した書類(外国人登録原票の写し)が、制度移行後に申請から交付まで時間を要することや、その際の手続の煩雑さについて、貴会議参加都市から苦情や要望が寄せられているか。また、それらについて、貴会議として要望(自治体での発行などの改善案を含む)を国に対して提案されているか」。これらの質問に対しては、外国人住民から、住民票では確認できない親族関係や住所履歴があり不便だという意見や外国人登録原票の開示手続が煩雑であり、開示までに時間がかかる等の意見があった旨、平成25年度に外国人集住都市会議から国に対し、「在留管理制度及び外国人住民に係る住民基本台帳制度の改正等に関する提言」を行っており、この提言書で、「我が国に定住する外国人住民の家族関係や異動の状

況を自治体が公証できる仕組みについて早急に検討することを求めている」旨の回答がありました。

　質問事項(3)「今後の外国人住民の法的手続きの保障を考えた場合に、貴会議としては外国人住民の今後の身分登録制度等についての考えはあるか」。これについては、「外国人住民の今後の身分登録制度等については、国が中心となり、外国人住民の窓口となる自治体と情報を共有し連携して検討されることが望ましいと考える」との回答がありました。

　質問事項(4)「今後、貴会議では、『外国人住民に関する諸施策を確実なものとするため、国において外国人政策を総合的に調整し、推進する組織の設置が必要』平成26年（2014年）年11月10日外国人集住都市会議ながはま宣言）とされているが、具体的にはどのような組織の設置を要望しているのか」。これについては、「外国人労働者を生活者としてとらえた受入れ後の政策とともに、その前提となる、今後どのように外国人を受け入れていくか、という現実的な方針が必要であること、国において外国人政策を総合的に調整し推進する組織の設置を訴えており、各省庁が個別に対応するのではなく、国として定めた外国人の受け入れの方針の下、関係府省庁の外国人政策をとりまとめ、総合的に推進する組織や体制が必要である」との回答がありました。

西山：外国人集住都市会議の構成メンバーに変更はないのでしょうか。

姜：平成28年（2016年）の外国人集住都市会議「とよはし」の資料によると、ほぼ変更はないと思います。

西山：これまでのようにニューカマーと呼ばれるブラジル人などが多く住む自治体中心とするのか、それともオールドカマーと呼ばれる人たちが多く住む自治体にも拡げるのでしょうか

姜：そのあたりはわからないのですが、ニューカマーと呼ばれるブラジル人住民が多い地域の自治体が多いのは確かです。

西山：集住都市会議から多文化共生社会という提言が出ている。この会議には法務省と総務省は必ず出ています。ウイングの広さをいつも保持してい

るといえます。集住都市会議の提言から学ぶことは多いと思います。そこで、この委員会は、毎年のように集住都市会議に参加しています。

高山：今年の集住都市会議の豊橋宣言（巻末【資料9】）は、多文化共生に係る外国人政策を総合的に実施するための外国人庁の設置を政府にあらためて求めるというものでした。今後も外国人集住都市会議の動向を注視していきたいと思います。

V 昨今の外国人法制の変化と現況

姜：引き続き、金勇秀さんから、テーマ5「昨今の外国人法制の変化と現況」の説明をお願いします。

1 最近の在留資格の変化

金：昨今の外国人法制の変化と現況についてご報告します。まずは、入国管理法制の変化ですが、平成26年（2014年）にこれまで「技術」「人文知識・国際業務」という二つの在留資格がありましたが、それが「技術・人文知識・国際業務」という在留資格に統合されました。また、在留資格の「投資・経営」が「経営・管理」になり、新たに「高度専門職」の在留資格が新設されました。

「技術」「人文知識・国際業務」が「技術・人文知識・国際業務」に統合されたのは、外国人の受入れに関する企業等のニーズに柔軟に対応するため業務に要する知識等の違いに基づく在留資格上の区分を廃止し、包括的な在留資格を創設したということです。

「投資・経営」が「経営・管理」に変更となったのは、企業の経営・管理活動に従事する外国人の受入れを促進するため、現在、外資系企業における経営・管理活動に限られている在留資格「投資・経営」に、日系企業における経営・管理活動を追加し、合わせて名称を「経営・管理」に変更されたものです。

「高度専門職」が創設された理由は、平成25年6月14日に閣議決定された「日本再興戦略」などを踏まえ、高度の専門的な能力を有する外国人人材の受入れをより一層促進するため、このような高度人材を対象とした新たな在留資格の創設が必要とされたからです。

「高度専門職1号」は従前の「特定活動」からスライドしたもので、別に「高度専門職2号」があります。「高度専門職2号」は「高度専門職1号」

の在留資格を有しながら、おおむね3年といわれる一定期間在留した者を対象とし、在留期間を無期限とするとともに、活動の制限が大幅に緩和されています。

　平成28年（2016年）11月に「介護」の在留資格が新設されました。これまで外国人留学生が日本の高等教育機関を卒業し、介護福祉士等の特定の国家資格を取得しても、これに対応する在留資格がなかったために、日本で介護業務に従事することができなかったわけです。そのような状況を改善するため、介護福祉士の資格を取得すれば、就労が可能となるべく、「介護」が新設されたのです（平成29年9月1日施行）。

2　技能実習適正化法の成立

金：「外国人の技能実習の適正な実施及び技能実習生の保護に関する法律」（平成28年法律第89号）（以下、「技能実習適正化法」という）が公布され、平成29年（2017年）11月1日の施行に向けて、新たな技能実習制度に移行する準備中であると思います。

　これまで技能実習制度を悪用するケースがみられました。中には技能実習生を管理する団体等が技能実習生の旅券や在留カードを取り上げたり、あるいは私生活を不当に制限する等の実態があったようです。

　技能実習適正化法の施行により技能実習生が日本において適正に技能を修得し、習得していくことができるよう定められました。具体的には、技能実習計画の認定制の導入、主務大臣の改善命令や認定取消し、管理団体への許可制や罰則等が規定されました。

3　ヘイトスピーチ対策法の成立

金：平成28年6月にはヘイトスピーチ対策法が成立しました。ここ10年ほど本邦外出身者、とりわけ韓国・朝鮮人に対し、ヘイトスピーチ団体が街宣活動を行い差別発言を繰り返していたことが問題となっていました。一方で、それを止めようと各地でさまざまな活動が行われてきましたが、よう

やくヘイトスピーチを規制する法律が制定されました。

　ヘイトスピーチ対策法の1条は、「この法律は、本邦外出身者に対する不当な差別的言動の解消が喫緊の課題であることに鑑み、その解消に向けた取組について、基本理念を定め、及び国等の責務を明らかにするとともに、基本的施策を定め、これを推進することを目的とする」となっています。

　ヘイトスピーチに反対する団体からは、この法律にヘイトスピーチを行った者に対する罰則規定を設けるよう働きかけがありましたが、言論の自由との関係で盛り込まれていません。

4　2016年末国籍別・在留資格別統計

(1)　国籍・地域欄「朝鮮」の公表開始

金：法務省が公表した国籍別・在留資格別統計は、これまでは、「韓国」「朝鮮」はまとめて公表していました。平成28年（2016年）3月から「韓国」と「朝鮮」を分離して統計を公表しています。この時から、平成24年（2012年）以降の「朝鮮」の統計が公表されており、平成24年度（2012年度）の「朝鮮」は約4万人でしたが、2015年（平成27年）は約3万3000人に減っています。この減少傾向は今後も続くものと思われます。

(2)　国籍（帰化・国籍離脱等）統計

金：帰化申請者は、10年前に比べると減少傾向にあります。それに対し、帰化の不許可数は年々増加傾向にあります。

　たとえば、平成27年（2015年）には、帰化許可申請者数は1万2442人で、そのうち韓国・朝鮮の帰化許可者数は5247人ですが、これは平成17年（2005年）の帰化申請者数1万4666人、韓国・朝鮮の帰化許可者数9689人と比べると大幅に減っています。一方、帰化不許可者数は平成27年（2015年）は

603人で増加傾向にあり、これは今後増えるのではないでしょうか。

5　入管法制の変化

姜：入管法制の変化について報告されましたが、その背景には何があると思いますか。

金：お話したとおり、外国人の受入れの促進が大きな枠組みとしてあると思います。

姜：介護は人材が不足しているといわれています。

西山：在留外国人の員数は、2015年末と2016年末とでは統計はどのように変化していますか。この委員会では、在留外国人でも、特に本国が中国・台湾・韓国・北朝鮮の在留外国人の身分登録を研究してきたのですが、国籍・地域欄が「中国」「台湾」「韓国」「朝鮮」の人数の変遷と在留資格別人員の変遷はいかがでしょうか。

金：在留外国人総数は、2015年末で223万2189人、2016年末で238万2822人と増加しています。「韓国」は45万7772人から45万3096人と、「朝鮮」は3万3939人から3万2461人、「中国」は66万5847人から69万5522人、「台湾」は4万8723人から5万2768人となっています。「韓国」「朝鮮」が減少しているのに対し、「中国」「台湾」は増加しています。

　在留資格別にいうと、「韓国」は「特別永住者」「永住者」が多く、「朝鮮」は「特別永住者」がほとんどで、「中国」「台湾」は「技術・人文知識・国際業務」と「留学」が比較的多いように思います。

大和田：在留資格のうち、「投資・経営」は、平成26年に「経営・管理」に名称が変わったわけですが、名称だけでなく4カ月という滞在期間が新設されました。これまではインバウンドで日本に事業展開する事業者が「投資・経営」の1年間の在留資格を申請する際には、会社の謄本が添付資料でした。すなわち会社設立登記まで完了しなければならないということであり、言い換えれば、取得できるかわからない在留資格のために、事前に数十万円の設立登記費用を支払わなければならなかったのです。

これに対して「経営・管理」の滞在期間4カ月の在留資格は、定款や事業計画等を作成すれば取得できるという建前です。ですから、定款認証くらいまでを済ませて日本に来て、そこから会社の設立登記をして、その後に在留期間1年への更新許可申請ができることから、外国人投資家が日本で事業展開をしやすくなるというようなことがいわれました。

　しかし、実際の在留資格の申請にあたっては、本店所在地が決定して事務所の賃貸借契約が締結されなければ、許可が下りない。内閣は規制緩和をしているつもりですが、実のところ、入国管理局の扱いは緩和につながってなっていないという実態があります。

西山：現在、日本に在留している外国人の国籍・地域の数は、国連加盟国より多いといわれます。なぜ、日本は入国要件を緩和したり在留資格を増やしたりするのでしょうか。

徳山：人手不足という理由があげられます。

西山：全体的に人手不足なのでしょうか。

徳山：いいえ、特定の分野で人手不足となっているようです。たとえば、建設、介護です。

金：コンビニの店員さんもです。

西山：では、特定の分野だけ当面は受け入れるという方向でしょうか。

徳山：当面だけという感じがします。

西山：現在、日本は晩婚化・非婚化と家族に対する多様な価値観もあって少子化が急速に進んでいるといわれています。一人の女性が生涯に産むと見込まれる子供の数を示す合計特殊出生率が2016年1.44で、2017年4月に国立社会保障・人口問題研究所が公表した将来推計人口では、今後50年間合計特殊出生率1.42〜1.44で推移すると2065年には総人口が約8800万人になるとのことです。その一方で外国人の受け入れが進行すると日本社会で家族が形成されます。そのような現実を日本が受け入れるとすれば、長期的な外国人との共生をどのように図るかについての総合的な取組みが必要になると思います。

大和田：少子高齢化の問題があるので、外国人を入れなければならないわけです。特に、先ほど徳山さんが指摘した建設労働者、介護、それと古い言い方ですがいわゆる３Ｋ等の職種です。

西山：留学生の受け入れ計画は、以前は20万人でしたが、2008年以後は30万人計画といわれます。留学で日本に来ても、以前は母国の発展のために技術を習得するという観点が強く、留学が終わると帰らざるを得なかったといわれますが、現在は在留期間の延長を認めて日本における就職活動を認めているとも聞きます。

大和田：「高度専門職」のビザですが、優秀な人はずっといてくださいとの発想の典型例でしょう。それと、最近ビザの申請取次をしていて感じるのは、雇用する日本側の機関による部分的緩和です。機関の分類には、カテゴリー１、２、３、４というのがあり、１は上場会社、２は法定調書合計表中の源泉徴収税額が一定額以上ある機関で、私の事務所の所在するいわき市では申請しても許可が難しかったのです。ところが、カテゴリー２の地元企業が初めて新卒の韓国人留学生を雇用したときに、いきなり「技術・人文知識・国際業務」の資格で３年の在留資格が認められたのです。これは驚きでした。部分的な緩和は、確かにされていると思います。

西山：その驚きは、よくわかります。平成21年（2009年）の入管法改正で在留期間の上限を３年から５年に延長したこと、他の在留資格から在留期間が無期限の「永住者」資格を取得するには、以前は最低限10年日本に在留していることが要件だったのを最近はその年限を緩和しつつあること、そのようなことから在留外国人に対する方策も変化せざるを得ないかと思います。長期にわたって外国人が日本に在留できるシステムをつくる必要があるかと思います。その点で、外国人集住都市会議の長年にわたる取組みは注目されるべきであると思います。

6　ヘイトスピーチ対策法

高山：なぜ、ヘイトスピーチが起こるのでしょうか。自分達の生活環境が侵

されていると感じているのでしょうか。

金山：根底には外国人を排除したいという思いがあると思います。

西山：客観的にあるということと、あってよいのかということと、なくさなければならないということがあります。ところで、皆さんは、ヘイトスピーチを実際に聞いたことはあるのでしょうか。関西は多いですね。

姜：大阪の鶴橋でやっていました。

金：大使館前でもやっています。

西山：特別永住者が槍玉に上がっています。特別永住は特権ですか。

姜：特権ではありません。入管特例法をつくったいきさつがあります。もともと日本国籍を有していたから、入管特例法ができたわけです。

金：ヘイトスピーチ団体が槍玉に上げるのは、叩きやすい人に集中します。カルデロン一家は難民ですが、ヘイトスピーチの対象になり大きな社会問題となりました。

西山：対象が外国人であることは間違いありません。

金：憎悪対象のベースは外国人ですが、意図的にデマを流すとか悪質な行為がみられます。そういったことに対し、理屈を述べたところで結論ありきでデモをしているので、抑えようがありません。

大和田：より弱い層に対しては、哀れみをもつが、優秀で自分達と同じくらいの者には許せない気持ちを抱くのではないでしょうか。

西山：人間の誰もがもつ心理の一種でしょうか。それにしても、ヘイトスピーチ対策法が成立し、各自治体では積極的に動き始めるところも出てきていると聞きます。2017年3月には政府の委託で「外国人住民実態調査」という報告書も出ています。

姜：「外国人住民実態調査」については大阪市からアンケートが私のところにきました。ヘイトスピーチに関する項目もありました。

西山：このような調査は、日本では初めてらしいです。

7　帰化者数の変化

金：帰化者数の変動について気になっていることがあります。2005年頃から「韓国・朝鮮」の帰化者数が減少しています。ほかにも意外なことに「中国」も減っています。1999年には5000人を超えていましたが、今は3000人を割っています。在留中国人の数は増えているのにもかかわらず、帰化許可者数はそれほど増えていない、むしろ減っているのです。そのほかの外国人は増えているのですが、帰化の要件がここ数年で厳しくなっているのではないかなという気がします。

西山：「中国」人の帰化はなぜ減っているのでしょうか。

金：帰化要件が厳しいからではないかと思います。

西山：以前よりも要件が厳しくなったということですか。

金：私はそういう印象を持っています。

西山：「韓国・朝鮮」人の帰化はいかがですか。

金：「韓国・朝鮮」人は母体が減っていますからこの状況が続くでしょう。

徳山：しかし申請者数がどのくらかわからないので、推測の域を出ないのではないでしょうか。申請者数が同じで、許可者数が減っているのであれば、要件が厳しくなったといえるかも知れませんが。

西山：ここは要注意ですね。

金：帰化の不許可者数の増加は間違いありません。

大和田：それと、窓口の減少による申請のしづらさが原因の一つではないでしょうか。東北の地元を例にとってみます。いわき市の在住者であれば、数年前までは地元にある法務局いわき支局で相談受付をした後、途中の必要書類の確認等は我々が代わりに行い、最後だけ当事者が支局に赴いて署名をすればよかったのですが、現在は人員削減のためか、福島地方法務局本局でしか受付をしていなくて、途中の書類等の確認も本人に出頭を求めるようになりました。そういう理由もあり、帰化がしづらくなっているのではないでしょうか。

西山：京都のように、最後の申請のときだけ、当事者が法務局・地方法務局の国籍課に行く例もあると聞いています。

高山：それは特別永住者だからということですか。

金：そうではないと思います。

大和田：中国人に限っていえば、永住権があれば特に不具合がないからという理由かもしれません。以前は中国人のままでは外国に行けないので、日本人の配偶者と一緒に外国に行くのであれば、帰化したほうがよいということでした。しかし、現在は中国政府がアフリカ等いろいろと外交の手を広げているので、以前よりも海外に行くのは楽になっています。そういった事情も減少した要因の一つであると思います。

VI 在留外国人の身分登録の将来像を探る

姜：私から、テーマ6「在留外国人の身分登録の将来像を探る」の説明をします。

1 法定相続情報証明制度の問題点

姜：法定相続情報証明制度が平成29年5月29日から施行されました。法定相続情報とは、「被相続人の氏名、生年月日、最後の住所及び死亡年月日及び、相続開始の時における同順位の相続人の氏名、生年月日及び被相続人との続柄」をいいます。

　次に、法定相続情報の確認書面は、「被相続人（代襲相続がある場合には、被代襲者も含む。）の出生時からの戸籍及び除かれた戸籍の謄本又は全部事項証明書」と「被相続人の最後の住所を証する書面」、「相続開始の時における同順位の相続人の戸籍謄本、抄本又は全部事項証明書」です。登記官は、これらを確認して法定相続情報一覧図の写しに認証文を付してこれを交付するとしています。したがって、この確認書面からは、外国人、日本国籍に帰化した者、日本国籍を喪失した者、出生後日本国籍を取得した者などは法定相続情報一覧図の対象者とはなりません。

　また、この一覧図の写しの申出人も、被相続人の出生時からの戸籍謄本および除かれた戸籍謄本または全部事項証明書により確認でき、かつ相続人の戸籍謄本または全部事項証明書を提出する必要があるとされていますから、外国人の配偶者、被相続人から認知された外国人の子、被相続人を養子とした外国人の養親、被相続人を養親とした外国人養子などは制度の利用ができないということになります。

　出生時に日本国籍でも日本戸籍に記載されない場合もあります。たとえば、外国で出生と同時に外国籍を取得した場合は、二重国籍になりますが、

日本国籍の留保の意思表示をしなかった者は、出生届は受理されず、日本の戸籍に記載されません。日本の戸籍制度は、相続人全員を確定できることが前提の制度のようですが、はたしてそうなのかという疑問があります。

2 人事・家事訴訟事件の国際裁判管轄に関する法案（人事訴訟法等の一部を改正する法律案）の動向

姜：人事訴訟事件及び家事事件の国際裁判管轄法制の整備に関する要綱が平成27年10月9日法制審議会の第175回会議で採択され、直ちに法務大臣に答申され、平成28年2月26日に190回通常国会に人事訴訟法等の一部を改正する法律案が提出され、現在継続審議中となっています。渉外身分関係に影響を与える本改正案の人事訴訟事件および家事事件の国際管轄については、当事者が日本国内に住所を有することが原則とされていることが特徴です。

3 今後の在留外国人の身分登録のあり方

(1) 在留外国人身分登録台帳制度の創設か、外国人住民票の備考欄への記載か（何をどの程度記載するか）

姜：今後の在留外国人の身分登録のあり方の論点としては、在留外国人の身分登録台帳制度の創設か、あるいは、外国人住民票の備考欄に拡充記載するか、そして拡充記載するならば、何をどの程度記載するかということです。

　在留外国人の身分関係の記録は、日本の諸官庁に点在しています。日本人と外国人間の創設的届出、報告的届出の書面は、当該日本人の戸籍を管轄する法務局に保存されています（戸籍法規則49条1項）。保存期間は、当該年度の翌年から27年です（同条2項）。

外国人の出生届、死亡届、外国人同士の創設的届出や報告的届出の書面については、届出地の市町村に保存されています（戸籍法規則50条1項）。保存期間は、創設的届出は当該年度の翌年から50年、報告的届出は、当該年度の翌年から10年となっています（同条2項）。

　日本の裁判所で日本人と外国人間、または外国人同士の離婚審判書は、管轄裁判所に保管されています。人事訴訟事件の判決原本の保存期間は、原則50年です。家事審判事件は、審判の原本、審判に変わる裁判の原本の保存期間は30年。家事調停事件は、合意に相当する審判の原本や合意に相当する審判に代わる裁判の原本の保存期間は50年です（以上につき、最高裁判所「事件記録等保存規程」（昭和39年規程第8号）別表第一）。

　日本国籍の取得や日本国籍に帰化した場合の身分登録の記録は、当該外国人の国籍業務を取り扱う管轄法務局に保管されているようです（国籍法施行規則1条、2条）。また、裁判所書記官は、一定の審判等が確定したときに、本籍地の戸籍事務管掌者に通知しますが（人事訴訟規則17条）、在留外国人に係る判決、審判等に関しては、通知、嘱託は法定されていません。

　そこで、在留外国人の身分登録台帳制度の創設、外国人住民票の備考欄の記載については、以下の記載をすべきであると思います。

① 「国籍の属する国における住所又は居所」
② 「出生地」
③ 日本国内出生の場合「出生である旨」「届出年月日」「届出地」
④ 日本国内の婚姻であれば「婚姻である旨」「婚姻年月日」「届出地」「相手方」
⑤ 日本の裁判所で判決等により離婚等をしていれば「離婚である旨」「判決確定日」「管轄裁判所」「相手方」

(2) 住民票・外国人登録原票の保存期間の伸長

姜：住民票、外国人登録原票の保存期間ですが、これは、住民票は消除されてから5年（住基法令34条）、外国人住民登録原票は30年です（法務省行政

文書管理規則16条別表第１の備考五）。保存期間を伸長すべきでしょう。

(3) 渉外身分登録検討委員会の今後の課題

姜：先ほどから議論されてますように、在留外国人は今後、定住化していくことは間違いありません。その外国人が定住化していけば、定住した外国人に対する国側の管理の問題、社会保障に関する法手続の問題、親族、相続等の問題も当然出てくるでしょう。

このような諸問題に対して、今後、在留外国人の身分登録制度はどうあるべきかを探っていくことが、我々の課題です。在留外国人が身分変動の届出をする場合、日本の役所に届け出ますが、その届出書が日本の官公署に点在しています。これら届出書を収集する場合は、探索の困難性がつきまといます。もともと平成21年（2009年）の法改正以前にも外国人身分登録台帳の創設という議論があったように思いますが、再度、同制度の趣旨を見直す必要があるのではないでしょうか。

4　在留外国人と法定相続情報証明制度

姜：先ほど述べた法定相続情報証明制度については、実は渉外身分登録検討委員会では、日司連の三河尻会長宛てに本年（平成29年）１月30日に要望書を提出しています（巻末【資料12】参照）。

たとえば、帰化した人に相続が発生した場合、その人の相続は、本制度の対象にはならないのです。ちなみに昭和27年(1952年)から平成27年(2015年)までに帰化した人は累計約53万人です。本制度を利用できない人は、外国人はもとより、帰化者および親族を含めると相当数になると思います。

北田：姜さんが指摘した問題点を提起しているのはこの委員会だけなので、今後積極的に提言をしていく必要があると考えています。

西山：法定相続情報証明制度については、平成28年（2016年）７月に概要が示され、同年12月に「不動産登記規則の一部改正案」としてパブリックコメントに付されました。その結果が平成29年４月17日に公表されています

が、法務省民事局はそこではどのよう応答しているのですか。

姜：日本国籍を有しない者等戸籍の全部または一部がない場合も、本制度が利用できるようにすべきだとの意見に対し、今後の参考とさせていただきますと書いてあるだけです。

西山：パブリックコメントの結果の発表と同日付けで発せられた民二第292号民事局長通達では、その点はどのように説明しているのですか。

北田：通達には、たとえばとして「被相続人が日本国籍を有しないなど戸除籍謄抄本の全部又は一部を添付することができない場合は、登記官は、法定相続情報一覧図の保管及び一覧図の写しの交付をすることができない」と書いてあります。

金：法務省ホームページは、書き方が異なっていました。2017年5月15日付けで更新されたホームページにある法定相続情報証明制度の具体的な手続についての項目では、「被相続人や相続人が日本国籍を有しないなど、戸除籍謄抄本を提出することができない場合は、本制度を利用することができません」と書いてあります。通達とは若干、書き方が違います。

西山：ところで、この点について日司連は現在（平成29年5月）作成中のQ&Aでは全く触れていませんね。なぜ触れていないのでしょうか。司法書士の顧客に在留外国人を想定していないのではないかとも受け取れます。渉外委員会が要望を示しているのにかかわらず、その点について日司連が対内向けであれ、対外向けであれ何ら文書に何ら反映されないのは疑問です。

金山：在留外国人が法定相続情報証明制度の対象とならないのは、戸籍や除籍を有しないからということですが、それならば制度自体の是非について、今後議論していかなくてはならないでしょう。

北田：出生時から死亡時まで戸籍謄本等の添付が必要と書いてありますが、除籍、改製原戸籍が滅失等している場合は、「除籍等の謄本を交付することが出来ない」旨の市町村長の証明書の添付で差し支えないとされています。あくまでも日本人を対象としています。

西山：帰化した人には法定相続証明情報の申出ができないわけですね。帰化した人の中には、家族で全員が帰化した場合もあり年少者も入っています。その年少者は、出生から引き続き日本国籍を保有していないので、申出対象者である被相続人ではないです。日本国籍に帰化した人が死亡しても、その相続人は申出人になれないということになります。

金：法定相続情報証明制度でさらに疑問がありまして、上記の通達に載っていますが、「申出人が相続人の地位を相続による承継した者であるときはこれを証明する書面を添付することとされた」というところで、承継した書面には、「当該申出人の戸籍の謄抄本又は記載事項証明書が該当する」と限定しています。現段階では、申出人の相続人の地位を承継した人に外国人も含まれるかどうかわかりません。

高山：入国管理局は当然これに関知していないでしょうが、法定相続情報証明制度は時代に逆行しているように思えます。入国管理局は門戸を広げて一応外国人を受け入れて、優秀な外国人には永住を認めるとそのような体制をとっています。今後、彼ら彼女らが日本に永住することになっても、本制度の対象とならないことになります。戸籍をもつ者ともたない者を分断することになりませんか。

西山：この法定相続証明情報は、被相続人が出生から死亡まで継続して日本国籍を保有していることと相続人が現在日本国籍を保有していることが要件です。この要件は今後の入国管理行政にとって足枷になるかと思うのですが……。

徳山：現実的におそらくそうなるでしょう。現在、受託している不動産売買による所有権の移転登記事件の買主がイラン人です。購入に際し、金融機関から融資を受けるのですが、その金融機関の担当者から電話があって、もし、イラン人が死亡した場合、誰が相続人になりますかと質問されました。さすがにイラン法のことはわからないと回答しました。相続という具体的な話になれば、法定相続情報証明制度の利用の可否が問われ、残念ながら外国人は対象外なんですってことになると、金融機関は萎縮するで

しょう。それでは融資は止めましょうってことになると思います。そうことが社会に徐々に浸透してしまわないかと危惧します。

西山：確かにそのような傾向は出てくると思います。そのような反射的効果も考えて制度設計がされているのでしょうか。日本の銀行は、昔、定住外国人にさえ、例外を除いて住宅ローンを組みませんでした。それが変わったのは、当時の住宅金融公庫が永住者・特別永住者等に貸出しを始めた頃からと記憶しています。いずれにしても、日司連がパンフレットなり広報用のチラシやパンフレットを作成するときには、法定相続情報証明制度は外国人には適用されないこと、日本国籍を保有する一定の者にも適用されないことを明示する必要があると思います。

金：韓国人の依頼者から、今度こういう法定相続情報証明制度ができるらしいですねと聞かれたことがありました。その際、相続登記手続が簡略化されていいですね、と言われたのですが、韓国人には関係ないからと苦々しく説明した経験があります。

5　在留外国人の本国の身分登録との関係

大和田：先ほど姜さんが紹介した中で、在留外国人身分登録台帳制度の創設というのがありましたが、それは「外国住民票」検討委員会のときにも議論になったと思うのです。本来、身分関係を証する書面というのは、本国の管轄官庁のものであり、それを日本という国でつくることの是非です。受け取り方によっては、日本でそういうふうにしてもらえることによって在留外国人にとって便利であり、プラスに働くということで歓迎する議論もあるだろうし、逆に私は外国人なのに、日本で身分登録台帳に登録され、これによって制約を受けてしまう、私は不利益を受けるのには承諾できないという意見も出てこないのかと考えてしまいます。これについては、今後どういう方向にもっていくのかは、我々は本当によく考えなければなりません。

姜：自分の本国である韓国の家族関係登録簿に身分登録がされているのに、

それをなぜ日本国が、自分のプライバシーを全部把握する必要があるのかという疑問。そういうことでしょうか。

西山：ある人の身分関係を把握するのは、国籍国と居住国のどちらかに限られるか、それとも国籍国・居住国いずれも把握してもよいのか。表現を変えれば、国籍国以外の国がその人の身分関係を把握してよいのかということでしょう。国籍国だけが自国民を把握すべきであるという問題とも絡みますが……。

金：国家は、そもそも主権、国民、領土、この三つの要素によって成り立っているわけですから、国家が自国民を把握するのは至極当たり前なように思います。

西山：国家は自国民を把握し、その国民によって国家を構成していることを証明する必要に迫られます。近代国家の成立前は、領土内に居住する人がほぼ自国国民といえたでしょうが、国民国家の成立後は自国国民を憲法等で確定して国家の構成員を定義づけることになったかと思います。自国国民であることの証明は当該国家でしかできない、逆にいえば自国国民であることしか当該国家は証明できず、あなたの国籍はどこの国ですと証明できないことが基本ですね。

　自分の身分関係は自分で証明するという視点が必要であると思います。自らが証明するという視点です。

6　在留外国人の日本における身分登録

金：基本的に日本に住んでいる外国人の身分に関することは、一次資料が日本に残っており、それは非常に重要なことではないかと思います。日本で生れた、日本で死んだ、日本で婚姻をした、日本で離婚をしたなど、日本の方式で戸籍上の届出をした場合は、日本のものが一次資料であることに間違いなくて、一次資料と身分登録簿は性質が若干異なります。一次資料と身分登録簿の関係性がどうあるべきかについて話すのは難しいのですが、それを探すための方策は講じられるべきでしょう。

以前でしたら外国人登録制度は、一次資料を入手するための情報がかなり盛り込まれていたので非常に探索しやすかったので、それに近いものが必要であるように思います。

徳山：外国人が本国の身分登録機関に日本で生じた身分行為を登録しようとするときには、その成立を立証する日本の証明書が必要になりますから、その証明書を探し出せるような制度があったほうがよいと思います。

北田：そうすると届出書の保存期間の伸長が求められます。

高山：日本の相続制度は、戸籍を前提として実務がまわっているので、外国人身分登録台帳制度というものを考えなければ、今後対処できなくなると思います。

西山：皆さんはどのように考えられるのでしょうか。一つは、現在の外国人住民票の備考欄に身分上の届出事項と届出地等を時系列的に記載するという方法が考えられます。日本国内においてなされた身分上の届出事項を手がかりにそれら届出書類を収集して身分変動事項を確かめるという方法です。この方法は、外国人住民票の点と点の情報から当該外国人の線の情報へと広げることができますが、点と点の細部の情報の収集を集める必要があり、時間も費用もかかるというデメリットがあります。

　もう一つは、先ほど指摘された外国人台帳制度を設けて、現在の外国人住民票の記載事項に加えて「戸籍」記載の身分事項類似の事項を記載する方法です。この方法は、外国人の日本国内においてなされた身分上の届出事項の内容を一覧で確認できるというメリットがある半面、平成24年にでき上がったシステムの大幅な改編になるので極めてハードルが高い方法になるかと思います。

　平成28年（2016年）10月と11月の二度にわたるワークショップで、中国・台湾・韓国・北朝鮮の身分登録制度に関する報告を学習したのですが、韓国は在外自国民の身分事項を自国の身分登録台帳に記録できるシステムを備えていますが、中国・台湾・北朝鮮にはそのようなシステムは皆無に近いという印象をもちました。先日、「戸籍」（テイハン刊）に連載されてい

た「現行戸籍法の歩み」という座談会を読んでいたところ、その483号（1984年）で、当時の田中康久法務省民事局第二課長が外国人に関する届書の保存期間について述べている箇所がありました。外国人にとっては、届書が戸籍にかわるものという役割を果たしている部分があるので届出書の保存期間を伸ばすべきという箇所です。

　他の出席者も「外国は届書だけしかしないので、現物そのものを永く保存する。……戸籍がないところは、もう届書が戸籍そのものなんです」（戸籍484号）と述べています。

　在留外国人も日本に永く住んでいると、日本のシステムが思考の中に浸透してきます。在留外国人自身が在留外国人の身分事項は、日本の戸籍のように、どこかに連続して記録されているという錯覚もその一つです。その意味では、ショック療法として、平成24年（2012年）から外国人登録原票がなくなり外国人住民票しか存在しなくなったことはよかったかもしれません。つまり、日本には在留外国人の身分変動を連続的に記録するシステムは存在しないことを知らしめるよい契機になったのかも知れません。

　これを契機に、在留外国人は身分変動の届書等は自ら保存しておくことを習慣化することが必要です。差し当たり、法務省に保存されている外国人登録原票を取り寄せておく必要があるでしょう。それを前提に、現時点では、外国人住民票の備考欄に日本における身分変動事項を記録する欄を設けること、日本の市町村に在留外国人の身分に関する各種届がなされれば、受付市町村長は外国人住民票の所在地の市町村に通知すること、所在地ではその通知事項を外国人住民票に記載すること、そのようなシステムが必要になるかと思いますが、いかがでしょうか。

姜：それら以外にも現実的な運用上の対応として、在留外国人が日本の市町村に身分に関する各種届出をした場合には、市町村の窓口がその各種届出の控え書類（写し）等を交付できるようにして、たとえばそれを交付する際には、「この書類は日本の戸籍謄本と同じ機能を果たす大変重要な書類となります。大事に保管してください」などと書いた市町村作成の封筒の

中に入れて渡すとかして、本人に保管することを喚起する等の方策をとってはどうかと思います。このような方策が可能かどうか、一度外国人集住都市会議の市長さんたちに聞いてみたいと思いますし、できれば提言してはどうかと思います。

第4章

在留外国人の家族法実務をめぐる諸問題

序

　本章は、渉外的な家族法実務について、委員各人が、司法書士業務での実務経験をもとにしたもの、全13回開催された委員会において検討したもの、仙台と広島で開催した「在留外国人の身分登録に関するワークショップ」において参加者に配布した「在留外国人の身分登録関連資料集」「事例検討集」の作成の際の疑問、あるいはそのプロセスで得た成果から、自由にテーマを設定して論述した論考集です。各テーマの論考が読者諸氏の執務上の課題の解決に、あるいは疑問の解消に資することができれば幸いです。最後に、各論文は、執筆期間が短期間であったにもかかわらず、実務家として一生懸命に挑戦し、悪戦苦闘した各人の成果であり、述べられた見解は各人の私見です。読者からの忌憚のないご批判、ご意見を頂戴できれば幸いです。

在日中国人の相続

徳 山 善 保

はじめに

　2016年（平成28年）12月末現在における入管法19条の3が規定する「中長期在留者」および入管特例法3条・4条が規定する「特別永住者」の在留資格を有する在留外国人総数は、238万2822人である。このうち住基法30条の45による国籍・地域欄の表記が「中国」の在留外国人（以下、「中国人」という）は、69万5522人で在留外国人総数の29.2％を占め、2007年（平成19年）以降、最大数を維持している[1]。そして、このうち31万2195人が、「永住者」「日本人の配偶者等」「永住者の配偶者等」「定住者」および「特別永住者」の在留資格をもって日本に永住または定住しており、その割合は44.8％を超えている[2]。

　本稿では、日本に永住または定住している中国人が日本で死亡し、これにより開始した相続については日本法が適用されるのか、それとも中国法が適用されるのかを順次検討し、中国法が適用された場合に気になる点を整理してみたいと思う。

---

[1] 法務省ホームページ（http://www.moj.go.jp/nyuukokukanri/kouhou/nyuukokukanri04_00065.html）。トップページ＞広報・報道・大臣会見＞プレスリリース＞平成29年のプレスリリース＞平成28年末における在留外国人数について（確定値）
[2] 政府統計の総合窓口（e-Stat）ホームページ（http://www.e-stat.go.jp/SG1/estat/GL08020103.do?_toGL08020103_&listID=000001177523）。トップページ＞統計データを探す＞政府統計全体から探す＞法務省＞在留外国人統計（旧登録外国人統計）

1 在日中国人の相続に適用される法律

(1) 日本の国際私法

(A) 相 続

　日本で中国人が死亡して相続が開始した場合、死亡者の国籍が外国であるため、相続という法律関係を構成する要素の少なくとも一つが外国に関連する法律関係に該当することから、通則法が適用される[3]。なお、国際私法とは「関係諸国の私法のうちから問題となる渉外的私法関係を規律するに最も適する私法を選択し、これを適用することによって実質的にその法律関係を規律しようとする方法である」とされる[4]。

　通則法36条は「相続は、被相続人の本国法による」と規定し、被相続人の本国法を準拠法として指定する。通則法は、相続という法律関係に最も密接な関係を有する地の法律は被相続人の本国法、すなわち被相続人の国籍所属国の法律が最もふさわしいと考えている。なお、この「国籍」を相続という法律関係とこれと最も密接に関係のある地の法律を結びつけるという意味で、連結点（連結素ともいう）と呼んでいる。そして、「連結点（連結素）とは、準拠法決定のための媒介としてあらかじめ選ばれた構成要素のことである。対象となる問題と法とを、列車の連結器のように結びつける要素という趣旨である」と説明される[5]。

　また、通則法は、相続という法律問題を「相続財産たると身分相続たると、包括相続たると特定相続たると、法定相続たると遺言相続たるとを問わず、およそ世代を超えた財産または身分の承継関係を意味し、遺産を管理・清算して相続人に配分・移転する一切の過程を含むもの」と性質決定している[6]。そのため、指定された相続準拠法は、①相続の開始、②相続人、③相続財産、

3　山田鐐一『国際私法〔第3版〕』1頁（有斐閣、2004）。
4　山田・前掲（注3）2頁。
5　澤木敬郎＝道垣内正人『国際私法入門〔第6版〕』31頁（有斐閣双書、2006）。

④相続分、⑤寄与分および遺留分、⑥遺産分割、⑦相続の承認および放棄などに適用されると解されている[7]。

(B) 反　致

通則法41条には、反致という規定がある。「当事者の本国法によるべき場合において、その国の法に従えば日本法によるべきときは、日本法による。ただし、第25条（第26条第1項及び第27条において準用する場合を含む。）又は第32条の規定により当事者の本国法によるべき場合には、この限りでない」とするものである。中国人の相続の場合であれば、中国人の本国法である中国の国際私法が日本法の適用を命じているか否かを判断しなければならないというものである。

この反致主義については、明治31年（1987年）の法例制定後から学説の多くは反致に対して否定的な態度であるものの、国際私法規定の内容が国ごとに異なる現状においては、限られた範囲であれ、判決の国際的調和をできる限り実現するべきであるとして、一定の意義を見出す見解も主張されている[8]。

(2)　中国の国際私法

中国における国際私法規定は、2010年10月28日全国人民代表大会常務委員会採択、2011年4月1日施行された中華人民共和国渉外民事関係法律適用法（以下、「関係法律適用法」という）である。同法31条から35条に相続に関する規定がある。また、中国には中国特有の法源として、裁判実務において重要であるとされる最高人民法院の司法解釈があり、関係法律適用法にあっては、最高人民法院「渉外民事関係法律適用法の適用に関する若干問題の解釈（一）」（2012年12月10日最高人民法院審判委員会第1563回会議採択、同月28日公布）

6　山田・前掲（注3）569頁。
7　山田・前掲（注3）574頁。
8　櫻田嘉章＝道垣内正人編『注釈国際私法　第2巻』310頁〔北澤安紀〕（有斐閣、2012）。

(以下、「司法解釈」という）が2013年1月7日から施行されている。

(A) 関係法律適用法31条

関係法律適用法31条は「法定相続については、被相続人の死亡時の常居所地法を適用する。ただし、不動産の法定相続については、不動産の所在地法を適用する」として、法定相続について、いわゆる相続分割主義を採用し、不動産につきその所在地法を適用し、それ以外の遺産につき被相続人の死亡時における常居所地法を適用すると定めている[9]。同条は、相続の開始、相続人と法定相続分、相続の承認と放棄、遺贈の承認と放棄、相続財産の構成および移転などに適用されると解されている[10]。

(B) 関係法律適用法33条

関係法律適用法33条は「遺言の効力については、遺言者の遺言作成時又は死亡時の常居所地法又は国籍国法を適用する」と定めている。これについて「33条は遺言の効力につき、遺言者の常居所地法と国籍国法のいずれかを適用するかを裁判所の裁量に委ねているが、実質的には、遺言者の常居所地法と国籍法との選択的連結を定めたものと解される」[11]とし、遺言の効力については「33条は遺言という意思表示自体の成立と効力のみならず、遺言によって遺言者が実現しようとする相続法上の遺贈や相続分の指定などにも適用されると解する見解が多数説のようである」[12]とのことである。ただし、相続の開始および遺言の効力発生時期については、遺言の有無を問わず、同法31条が適用されると解され、「31条は法定相続の準拠法を定める規定であるとはいえ、遺言がある場合の相続開始原因と時期の準拠法を別に決定すべき理由はない」[13]からであるとのことである。

ちなみに中国の遺言の法的特質については、次のように説明されてい

9　黄軔霆『中国国際私法の比較法的研究』117頁（帝塚山大学出版会、2015）。
10　黄・前掲（注9）119頁以下。
11　黄・前掲（注9）126頁。
12　黄・前掲（注9）127頁。
13　黄・前掲（注9）119頁。

る[14]。①遺言は単独の法律行為である。②遺言は民事行為能力者でなければならない（日本では民法961条により遺言能力は15歳以上と規定されているところ、中国では中華人民共和国民法通則11条により満18歳以上の公民が完全な民事行為能力者とされ、満16歳以上満18歳未満の公民で、自己の労働収入を主要な生活源としている者も完全な民事行為能力者とみなされている）。③遺言者の独立の民事行為であって代理によって遺言をすることはできず、本人の真実意思表示であることが必須である。④遺言は法律規定に基づいて行う要式行為である。⑤遺言は遺言者の死亡後において法的効力を発生する民事法律行為である。

(C) 関係法律適用法31条と33条の適用順序

(A)および(B)のように中国の関係法律適用法においては、日本の通則法とは違い「法定相続」と「遺言相続」を区別した結果、いくつかの困難な法性決定（性質決定）の問題をもたらしていると指摘されている[15]。

また、関係法律適用法31条と33条の適用順序については「31条は遺産の相続が法定相続による場合、すなわち遺言がない場合、33条の準拠法によれば遺言が無効である場合、遺言による相続人が相続放棄、受遺者が遺贈放棄した場合に適用されると解される」[16]とのことである。

(3) 反致の成否

中国人の相続には、通則法36条によって被相続人の本国法が適用されるため、同法41条の反致の成否を検討する必要がある。反致を検討する場合には「その適用の対象となっている法律関係の性質決定は、日本の国際私法の立場からでなく、本国の国際私法の立場からなされるべきである」とともに「本国の国際私法上の連結概念も、日本の国際私法の立場からではなく、本国の国際私法の立場から決定されるべきである」とされる[17]。

---

14 加藤美穂子『中国家族法問答解説［婚姻・養子・相続］』480頁（日本加除出版、2008）。
15 黄・前掲（注9）117頁。
16 黄・前掲（注9）119頁。

(A) 反致が成立する場合

　死亡した中国人に遺言が存在しなければ、存在したとしても遺言が無効である場合や遺言による相続人が相続放棄、受遺者が遺贈放棄した場合には、(2)(C)のとおり関係法律適用法31条が適用される。常居所地の概念については、司法解釈15条によれば「自然人が渉外民事関係の発生又は変更、終了時にすでに連続して１年以上居住し、かつその生活の中心とした場所は、人民法院は渉外民事関係法律適用法に規定する自然人の常居所地と認定することができる。ただし、病気の治療、労務派遣、公務等による場合はこの限りでない」と規定していることから、日本に永住または定住できる在留資格を有する中国人で、１年以上にわたり生活の中心が日本にあれば、動産[18]については日本法に反致が成立する。

　また、不動産の概念については、中華人民共和国民法通則の渉外民事関係の法律適用に関する144条「不動産所有権には、不動産の所在地の法律を適用する」を受けて、「土地、土地に付着する建築物その他の定着物、建築物に付属する固定設備を不動産であると定める民法通則司法解釈186条がその判断基準となる」[19]とのことであることから、これらの不動産が日本に存在すれば、日本法に反致が成立する。しかし、日本以外にある不動産については、反致は成立しないことに注意が必要である。

　このように被相続人の本国の国際私法が相続分割主義を採用し、相続を動産相続と不動産相続とに分割しているため、相続の一部についてのみ日本法に部分的に反致してくる部分反致について「かつて、わが国の学説の中には、

17　山田・前掲（注３）70頁。
18　黄・前掲（注９）124頁は、東京地判平成22年11月29日（判例集未登載）について、「日本法への反致の成否を判断する際に、相続財産に関する実体法の規定を根拠に、株式は動産ではなく有価証券であるから動産と不動産を区別する相続分割主義を採用した中国継承法36条の適用を受けず、日本法へ反致しないと判断したものがある。しかし、相続分割主義は、相続財産の種類を問わず一括して被相続人の属人法による相続統一主義と対立する立場である以上、動産と不動産のいずれにも該当しないため分割主義の適用範囲に含まれない相続財産が存在しうると解するのは妥当ではない」と批判する。
19　黄・前掲（注９）123頁。

相続統一主義を採用する日本の国際私法の立場を尊重し、反致が認められるのは、相続統一主義の原則が破られないときに限るべきであるとの見解を主張するものもあった」[20]が、通説・判例は部分反致を認めている[21]。

そこで、日本法に反致が成立すれば、相続人、相続財産、相続分、寄与分および遺留分、遺産分割および相続の承認および放棄などには、すべて日本の民法が適用されることになる。

　　(B)　反致が成立しない場合

死亡した中国人に遺言が存在すれば、当該遺言が無効であるか、遺言による相続人が相続放棄をしなければ、(2)Cのとおり関係法律適用法33条が適用される。しかし、33条は、先に述べたとおり複数の連結点を選択的に連結する政策を採用しているため、日本法に反致しないと解される[22]。したがって、その遺言相続には中国法が適用されることになる[23]。つまり、相続人、相続財産、相続分、寄与分および遺留分、遺産分割および相続の承認および放棄などには、すべて中華人民共和国相続法（継承法）(1985年4月10日公布、同年10月1日施行)（以下、「継承法」という）が適用されることになる。

2　在日中国人の遺言相続が日本で処理される場合

たとえば、「永住者」の在留資格を有していた中国人が日本で死亡し、同

20　櫻田＝道垣内・前掲（注8）327頁〔北澤安紀〕。
21　最三小判平成6年3月8日家月46巻8号59頁。
22　溜池良夫『国際私法講義〔第3版〕』166頁（有斐閣、2005）によると、「本国国際私法が、その法律関係について選択的適用主義をとっており、その規定する準拠法の一つのみが、反致により日本法となるような場合は、『日本法ニ依ルヘキ場合』ではなく、日本法によってもよい場合にすぎないから、反致は成立しないものと解される」と述べる。また、黄・前掲（注9）129頁では、「遺言という意思表示自体の成立と効力は通則法37条によると解されることろ、法律適用法33条は複数の準拠法の選択肢を挙げているため、確定的に日本法を準拠法として指定するわけではないので、通則法41条にいう『その国の法に従えば日本法によるべきとき』とはいえず、また、遺言の実質的な内容である遺贈や相続分の指定は通則法36条によると解されるところ、中国国際私法では上述したように法律適用法33条が適用され、やはり確定的に日本法を準拠法として指定するわけではないので、反致が成立しない」と述べる。
23　黄・前掲（注9）130頁。

人が日本の公正証書で「遺産は、全て妻に相続させる」旨の遺言をしていた場合、日本にある不動産はどのように処理されるのであろうか。これについて疑問点を整理したいと思う。

(1) 遺言相続に適用される準拠法

本件遺言相続については、通則法36条および41条によって中国の関係法律適用法33条が適用される結果、1(3)(B)のとおり日本法に反致しないので、本件遺言相続には継承法が適用される。

遺言における遺言能力、意思表示の瑕疵等や遺言の効力発生時期については、通則法37条が適用される。同条は「遺言の成立及び効力は、その成立の当時における遺言者の本国法による」と規定している。また同条は、遺言者の本国法による旨を規定していることから41条の反致の成否を検討する必要があるところ、関係法律適用法33条は選択的適用主義を採用していることから、日本法に反致しないので、やはり継承法が適用される。

遺言の方式については、本件遺言は日本の公正証書によって作成されていることから、遺言の方式の準拠法に関する法律2条1号の「行為地法」の方式に適合しており、関係法律適用法32条の「行為地法」の方式にも適合していることから、いずれの法によっても方式に関して有効であると解釈して問題ないと思われる[24]。

(2) 中国の継承法の特色

継承法の特色は、扶養と密接に関連づけられた制度であるとのことであり、①公民個人の私有財産についての相続保証、②相続権における男女平等、③権利と義務の一致、④限定相続、⑤養老育幼、相互理解と互譲・和睦団結（家庭強化）の五つの基本原則と、①女性の相続権の保障、②高齢者の老後生活

---

[24] 黄・前掲（注9）126頁では「遺言の方式につき、遺言優遇の原則に基づき、遺言者の常居所地法、国籍国法と遺言の行為地法との選択的連結を定めている」と述べる。

の保障、③遺産相続問題における当事者間の民主的な協議による解決の奨励、④相続人の範囲を血縁・婚姻関係における権利義務に結合させ、相続分の割合を被相続人に対する扶養義務履行の多少に応じ処理するという四つの特質があるとされる[25]。

(3) 疑問

(A) 遺言の解釈

本件相続には遺言があることから、継承法16条（遺言と遺贈の一般規定）の規定が適用される。同条１項は「公民は本法の規定に従い、遺言で個人財産を処分することができ、かつ遺言執行者を指定することができる」、２項は「公民は遺言で、個人財産を法定相続人の一人又は数人で相続するよう指定することができる」、３項は「公民は遺言で、個人財産を国・集団又は法定相続人以外の者に贈与することができる」と規定している。

それでは、本件遺言のように「遺産は、全て妻に相続させる」とは、どのように解釈したらよいであろうか。日本では、このいわゆる「相続させる旨の遺言」について「遺贈なのか」、「遺産分割方法の指定（相続分を超える場合には相続分の指定を含む）なのか」という解釈上の問題と、「遺産分割協議の要否」が問題となった。これについて最判平成３年４月19日民集45巻４号477頁は「相続させる旨の遺言」は遺産分割方法の指定であると解し、相続人の優先権の主張も不要であり、遺産分割も不要であると解して、遺言者死亡時に直ちに当該財産が承継されると判示した[26]。

中国人が行った本件遺言も上記のように解釈してよいのであろうか。これについては、外国法が適用される場合には、外国法どおりの解釈がなされなければならないとされているところ[27]、中国では「全遺産につき一人の法定相続人のみ指定した場合の遺言相続指定の効果に関して、指定された法定相

---

25 加藤・前掲（注14）343頁。
26 島津一郎＝松川正毅『基本法コンメンタール〔第５版〕相続』（日本評論社、2007）。
27 山田・前掲（注３）133頁。

続人が遺言相続人として一人で全遺産を相続する。複数相続人が存在する場合には、結果的には他の法定相続人の相続権を喪失されることになるが合法的とされている」や「相続人のみの指定で相続分の具体的明示のない遺言相続の場合は、指定相続人が一人の場合は全遺産を、複数の場合は複数の遺言相続人間で均等の相続分となる」とする考え方があるようであり[28]、このように解釈されているならば、日本の解釈と同様に遺言者死亡時に直ちに財産が承継されると解してもよさそうである。

(B) 中国の遺留分（特留分）

遺言で妻が遺産のすべてを相続した場合、継承法19条（遺留分規定）に違反する場合には、当該遺言は無効となる可能性があるようである。同法19条（遺留分規定）は「遺言は、労働能力を欠きかつ生活源をもたない相続人に対し、必要な遺産分を留保しなければならない」と規定している。なお、この遺留分規定は、日本の遺留分制度と異なる制度であることから[29]、中国の講学上の用語の一つである「必留分」を専用用語として使用している文献もあり[30]、必留分権者について、「労働能力がないこと。そして、生活の糧を持たないことの二要件が必要である。労働能力がない者には、未成年者、老齢・疾病のために労働能力を失った者が含まれる[31]。生活の糧を持たない者とは、被相続人の生前は被相続人に依存して生活し、それ以外に生活の資も、扶養を受けるべき人もない者を指すと解されている。つまり、被相続人の遺産から生活費を調達しなければ、生活を維持できない者であって、この二要件を備えた者が法定相続人でなければならない」[32]としている。また、「必要な遺

28　加藤・前掲（注14）495頁。
29　加藤・前掲（注14）481頁は「日本の遺留分制度に該当すると解することができるが、あくまでも法定相続人の生活保障の観点から要求されており、一定の法定相続人のすべてに一律に一定割合の遺留分減殺請求を認める日本の遺留分制度とは著しく異なる」とする。
30　鈴木賢『現代中国相続法の原理』232頁（成文堂、1992）。
31　民法通則法11条（完全な民事行為能力）、同法12条（未成年者の民事行為能力）、同法13条（精神病者の民事行為能力）を参照。
32　鈴木・前掲（注30）233頁。

産分」とは具体的にどの程度の分額を意味するかについては「一般に相続人の生活を保障するうえで必要不可欠な割合・額であるとされており、固定・普遍の基準はなく、あくまで『実際情況』に応じて確定される。具体的には必留分権者がその生活を維持するために実際にどの程度必要としているか、被相続人がどれだけの遺産を残したかによる」とされ、「一応法定相続分とは無関係に決定されるのである」と述べる文献がある[33]。

(C) 全部無効なのか、一部無効なのか

遺留分（特留分）を侵害する遺言が無効になる場合、全部が無効になるのか、一部のみが無効になるのかについては、はっきりわからないようである[34]。

これについて最高人民法院「中華人民共和国継承法の貫徹執行に関する若干の問題についての意見」（1985年9月11日公布、法（民）発［1985］22号）61条には「相続人中に労働能力が欠乏する者もしくは生活の糧を持たない者がいる場合には、たとえ遺産が債務を清算するのに不足している場合であっても、相応な遺産を残さなければならない」とする規定があり、その解説書である「中華人民共和国継承法配套規定」は「この特留分は優先的、強制的である」と説明しており、かなり強行性を有する規定のようであることから、

33　鈴木・前掲（注30）235頁。
34　鈴木・前掲（注30）236頁によると「継承法19条は、必要な遺産分を留保しなければならないと規定するだけで、必要な遺産分を留保していなかった遺言の効力がどうなるかについては、何も決めていない。通常学説では遺言の一部または全部が無効になるという漠然とした説明しか見られず、必留分を侵害しないことが遺言の有効要件とされている。執行意見37条1項では、遺産を処理するさいに、当該相続人に必要な遺産を残さなければならない。その余の部分についてのみ、遺言が確定した原則を参照して処理することができると定め、法文上は『無効』になるとはいっていない。しかし、学説が無効と言っているのも、たんに遺言どおりに執行できないということを意味するだけで、両者に齟齬が存するわけでもないと思われる。この効果につき最近は、より法律学的につめた次のような説明もみられる。必留分を取得する権利を有する法定相続人は、遺言執行者が遺産分割を行う際に、その必要な遺産額を給付するよう請求しなければならない。さらに遺言執行者がこれを給付せずに遺言を執行してしまった場合には、遺言相続人または受遺者が取得した財産から差し引くことを求めることになるという。つまり、必留分請求権を取得するだけで、物権的な保護が与えられるわけではないようである」とのことである。

遺留分（特留分）を侵害する遺言は、全部が無効になるという解釈も成り立ちそうである[35]。

いずれにせよ、本件事例のように妻が不動産を単独相続したとする所有権の移転登記がなされ、その妻が当該不動産を第三者に売却して所有権の移転登記まで完了した後に、当該遺言は遺留分（特留分）を侵害しているため無効であると主張する法定相続人が出現した場合、相続人間はもとより第三者をも巻き込んだ問題になり、社会に与える影響は大きいと思われる。

おわりに

中国では「現実には遺言が作成されることはそれほど一般的ではなく、ほとんどは法定相続によっている」[36]といわれている。一方、日本では日本公証人連合会が公表した平成28年1月から12月までの1年間で作成された遺言公正証書数は、10万5350件であったとのことである[37]。昨今の相続問題の関心の高さから、遺言をする件数は増加傾向にあるといってよいと思われる。日本公証人連合会が公表した作成数の中で外国人が遺言した件数は公表されていない。しかし、中国人が日本に財産を有する場合には、遺言があれば遺産処理がスムーズに行うことができると考え、遺言をしたいというニーズも高くなるのではないだろうか。

外国の国際私法や実質法を調査（検索）し、解釈することは大変な苦労を伴う。しかし、その困難さを言い訳にして、中国人に限らず、在留外国人から遺言の相談があったとき、日本法の解釈や公証実務を念頭にした安易な助言をしてはならないと、自分を戒めたい。

35　法律及びその配套規定叢書編集組編『中華人民共和国継承法配套規定』37頁（中国法制出版社、2010）。
36　髙見澤磨＝鈴木賢＝宇田川幸則『現代中国法入門〔第7版〕』237頁（有斐閣、2016）。
37　日本公証人連合会ホームページ（http://www.koshonin.gr.jp/news/nikkoren/n20170301.html）。メインメニューから＞お知らせ＞日本公証人連合会（日公連）からのお知らせ＞平成28年の遺言公正証書作成

中国の相続法および戸籍制度の現状と在留中国人の相続

大和田　亮

はじめに

　10年ほど前は、中国人からの相談といえば、ほとんどが大学を卒業する留学生の就職、日本人夫との離婚等を原因とする在留資格の変更・更新に関するものであった。年に1、2件ある中国人の相続といっても、たまたま国籍が中国というだけで特別永住者もしくは永住者として人生の大半の時間を日本で過ごした被相続人の不動産に関するものばかりであった[1]。しかし、数年前からは中国人事業家による内国会社の設立登記、賃貸収益物件の購入による所有権移転登記、多国籍企業に勤務する中国人エンジニアが住宅ローンを組むための永住権の取得等、明らかに傾向が変わってきている。それだけ日本の社会に進出し、日本人と同じように財産を有する若年層、中年層が増えていることの表れであり、こうした傾向は今後も続いていくものと思われる。

　本稿では、「1970年に中国国内で生まれ、2000年に日本に来日、中長期在住者として銀行口座を開設し不動産を所有していた中国人Aが、2017年に死亡したため、日本にいる配偶者Bがその相続登記を行う」という事例を設けて、中国の相続法および戸籍制度の現状を紹介しながら、近い将来に増加かつ多様化すると予測される在留中国人の相続問題について若干の考察を試みる。

1　法務省の在留外国人統計によれば、2016年12月末現在、中長期在留者のうちの永住者は72万7111人、また特別永住者は33万8950人が登録されており、そのうち中国国籍者は、永住者が23万8438人、特別永住者が1154人である（韓国国籍者は、永住者が6万8033人、特別永住者が30万3337人である）。

1　相続の準拠法

最初に、日本に財産を有する在留中国人Ａが死亡した場合に、日本と中国のいずれの法律によって相続の手続を行えばよいのであろうか、いわゆる準拠法の問題について、簡単に述べる。

(1)　通則法の規定

日本の国際私法である通則法の36条は「相続は、被相続人の本国法による」と規定しており、被相続人が中国（香港、マカオを除く）の国籍を有する場合は、準拠法が中国法となる。

なお、通則法36条でいう「相続」に相続人の範囲、順位、法定相続分の割合、代襲相続の有無、遺産分割の可否やその方法、特別受益や寄与分、遺留分、相続放棄等の規定の有無が含まれることについては、異論がないとされている[2]。

ところで、通則法41条には「当事者の本国法によるべき場合において、その国の法に従えば日本法によるべきときは、日本法による。ただし、第25条（第26条第1項及び第27条において準用する場合を含む。）又は第32条の規定により当事者の本国法によるべき場合には、この限りでない」という"反致"の規定があり、同法36条の相続は同法41条ただし書でいう反致しない法律関係ではないので、中国の国際私法によって日本法に反致するか否かを検討する必要がある。

(2)　反致の検討

中国の国際私法である「中華人民共和国渉外民事関係法律適用法」（以下、「関係法律適用法」という）は、相続の準拠法に関する規定として、その31条に「法定相続については、被相続人の死亡時の常居所地法を適用する。ただ

2　山田鐐一『国際私法〔新版〕』572頁（有斐閣、2003）。

し、不動産の法定相続については、不動産の所在地法を適用する」、33条に「遺言の効力については、遺言者の遺言作成時又は死亡時の常居所地法又は国籍国法を適用する」という規定をおいている。

そして、「33条は遺言という意思表示自体の成立と効力のみならず、遺言によって遺言者が実現しようとする相続法上の遺贈や相続分の指定などにも適用されると解する見解が多数説のようである」とされており、また31条と33条の適用順序についても、「31条は遺産の相続が法定相続による場合、すなわち遺言がない場合、33条の準拠法によれば、遺言が無効である場合、遺言による相続人が相続放棄、受遺者が遺贈放棄した場合に適用されると解される」ということである[3]。

そうすると、もし中国人Aが遺言をしていた場合には、その遺言が無効であるとか、相続人が相続放棄をするという特殊な事情が存在しない限り、関係法律適用法33条が適用されることになり、同条の規定は前述のとおり常居所と国籍という複数の連結点を選択的に適用する主義をとっているので、「その国の法に従えば日本法によるべきとき」とはいえず、日本法に反致しない[4]。

他方、中国人Aが遺言をすることなく死亡した場合には、通則法36条、41条および関係法律適用法31条により、その不動産の相続については所在地法である日本法に反致するが、不動産以外の財産については被相続人の死亡時の常居所地がどこであるかを判断したうえで処理をしなければならない。

3　黄軔霆『中国国際私法の比較法的研究』127頁（帝塚山大学出版会、2015）。
4　溜池良夫『国際私法講義〔第3版〕』166頁（有斐閣、2005）によると「本国国際私法が、その法律関係について選択的適用主義をとっており、その規定する準拠法の一つのみが、反致により日本法となるような場合は、『日本法ニ依ルヘキ場合』ではなく、日本法によってもよい場合にすぎないから、反致は成立しないものと解される」と述べている。また、黄・前掲（注3）129頁でも「遺言という意思表示自体の成立と効力は通則法37条によると解されるところ、関係法律適用法33条は複数の準拠法の選択肢を挙げているため、確定的に日本法を準拠法として指定するわけではないので、通則法41条にいう『その国の法に従えば日本法によるべきとき』とはいえず、反致が成立しない」としている。

(3) 常居所地

　中国の常居所地の概念を調べてみると、「中華人民共和国渉外民事関係法律適用法の適用に関する若干問題の解釈(一)」15条で「自然人が渉外民事関係の発生又は変更、終了時にすでに連続して1年以上居住し、かつその生活の中心とした場所は、人民法院は渉外民事関係法律適用法に規定する自然人の常居所地と認定することができる」とされていることから、本事例のような中長期在留者であれば、通常は常居所が日本と判断できるはずで、その場合も常居所地法である日本法に反致することになり、日本の相続に関する実質法を適用すればよいことになる。しかし、被相続人が日本だけでなく中国国内や第三国等の複数拠点で事業を展開し、「経営・管理」の在留資格を有するような中国人である場合には、居住の期間や生活の実態を踏まえて常居所地と認定できるかを慎重に判断する必要がある。

(4) 相続の先決問題の準拠法

　なお、相続の準拠法が日本法であるとして、「当事者のうち誰と誰が、日本の『民法』で法定相続人と定める配偶者、子、直系尊属あるいは兄弟姉妹といえるか」を判断するための「被相続人と誰の間で有効な婚姻関係や親子関係が成立しているか」という相続の先決問題（前提問題）があり、それをどのように解決すべきかについては、見解の対立があるが、「法廷地の国際私法により定まる準拠法により解決すべきである」というのが、判例・通説である[5・6]。

5　最一小判平成12・1・27民集54巻1号1頁（9頁）では、「渉外的な法律関係において、ある一つの法律問題（本問題）を解決するためにまず決めなければならない不可欠な前提問題があり、その前提問題が国際私法上本問題とは別個の法律関係を構成している場合、その前提問題は、本問題の準拠法によるのでも、本問題の準拠法が所属する国の国際私法が指定する準拠法によるのでもなく、法廷地である我が国の国際私法により定まる準拠法によって解決すべきである」とする。

6　木棚照一編『演習ノート国際関係法「私法系」』69頁〔林貴美〕（法学書院、2010）では、「先決問題の解決方法に関して、①本問題準拠（実質）法説②本問題準拠外国国

2　中国の相続の実質法

　これまで中国人の相続といえば、不動産の相続登記で、しかも遺言がないケースが大半であったため、「中国人の相続は日本法に反致するから、本国法を調査する必要がなく、韓国人や台湾人の相続に比べて簡単である」と考えがちであったが、被相続人の遺言の有無や居住、生活の実態によって、相続の準拠法が中国法となる場合があることを1で述べた。

　そこで、ここでは、中国の相続に関する実質法である「中華人民共和国継承法」（以下、「継承法」という）や中華人民共和国婚姻法（以下、「婚姻法」という）の関連規定について簡単に述べてみる。

(1)　相続財産の範囲

　中国の相続財産の範囲について、継承法3条には「遺産は公民が死亡したときに遺留された個人の合法的財産であり、それには公民の①収入、②家屋、貯蓄及び生活用品、③樹林、家畜及び家禽、④文物、図書資料、⑤（法律で所有が許された）生産手段、⑥著作権、特許権中の財産権、⑦その他の合法的財産が含まれる」と定められている。しかし、同法26条1項で「夫婦が婚姻関係の継続期間中に取得した共同所有財産は、約定で除外した物を除き、遺産分割をするにあたり、まず共同所有財産の半分を生存配偶者の所有とし、残りを被相続人の遺産としなければならない」とされ、法定夫婦財産制に共有性をとっているため、婚姻法17条に定義する「婚姻関係存続期間中に得た①給与、賞与、②生産、経営の収益、③知的財産権の収益、④相続又は贈与によって取得した財産（遺言又は贈与契約で、夫又は妻の一方のみの財産であると確定されたものを除く）、その他共有に帰すべき財産」から生存配偶者の所有分を除外することで死亡配偶者の財産を確定してから、相続の処理をする必要がある。

際私法説③法廷地国際私法説④折衷説の4つの見解が主張されてきた」とする。

(2) 相続人

相続人およびその順位については、継承法10条に規定があり、「第1順位として配偶者、子及び父母」、「第2順位として兄弟姉妹、祖父母、外祖父母」と定められ、第1順位の配偶者には、法律婚の関係にある者に加え、ある時期まで認められていた事実婚の関係にある配偶者、第1順位の子には、婚姻中の夫婦間の実子、養子に加え、婚姻していない男女間の実子や扶養関係にある継子も含まれるとされている[7]。

(3) 相続分

相続分については、継承法13条1項で「同一順位の相続人の遺産相続分は、一般に均等である」としながらも、2項に「生活上特殊な困難があり労働能力が欠乏する相続人に対しては、遺産を分配するときに配慮すべきである」、3項に「被相続人に対して主要な扶養義務を尽くした相続人、あるいは被相続人と共同生活をしていた相続人は、遺産を分配するときに多い割合を受けることができる」、4項に「扶養能力と扶養できる条件がありながら扶養義務を尽くさなかった相続人は、遺産を分配するときに全く受けられないか、

---

[7] 陳宇澄『中国家族法の研究―非婚生子法を契機として―』122頁（信山社、1994）によれば、「事実婚とは配偶者のいない男女が婚姻登記を経ていないが夫婦として共同生活をしており、社会通念上でも夫婦と認められていることであるとする1979年の最高人民法院の解釈がある。その構成要件は以下のとおりである。①男女双方に配偶者がいないこと、②婚姻登記を経ていないこと、③夫婦としての共同生活をし、男女双方が互いに夫婦であるという認識があること、④当事者の周囲の社会でも夫婦として認めていること」としている。中国では、伝統的な儀式婚が行われており、婚姻登記に関する法意識が欠如していたことや婚姻登記制度の不備を原因として、1980年代まで全体の20～30％、農村や辺境地区では60～70％が事実婚であったといわれており、それに対する法的ケアが必要であった。そこで、1980年に婚姻法が施行され、最高人民法院が1984年8月30日に「民事政策の貫徹執行に関する若干の問題についての意見」において事実婚が違法であり、以降当事者に教育を実施するとしたことを機に、1984年8月30日以前を事実婚承認期、1994年2月1日に民政部が「婚姻登記管理条例」を公布したことを機に、1984年8月30日から1994年2月1日までを事実婚限定承認期として、その時期までの事実婚当事者に夫婦財産共有制や配偶者相続における正当な権利を認めた。

少ない割合しか受けることができない」という弱者の救済や生前の扶養義務履行に配慮した規定が設けられている。

(4) 遺言

遺言に関しては、継承法16条1項で「公民は本法の規定に従い、遺言で個人財産を処分することができ、かつ遺言執行者を指定することができる」、2項で「公民は遺言で、個人財産を法定相続人の一人又は数人で相続するよう指定することができる」とされており、一人の法定相続人のみに相続させ、結果的に他の法定相続人の相続権を喪失されることになる場合でも合法的とされている[8]。

(5) 特留分

継承法19条には、「遺言は、労働能力を欠きかつ生活源をもたない相続人に対し、必要な遺産分を留保しなければならない」という規定があり、この必要な遺産分は「特留分」等と呼ばれているようであるが、日本の民法において法定相続人を保護し、遺言による処分を制限するべく定められた「遺留分」とは、全く異なった性質のものであるといわれており、遺産が被相続人の債務を清算するのに不足している場合でも必要額を留保することができるとされている[9]。特留分が具体的にどの程度の割合・額を有するかについても、一般に「相続人の生活を保障するうえで必要不可欠な割合・額」で、あくまで実際情況に応じて確定されるということであり、この点においても、一定の相続人に一定割合の遺留分減殺請求を認める日本の民法の遺留分とは、異なっている[10]。

---

[8] 加藤美穂子『中国家族法問答解説［婚姻・養子・相続］』494頁（日本加除出版、2008）。

[9] 法律及びその配套規定叢書編集組編『中華人民共和国継承法配套規定』37頁（中国法制出版社、2010）。

[10] 加藤・前掲（注8）481頁。

3 相続人の特定と相続を証する書面

(1) 「相続を証する書面」の必要性

　日本は、相続の実質法である民法の第5編第2章「相続人」の886条から895条で、配偶者、子、直系尊属あるいは兄弟姉妹およびその代襲者が相続人となり得ること、欠格事由があったり廃除されたりすると、相続人から除外されること、また、同編第3章「相続の効力」の900条および901条でその順位、法定相続分が明確に定められている。

　他方、中国では、前述のとおり、事実婚の関係にある配偶者や扶養関係にある継子も相続人に含まれること、労働能力が欠乏する相続人、特留分権者の有無や扶養義務の履行によって受ける相続分が変動することなど、日本に比べると相続人の範囲や相続分が明確でない。

　しかし、日本、中国のいずれにおいても、相続財産はその全部もしくは一部が相続人に承継されることが想定されており、遺言によって第三者に承継される場合でも遺留分や特留分の制度によって相続人が関与することは避けられない。したがって、相続人が誰であるかを特定することは、相続手続における最も重要な作業の一つである。

　それでは、具体的にどのようにして相続人を特定するかというと、一般に、①被相続人が死亡したという事実、②誰と誰が相続人であるという事実、③他に相続人がいないという三つの事実がわかる「相続を証する書面」を収集することとされている。

(2) 相続を証する書面の具体例

(A) 日本および韓国の場合

　日本では、国民のすべてが、戸籍制度と住民基本台帳制度によって登録、管理されているので、被相続人の出生から死亡までの戸籍（除籍、原戸籍）謄本を取得することで、上記①～③の事実のすべてが判明して相続人の特定

をすることができるし、住民票や戸籍の附票により住所もわかるので、相続人の捜索も可能である。また、韓国でも旧「戸籍法」のもとで発行され、現在も取得できる除籍謄本と現行の「家族関係の登録等に関する法律」に基づき発行される5種類の登録事項別証明書（基本証明書、家族関係証明書、婚姻関係証明書、入養関係証明書、親養子入養関係証明書）によって、日本の戸籍謄本と同様に、①～③の事実を証することが可能である[11]。

(B) そのほかの国や地域の場合

しかし、世界中のほとんどの国々では、日本のような本籍概念に相当するものがなく、出生、死亡の事実が発生した地、婚姻が挙行された地にその記録が保存されるか、もしくは、そうした身分上の変動記録がその個人の出生地に集積されるという程度である。したがって、被相続人や相続人の居住履歴をたどって出生証明書、婚姻証明書、死亡証明書等を入手することで、上記①および②の相続関係は証明できるが、③の他に相続人がいないという事実を証明することはできない。そこで、日本におけるそうした国々の国民が被相続人となる相続の手続では、相続人全員が「私たちは被相続人○○の相続人であり、私たち以外に相続人はいない」という旨の当該国の在日領事館や公証人の認証を受けた宣誓供述書を作成し、それを相続を証する書面としているのが実情である。

4 中国の戸口制度と身分証制度

それでは、中国人が当事者となる場合の本国における相続を証する書面とは、いかなるものであろうか。

最初に、そのベースとなる中国の身分登録制度について述べる。

---

11 韓国では、1912年の日本による併合の後、1923年に「朝鮮戸籍令」が公布され、日本と同様の戸籍制度が導入され、1960年に施行された韓国「戸籍法」に引き継がれたが、2005年に父系血統主義に関する韓国「民法」778条、781条1項、826条3項の3条項が違憲とされ、戸籍法は2008年末で廃止になり、以降は家族関係の登録等に関する法律による個人単位での管理が行われている。

(1) 戸口登記条例と個人レベルの管理への対応

中国では、1958年1月に現在も身分登録制度の根幹を成している「中華人民共和国戸口登記条例」（以下、「戸口条例」という）が施行され、"戸口（hukou）"と呼ばれる、日本の本籍登録と住民登録とを重ね合わせたような機能をもっている戸籍制度による世帯ごとの管理が行われている[12]。

戸口条例の4条4項は、「戸口登記簿及び戸口簿の登記事項は、公民の身分を証明する効力を有する」と規定しており、1970年代までは国民の身分を証明する手段として、各世帯に1冊ずつ配布される戸口簿が第一義的に使用されていた[13]。

その一方で、1980年代に入ってからの改革開放政策の進展、国営企業の弱体化、個人経営者の増加等の原因によって個人に対する管理の必要性が生じたことから、1985年6月に「中華人民共和国居民身分証条例」が施行され、"身分証（shenfenzheng）"による個人レベルでの管理も行われるようになった[14]。その後、2001年3月には「全国公民身分証番号サービスセンター（National Citizen Identity Service Center）」が設立され、さらに、2004年1月に施行された「中華人民共和国居民身分証法」に基づき、同年3月から導入された第二世代居民身分証には、非接触型ICチップが搭載され、不完全ながらも全国レベルで個人データの管理が開始された。

(2) 戸口条例による移転の制限

戸口条例は、1条でその目的を「社会秩序を維持し、公民の権利と利益を

---

[12] 中国では「条例」といっても、主として中央政府が制定する法令である。
[13] 中国の「公民」の定義については、各所で議論されているが、ここでは中国「憲法」（1982年12月4日公布、同日施行）の33条1項の定義に基づき、「中国の国籍を有する者」という理解をする。
[14] 1970年代までは、都市部において多数を占める国営企業の社員は、戸口簿に代わる身分を証する書面として、会社から発行される「工作証（社員証）」や「紹介状」を携帯し、出張時のホテルや空港でチェックインをしたり、駅で乗車券、指定券を購入したりする際の各種サービスを受けていた。

保護して、社会主義建設に資するために、本条例を制定する」と定めて、「公民の権益を保護、保障」することを掲げる一方で、「社会秩序の維持」が主たる目的であることを説いている。ここでいう「社会秩序の維持」とは、中国が共産主義国家として建国した1950年当時の「特殊人員」いわゆる西側のスパイへの対応ではなく、農村から都市への大量の人口流入の阻止を意味している。

　その表れとして、その6条で「公民は、常住する地方において常住人口として登記しなければならず、一人の公民は一つの地方においてのみ、常住人口として登記をすることができる」、10条2項で「公民が農村から都市に移転する場合は、都市労働部門の採用証明書、学校の入学証明書あるいは都市戸口登記機関の転入許可証明書を持参し、常住地の戸口登記機関に申請して転出手続をしなければならない」、さらに15条で「公民が常住地の市・県の区域外の都市に3日以上臨時居住する場合には、臨時居住地の戸主あるいは本人が3日以内に戸口登記機関に臨時居住登記を申請し、その地を離れる前に申請してこれを抹消する」と定めている。

　特に10条2項は、農村から都市への移転を認めたうえで、その手続を定めた規定のようにみえるが、実際には、転入許可証明書を取得するのは大変困難であり、実質的には農村から都市への移転を制限する働きをしていた[15・16]。

(3)　戸籍制度改革の動きと現況

　1990年代後半からは戸口制度の改革が急務であるという機運が高まり、上海市や河南省、江蘇省等の一部の地域において、都市部の住宅購入、一定額

15　鎌田文彦『中国における戸籍制度改革の動向―農民労働者の待遇改善に向けて―』54頁（レファレンス60(3)、2010年）。
16　こうした国家による都市と農村の分断政策の結果、食糧の配給制度、就職制度、住宅・教育・医療等の福祉厚生制度、いずれにおいても、農民は都市住民に比べて差別的な処遇しか受けられず、都市と農村の二重社会構造が形成されてしまった。

以上の納税、高学歴等を要件として、農村出身者に都市戸籍を付与する取組みが行われるようになり、また、現在の習近平政権においても、2014年7月に「戸籍制度改革をより一層推進することに関する意見」が発表され、各地方政府において都市と農村を一元的に管理する制度が導入されている[17・18]。

上記のような背景を踏まえると、「中華人民共和国物権法」が2007年に施行される等、中国においても私的財産の保護、保障するための法整備が徐々に進んでいるとはいえ、現行の戸口制度および身分証制度は、そもそも国民にとって重要である相続財産を承継するための登記や登録を考慮して設計された制度ではないことが容易に理解できる。

5　現行の戸口制度のもとでの相続を証する書面

次に、こうした中国の現行戸口制度のもとで実際に取得できる相続を証する書面とその取得方法について検討してみる。

本稿の事例では、被相続人が30歳まで中国国内に居住していたことになるので、日本の法務局に不動産の相続登記を申請するに際しては、来日する前に相続人となる子を有していたか否かの証明を要する。

前述の戸口条例4条には「戸口登記機関は、戸口登記簿を作成する。都市・水上及び公安局派出所が設置している鎮では、各戸に1冊ずつの戸口簿を発給する。……戸口登記簿及び戸口簿の登記事項は、公民の身分を証明する効力を有する」と定められており、その文言からは、戸口登記簿が日本や韓国における戸籍謄本、除籍謄本と同様のものであるように連想させられる。また、戸口条例は7条で「新生児が出生した場合には、出生後1箇月以内に、戸主・親族・扶養者若しくは近隣の者が、新生児の常住地の戸口登記機関に

17　1990年代になると、農民の中には、不動産価格の急騰を利用した富裕層が出現し、子孫に都市部での教育を受けさせるために、政府関係者に贈賄をして都市戸籍を取得することが横行した。

18　2017年2月9日、中央人民政府のホームページ（http://www.gov.cn/xinwen/2017-02/09/content_5166867.htm）に、公安部が「都市・農村統一の戸口登記制度が完成し、各地で都市戸籍と農村戸籍の差別が廃止された」と発表したことが掲載されている。

出生登記を申請する」、8条で「公民が死亡したときは、都市においては葬儀前に、農村においては1箇月以内に、戸主・親族・扶養者若しくは近隣の者が、戸口登記機関に死亡登記を申請し、戸口を抹消する。もし、公民が臨時居住地で死亡した場合には、臨時居住地の戸口登記機関が、常住地の戸口登記機関に通知して戸口を抹消する」と定めていることからも、公安機関にある戸口登記簿には、各戸における各構成人の出生や死亡の記録が蓄積されるはずである。また、各世帯に1冊配布されている戸口簿の各個人の頁には、「戸主との関係」「出生地」「転入時期及び転入元の住所」等が記載されていることから、その簿冊である公安機関の戸口登記簿には、それらのデータも蓄積されているはずであり、現在の戸口登記簿から転入元の住所を管轄する戸口登記簿をたどっていけば、前述3(1)に記載の①～③の事実のすべてが判明して相続人の特定をすることができるように思える。

しかし、実際には、そのように利用できる制度にはなっておらず、加えて、日本の市町村役場や韓国の市、邑、面の事務所のように所定の形式での証明書が発行されるわけでもない。制度や行政サービスが発達しなかった理由としては、前述のとおり、戸口制度および身分証制度が、相続財産を承継するための手続を考慮して設計されたものではないことに加えて、中国がもともと社会主義国家であり、かつては労働による分配制度をとっていたため、1978年の鄧小平による改革開放政策路線への転換が実施されるまでは、私有財産や親の遺産などという意識を個々の国民が有していなかったこと、さらに、出生、死亡は、公安局派出所等の公安機関の管轄であるが、全国レベルでのデータ管理やコンピューター化が進んでおらず、また、婚姻および離婚は人民政府の民政部門や婚姻登記センター等の婚姻登記機関の管轄であり、公安機関とのデータ交換が行われていなかった、いわゆる"縦割り"であったこと等があげられる[19]。

---

[19] 2015年4月8日に「人民日報」の記者である黄慶暢氏が、当時インターネット上で議論が飛び交っていた「親族間の身分関係証明書」をどのようにすれば取得できるのかという話題を、人民日報の"怎么证明我妈是我妈!"（私の母が私の母であるとどうやって

そのため、前述の事例において、被相続人Ａの相続登記を行うために、その配偶者Ｂが、被相続人の中国国内のかつての常住地の戸口登記機関に対して、在住していた期間の親族関係を調査しようとしても、被相続人が日本人の場合に考えられる出生から出国までの戸籍（除籍、原戸籍）謄本と同様の証明書を取得して、３(1)に記載の①～③の事実を証するということは極めて困難である。

6　公証処における「親族関係公証書」の作成

(1)　「親族関係公証書」

それでは、実際の中国人の相続登記において、依頼者である配偶者Ｂに対し、中国国内での相続を証する書面の提出を求めた場合に、何も提出されないかといえば、そうではない。大抵の場合には、被相続人Ａの「親族関係公証書」という中国の公証処が作成した書面が取得でき、それを日本で取得できる外国人住民票、閉鎖外国人登録原票、戸籍記載事項証明書（出生・婚姻・死亡）と一緒に添付して、法務局へ相続登記を申請することになる。

(2)　親族関係公証書取得の手順

配偶者Ｂが、中国国内の親族または知人であるＣに委任し、被相続人Ａの親族関係公証書を取得するための具体的な手順は、以下のとおりと考えられる。
①　戸口登記機関や公証処に提出する委任状を作成し、Ｃに送付する。なお、公証処に提出する委任状は、日本の公証役場での私署証書の認証を

証明するのか）という記事にして掲載したところ、社会的に大きな反響を呼び、それに対し国務院の李克強首相までが通達を発するという事態になった。それ以来、公安機関での戸口データに関する全国レベルでの管理が一気に進展し、現在は、ほぼ100％コンピューター入力が完了したということである。

受けてから、管轄法務局長および外務省の公印確認と日中国領事館の認証を受けたものであることを要する[20]。

② 配偶者Bの委任を受けた中国国内の受任者Cが、自らの居民戸口簿、居民身分証と委任状を持参して、Aの常住地の戸口登記機関であった公安局派出所（もしくは郷、鎮の人民委員会）に親族関係を証する書面の交付を申請する[21]。

③ 受任者Cが、②で取得した証明書および委任状と自らの戸口簿、居民身分証を持参して、管轄の公証処へ出頭し、申請書に⑧申請人およびその代理人の基本状況、⑥申請する公証事項と公証書の用途、ⓒ公証を申請する文書の名称、⑥提出する証明資料の名称、部数および関係人の氏名、住所、連絡方式、⑥申請の日時、⑦その他に説明を要する状況を記入、署名あるいは押印をして親族関係証明公証書の発行を申請する。

上記のとおり、公証処は、委任状1通についても、それを外国の公文書として扱うための厳格な手順を求めているし、申請書の記入事項⑥の「公証書の用途」欄に「日本における相続」と記入したところ、相続財産の構成やその評価額を示した添付書類を求められたというケースもあり、非常に慎重な姿勢であることが窺える[22・23]。

しかし、現行の戸口制度のもとで公安局派出所等が交付する証明書は、無権限で作成されたものや実態を調査せずに作成されたものが少なくないと考えられ、それをベースに親族関係公証書が作成されていることを考慮すると、その正確性、信頼性には不安があり、日本の戸籍謄本と同様には扱えない[24]。

---

[20] 「公証程序規則」の12条2項で「国外に居住する当事者が、前款の規定の重要な事項を他人に委任して代理で公証の申請をする場合には、その委任状は、居住地の公証人（機関）、我国駐外大使館（領事館）の公証を受けなければならない」と定められている。

[21] 出生は戸口条例7条により、死亡は同条例8条により、いずれも常住地の戸口登記機関が管轄機関とされているので公安局派出所でよいが、婚姻および離婚は婚姻登記条例4条および10条により一方の常住戸口所在地の婚姻登記機関とされており、婚姻登記センター等、別の機関に出頭を要するケースもある。

7　最後に

　ここまで、中国の相続法および戸籍制度の現状と在留中国人の相続手続について述べてきたが、遺言の有無や居住、生活の実態によって相続の準拠法が中国法となる場合があること、中国の現行戸籍制度のもとで相続関係を把握するには、正確性、信頼性の点で限界があることを知らされた。

　中国の戸口条例は、施行から60年、多くの問題を抱えているが、その問題点は中国特有のものであり、今後進められていく改革の方向性が在留中国人の相続手続にどんな影響を与えるかは、現時点で予測できない。しかし、いずれにしても日本の戸籍（除籍、原戸籍）謄本であれば可能な「他に相続人がいないという事実」が証明できる相続を証する書面が取得できるようになる可能性は、極めて低い。

　そうなると、現在の日本における渉外相続の手続において多用されている相続人全員による「私たちは被相続人〇〇の相続人であり、私たち以外に相

22　公証程序規則18条４号に「公証の申請をするには、申請する公証事項の証明資料、財産関係に及ぶものについては、財産権利証明を提出しなければならない」と定められているし、同規則の25条２項に「公証機関は審査において、公証すべき事項の真実性、合法性に疑義があり、当事者の状況説明あるいは提供した証明資料が不充分、不完全であるか疑義があるとみなした場合には、当事者に対して説明あるいは証明資料の補充を要求することができる」とされていることから、公証機関には、申請内容に対する実質的な審査権限があると解釈できるが、それを根拠規定として公証機関からが必要以上に多くの資料提出を求められるケースがある。

23　以前に、日本人の祖父が被相続人となる相続手続において、中国人の孫と日本人の叔父の間で遺産分割協議に関する公証書の作成を依頼したところ、「相続というのは、中国公民の重要な権利義務にかかる活動であり、公証員は、処理の過程において、国家の法律と法規を正確に適用し、かつ相続人と利害関係人の利益を充分に考慮して実体法上、手続上、厳格に審査を行う」という理由で、日本にある相続財産の構成やその評価証明書の提示を求められたことがある。

24　2015年８月24日の「重慶晨報」は、公安部の某高官を取材し、従前に公安局派出所が無権限であるいは申請人が申告するままに実態を調査せずに発行することが横行していた「婚姻状況証明」「家庭収入状況証明」「実際居住地証明」「保険事故証明」「失踪証明」等の18種類の証明書について、以降は、無権限もしく実態を把握していないものについて証明書の発行を禁止する旨の通達を出しているということを報じた。

続人はいない」という旨の当該国の在日領事館や公証人の認証を受けた宣誓供述書を作成し、それを相続を証する書面の一部とする方法以外に、在留中国人の相続手続においても妥当な方法は思い浮かばない。

　しかし、今後、中国人が当事者となる相続案件がますます増加すること、宗教や信仰に対する依存度の低い中国人や我々日本人にとって、宣誓供述を行う意味合いがキリスト教徒やイスラム教徒とは異なること等を考慮すると、中国で取得される親族関係公証書あるいはそれに代わる新戸籍制度のもとでの相続を証する書面と日本で発行される外国人住民票、閉鎖外国人登録原票、戸籍記載事項証明書の両面での真正担保を期するとともに、中国人が当事者となる相続手続のあり方自体を見直す必要があるのではないだろうかと思える。

台湾民法における遺産の合有

金 山 幸 司

1 被相続人が台湾人の相続準拠法

　被相続人が台湾人の場合の相続（相続人の範囲、順位、相続分について等）準拠法は、通則法36条により「相続は、被相続人の本国法による」が適用されるので、被相続人の本国法である台湾法が適用される。また、通則法41条には「当事者の本国法によるべき場合において、その国の法に従えば日本法によるべきときは、日本法による」との反致規定がある。「その国の法」とは当該国の国際私法のことであるが[1]、台湾の国際私法である「中華民国渉外民事法律適用法」（以下、「法律適用法」という）では「相続は、被相続人死亡当時の本国法による」（58条）とされ、日本の通則法と同様の準拠法なので、日本法に反致することはない。よって、中華民国の実体法である「中華民国民法」（以下、「台湾民法」という）が相続準拠法となる。

2 台湾民法の相続人の範囲、順位、相続分の規定

　台湾民法における法定相続人は血族と配偶者の2種類である。
　血族相続人については、相続人の順序は、①直系卑属（台湾民法1138条1号）、②父母（同条2号）、③兄弟姉妹（同条3号）、④祖父母（同条4号）であり、①の直系卑属の順序については、親等の近いものを先にすると定めている（同法1139条）[2]。また、同一順位の相続人の相続分は均分であるのが原則であ

1　山田鐐一『国際私法〔第3版〕』59頁（有斐閣、2004）では「一般に反致とは、法廷地の国際私法の本来の法則だけにもとづいて準拠法を決定しないで、外国の国際私法の規定をも考慮して準拠法を決定する原則である」としている。
2　黄詩淳「第6部　台湾法」大村敦司監修『各国の相続法制に関する調査研究業務報告書』214頁（商事法務研究会、平成26年10月）。（法務省HPトップ＞各国の相続法制に関する調査研究業務報告書の公表について＞各国の相続法制に関する調査研究業務報

る（同法1141条）。

　配偶者については、常に相続人であることを定めている（台湾民法1144条）。相続分については、①第一順位の相続人（直系卑属）と同時に相続するときは、その相続分は他の相続人と相等しく（同条1号）、②第二順位（父母）または第三順位（兄弟姉妹）の相続人と同時に相続するとき、その相続分は遺産の2分の1であり（同条2号）、③第四順位（祖父母）の相続人と同時に相続するときは、その相続分は遺産の3分の2であり（同条3号）、④台湾民法1138条で定めた第一から第四順位の相続人（直系卑属、父母、兄弟姉妹、祖父母）がいないときは、その相続分は遺産の全部であるとしている（同法1144条4号）。

3　台湾民法1151条の「合同共有」の意義と日本の高裁・最高裁判例

(1)　台湾における「合同共有」の意味

　台湾民法では遺産相続の効力として1151条に「遺産の合同共有」の規定があり、「相続人が数人いるときは、遺産の分割前において、それぞれの相続人は遺産の全部に対して合同して共有する」としている。

　この「合同共有」は「共有」「合有」「総有」のいずれに該当するのであろうか。台湾における分割前の遺産は、各相続人は具体的な持分を有せず、潜在的な持分を有する「合有」に該当するものと考えられている[3]。

　相続財産は共同相続人の合有に属するゆえに、台湾民法物権編における「公同共有」（合有）における合有物の管理、使用収益と処分に関する規定は相続財産に適用される。

　そして、合有関係のもとでは各相続人は相続財産について自由に処分をす

告書）（2016年9月22日アクセス）では、「被相続人に子が二人、孫が二人いる場合、1139条により二人の子が相続人となる」としている。
3　黃・前掲（注2）217頁。

ることができない[4]。処分を行う場合には、台湾民法828条3項により「合同共有物の処分及びその他の権利行使は、合同共有者全体の同意を得なければならない」と定められている[5]。また、台湾で合有の状態を解消するためには、遺産分割の手続が必要であり、分割の方法については「遺言による分割方法の指定」「協議分割」「裁判分割」の3種類があるとしている[6]。なお、台湾では遺産の公同共有関係を否定するとして遺産分割に遡及効を認めておらず日本の民法の規定と異なっている[7]。

遺産の合有の規定について、合有関係のもとでは相続人は相続財産について自由に持分を処分することができず、取引の安全を害するおそれがあるという批判があるが、相続編が施行されてから現在まで、該当する条文は変更されていない[8]。

(2) 日本との比較

一方、日本において共同相続人が分割前の遺産を共同所有する法律関係は、

---

4 黄・前掲（注2）217頁。
5 黄・前掲（注2）220頁。これによると「共同相続人は、合有関係の下で、持分（相続分）が潜在的なものにすぎないため、相続財産を構成する個々の財産に存在する自己の持分を処分することができない。当然ながら、（自己の持分を超えて）特定の財産を処分することができない。ただ相続人は他の共同相続人全体の同意（授権）を得れば、特定の財産を処分することができる」とし「（不動産の場合）共同相続人が相続財産に属する不動産を処分する場合には、全体の同意を得なくてもよいとされた。土地法の適用により、相続不動産の処分（分割は別）は多数決（原則、共有者の過半数およびその持分合計の過半数の同意）で行いうる」としている。
6 黄・前掲（注2）229頁。これによると「台湾の民法相続編においては、遺産分割の方法に関する規定があるのは、『分割方法の指定』についてだけである（1165条1項）。その他の分割方法に関しては、物権編の共有に関する規定を準用する必要がある。830条2項は『公同共有物分割の方法は、法律に別段の定めがある場合を除いて、共有物分割に関する規定によらなければならない』と規定している。遺産も公同共有物に属するため、遺産分割の方法は、まず協議の方法によって遺産分割を行い、協議により分割方法を定めることができないときにはじめて、裁判所に分割の裁判を提起することができる（824条）」としている。
7 劉振栄＝坂本廣身『中華民国親族相続法』318頁（雄進書房、1985）。従前は遺産分割は遡及する旨の規定が存在していた。
8 黄・前掲（注2）217頁。

基本的には日本民法249条以下に規定する「共有」としての性質を有すると考えられ[9]、共同相続人は自らの相続分を自由に処分でき、共同相続人の一人から遺産を構成する特定不動産について共有持分権を譲り受けた第三者は、適法に権利を取得することができるとされている[10]。

これに対して、台湾では共同相続人は自由に相続分を処分できず、共同相続人に分割帰属することがない。第三者との関係についていえば、合有説のもとでは持分の処分が禁止されており、取引の安全が妨げられると思われるが、台湾では不動産の登記に公信力があるため、取引の安全はそこで配慮されることになるとしている[11]。

(3) 日本において、台湾人が相続の準拠法の規定を遵守しないで日本にある相続不動産についてした持分の処分についての高裁および最高裁判例

日本で問題となった台湾人の相続事例について紹介したい。被相続人である台湾人の死亡により相続が開始し、不動産を共同相続した相続人が、遺産をいかなる形態で承継し、遺産分割前に相続持分を処分できるのかどうか、そして、相続準拠法である台湾民法の規定に反して処分した持分の権利移転の効果の法性決定が問題となった事例である（東京高判平成2年6月28日民集48巻3号848頁および最三小判平成6年3月8日民集48巻3号835頁）[12]。

---

9 最三小判昭和30年5月31日民集9巻6号793頁。これによると「相続財産の共有は、民法249条以下に規定する「共有」とその性質を異にするものではないと解すべきである」としている。
10 最二小判昭和38年2月22日民集17巻1号235頁。これによると「相続財産に属する不動産につき単独所有権移転の登記をした共同相続人中の乙から単独所有権移転登記を受けた第三取得者丙に対し、他の相続人甲が請求できるのは所有権取得登記の全部抹消登記手続きではなく、甲の持分についての一部抹消である。けだし、本移転登記は乙の持分に関する限り実体関係に符合している」としている。
11 黄・前掲（注2）221頁。
12 櫻田嘉章「判批」櫻田嘉章＝道垣内正人編『国際私法判例百選〔第2版〕』別冊ジュリスト210号4頁（5頁）（有斐閣、2012）。

(A) 東京高判平成2年6月28日の見解

他の相続人の承諾なく自己の共有持分を処分した相続人が、処分の相手方に対し売買契約の詐欺による取消しを主張して訴えを起こしたが、第1審判決これを認めずに請求を棄却した。続く控訴審での控訴理由の一つとして「準拠法たる中華民国民法の適用による売買契約の無効」があり、被相続人が台湾の国籍を有しており、相続関係については中華民国民法が適用されるとしている。そして、他の共有者の同意を経ていない未分割の遺産についての相続持分の売買は中華民国民法の規定に違反し無効であると主張した。

これに対し、判決では相続に関する準拠法により不動産を共同相続した相続人が、分割前に他の共同相続人の承諾なく、自己の持分のみを有効に処分できるかどうかは、共同相続人相互間の関係に関する問題であるとともに、不動産に関する物権の得喪を目的とする法律行為の効力問題として判断されるべきであるとした。

そして、相続財産の取引であるから、相続問題にあたり相続準拠法である法例（旧）25条（現通則法36条）を適用することは適切ではないとしたうえで、法例（旧）25条（現通則法36条）が適用される相続問題の範囲は「相続関係者の内部問題」とし、本件のように相続財産が第三者に処分された場合の効力が問題とされているときは、前提となる相続人の処分権の有無も含めて全体が物権問題に該当し、法例（旧）25条（現通則法36条）でなく物権準拠法である法例10条（現通則法13条）の不動産所在地法である日本民法が適用され、相続人は、遺産分割前でも、他の共同相続人の承諾を要せずに各自の相続持分を売買できるとした。

(B) 最三小判平成6年3月8日の見解

上記の高裁判決に対し上告がなされた。上告理由として、原判決が法例10条（現通則法13条）を適用し日本民法の規定を適用したのは法令の違背であるとしている。つまり、取引の安全を唯一の根拠として法例10条（現通則法13条）を適用しているが、内国取引保護のために例外的に日本法の適用を肯定するには法例3条2項（現通則法4条2項）（人の行為能力）や法例15条（現

通則法26条2項）（夫婦財産制）のような明文規定が必要だとし、そのような規定がない相続財産の共同相続人による処分については、相続準拠法である台湾民法が適用されるべきであるとした。

最高裁判決では、共同相続人の処分権の制限は、本来、相続の問題であり、相続準拠法である法例（旧）25条（現通則法36条）によるべきであるが、制限に反してなされた処分によって権利が有効に移転するか否かは、物権準拠法である法例10条（現通則法13条）が適用され、日本法上はこのような処分も処分の相手方である第三者との関係では有効であり、処分の相手方は有効に権利を取得するものと解するのが相当であるとした[13]。

その理由として、「相続の準拠法上、相続財産が合有とされていても、日本法上、相続財産の合有状態ないし相続人の処分の制限を公示する方法がなく、日本においての共有（日本民法249条以下）の規定は、共同相続人の1人から共有持分を譲り受けた第三者は、適法にその権利を取得することができることからも、日本に所在する不動産について、相続準拠法上の規定を遵守しないでされた処分を無効とすることは、著しく取引の安全を害することとなるから」としている[14]。

そして、前提となる相続人の処分権の有無も含めて全体が物権問題に該当するとした高裁判決については、準拠法の選択について誤った点があるとしたが、結論については是認することができるとした。

(4) 上記判決の対立する見解

最高裁判決は、遺産分割前に相続に係る不動産の持分を処分できるか否かという問題と、相続準拠法上の規定に反して第三者に対してなされた当該処分に権利移転の効果が生じるか否かの問題の二つに分けたうえで、前者については相続準拠法である中華民国民法によるとし、後者については物権の問

13　櫻田・前掲（注12）4頁。
14　櫻田・前掲（注12）4頁。

題として物権準拠法である日本法とした[15]。相続問題と物権問題の関係について法性決定という観点から一定の見解を示したものであるといわれている[16]。

その趣旨は、共同相続人の処分権の制限は、本来、相続の問題であり、相続準拠法である法例（旧）25条（現通則法36条）によるべきであるが、制限に反してなされた処分によって権利が有効に移転するか否かは、物権準拠法である法適用通則法13条が適用されると解する見解に立ったものである。この最高裁判決に関する評価は分かれ、見解は対立している。

被相続人の本国法主義をとる相続準拠法は被相続人と相続人との間の法律関係の規律にはふさわしいが、相続人と取引する第三者との利益までを反映しているとはいえないので、相続統一主義を重視しつつ、第三者との関係では制約を伴うことを示した[17]として最高裁判決を妥当な判断とする意見もある[18]一方で、共同相続人の処分権の制限が相続法上の制限である以上、公示方法がないことは性質決定の基準とはならず[19]、取引の安全を基準として国際私法の性質決定を行うことは無理があるとし、処分の制限に反してなされた処分の効力も相続の問題として処理すべきであるする意見もある。また、取引の安全を相続法上も重視するのであれば、相続分割主義[20]のような準拠法決定も可能であること、そして、旧法例4条1項、2項において物権の移

---

15 櫻田嘉章＝道垣内正人編『注釈国際私法　第2巻』200頁〔林貴美〕（有斐閣、2011）。
16 櫻田・前掲（注12）5頁。
17 櫻田・前掲（注16）202頁。
18 山田・前掲（注1）576頁では「共同相続人の処分の制限は、本来、相続の問題であり、相続準拠法によるべきであるが、かような制限に反してなされた処分によって権利が有効に移転するか否かは、物権準拠法によると解すべきであろう」と述べる。
19 櫻田嘉章『国際私法〔第6版〕』342頁（有斐閣、2012）。公示方法がないというが、処分の制限を公示する方法はともかく、共有ではなく合有であることを公示することは可能である。たとえば、信託を原因とする不動産登記の場合、合有状態を公示するため、共有受託者に持分表示はなされない。
20 山田・前掲（注1）565頁では「相続分割主義とは、国際私法上、不動産相続と動産相続とを区別し、前者については所在地法を、後者については被相続人の住所地法または本国法を適用する主義である」としている。

転については相続を例外としており、通則法においても両者の関係は変わっていないとしている[21]。また、相続が遺産管理までも含む[22]とする法例（旧）25条(現通則法36条)の考え方から、相続準拠法である台湾法を遵守せずに行った持分処分の効力の法性決定を、取引の安全から「物権」とすることに無理があり、「相続」は元来取引の安全によることなく、財産権の法定かつ包括的な移転を考えており、相続法秩序のためあえて取引秩序を犠牲にすることも考えられるとしている[23]。他に相続統一主義が被相続人や相続人の立場を重視するものとすれば、相続準拠法上の共同相続人の処分権の制限は尊重すべきであり、相続財産を取引の対象とする第三者には、被相続人の本国法の調査が求められる[24]という意見もある。

最高裁判決に反対する見解に立てば、処分の相手方は有効に権利を取得できないことになるだろう。相続準拠法と物権準拠法の適用関係については今後、なお検討すべき課題である。

---

21 櫻田・前掲（注12）5頁。
22 山田・前掲（注1）570頁では「遺産管理の問題も相続の準拠法によるべきである」としている。
23 櫻田・前掲（注12）5頁。
24 溜池良夫『国際私法講義〔第2版〕』507頁（有斐閣、1999）。

在日韓国人の親子関係の成立
——養子縁組の成立を中心として——

姜　　信　　潤

はじめに

　在日韓国人が死亡し、相続が開始した場合には、日本の国際私法規定である通則法36条の「相続は、被相続人の本国法による」との規定により、その本国法である韓国法が適用される。ただし、通則法は41条で「当事者の本国法によるべき場合において、その国の法に従えば日本法によるべきときは、日本法による」とする反致規定をおいている。「その国の法」とは、その国の国際私法なので、在日韓国人の場合は、韓国の国際私法をみる必要がある。

　次に相続の前提として、被相続人との関係で誰が相続人となるのか、当事者と被相続人との間には有効な婚姻関係、親子関係等が有効に成立しているかという相続の先決問題も検討を要する。先決問題の解決方法は、「法廷地である日本の国際私法により定まる準拠法により解決すべきである」とされている[1,2]。

　そこで、本項では、1でこの相続の先決問題である在日韓国人の親子関係の成立について、その準拠法の整理をし、2で在日韓国人の養子縁組に関する平成20年3月18日の最高裁判決にふれ、3で在日韓国人夫婦が日本人の子を特別養子縁組できるのかどうかを検討する。

1　最一小判平成12年1月27日民集54巻1号9頁。
2　溜池良夫『国際私法講義〔第3版〕』231頁（有斐閣、2005）。

1　在日韓国人の親子関係成立の準拠法

(1)　反　　致

(A)　通則法

　通則法では、28条から32条で、親子の法律問題は当事者の本国法を原則的に準拠法として指定している。この場合、同法41条の反致規定により韓国の国際私法を検討する必要があるが、同条ただし書で、32条の（親子間の法律関係）については反致しないと定められているので、それ以外の28条（嫡出である子の法律関係）、29条（嫡出でない子の親子関係の成立）、30条（準正）、31条（養子縁組）については、韓国の国際私法をみて、反致が成立して日本法が適用されるかどうかを検討する必要がある。

(B)　韓国法

　韓国の国際私法の規定は、韓国国際私法である。韓国国際私法では親子関係についての準拠法は、40条（婚姻中の親子関係）、41条（婚姻外の親子関係）、42条（婚姻外出生子に対する準正）、43条（養子縁組及び離縁）、44条（同意）、45条（親子間の法律関係）、48条（後見）である。このうち婚姻外の親子関係である41条1項は、「婚姻外の親子関係の成立は、子の出生当時の母の本国法による」とし、ただし書で「父子間の親子関係の成立は、子の出生当時の父の本国法又は現在の子の常居所地法によることができる」としている。同条2項は、「認知は、前項が定める法の外に、認知当時の認知者の本国法によることができる」としているので、父からの認知については「子の出生当時の父の本国法」「現在の子の常居所地法」「認知当時の認知者の本国法」のいずれによってもできるとして、できるだけ親子関係が成立しやすくなるような規定としている。

　そこで、たとえば、在日韓国人の男が現在の常居所が日本にある韓国人の子に対して認知する場合を考えてみる。認知に関する通則法29条2項は「子の出生の当時における父の本国法」「認知の当時における認知する者又は子

の本国法による」としているので、準拠法が韓国法と指定される。そこで、指定された韓国国際私法41条1項ただし書の「現在の子の常居所地法」により常居所地法である日本法に反致するかという問題があるが、反致しないと思われる[3]。なお、韓国国際私法40条（婚姻中の親子関係）、43条（養子縁組及び離縁）については、「当事者の常居所地法による」とする条項もなく日本法に反致することはない。

(2) 嫡出親子関係の成立

(A) 出生による嫡出親子関係の成立

(a) 通則法

通則法28条1項は「夫婦の一方の本国法で子の出生当時におけるものにより子が嫡出となるべきときは、その子は、嫡出である子とする」とし、できるだけ嫡出親子関係を成立させようとしている。たとえば、在日韓国人と日本人の夫婦とその間の子に嫡出親子関係が成立するかどうかは、韓国法もしくは日本法でその成立が認められれば嫡出親子関係が成立する。嫡出否認の問題についても本条が適用される[4]。

(b) 韓国法

韓国法上の嫡出推定および嫡出否認に関しては、韓国民法844条から854条に規定されている。日本では、民法733条で女子の再婚禁止期間を設けられているが、韓国では、2005年民法改正により再婚禁止期間（811条）を廃止した。これに伴い再婚した女性が出産した場合に父を定められない場合は、法院が父を定めると改正し（845条）、子の嫡出否認の訴えを父からのみではなく母からも提起できるとした（846条）。また、嫡出否認の訴えの出訴期間

---

[3] 溜池・前掲（注2）166頁は、本国国際私法が、その法律関係について選択的適用主義をとっており、その規定する準拠法の一つのみが、反致により日本法となるような場合は、「日本法によるべき場合」ではなく、日本法によってもよい場合にすぎないから、反致は成立しないものと解されるとしている。

[4] 神前禎＝早川吉尚＝元永和彦『国際私法〔第3版〕』185頁（有斐閣、2012）参照。

は「その事由のあったことを知ってから2年」とした（847条1項）。なお、法院による父の決定（845条）、子の嫡出否認（846条）、成年後見人からの嫡出否認（848条）、遺言による嫡出否認（850条）、夫が子の出生前に死亡した場合等の嫡出否認（851条）、認知に対する異議（862条）、認知請求（863条）等の訴えを提起できる者は、他の事由を原因として、嫡出親子関係存否確認の訴えができるとしている（865条）。

　(B) 出生以外の事由による嫡出親子関係の成立

日本民法では出生以外の事由による嫡出親子関係が成立する規定はないが、韓国民法では、1990年法改正までは継母子間および婚姻外の出生子と父の配偶者間は法定親子関係があるとしていた（改正前773条、774条）[5]。

(3) 非嫡出親子関係の成立

婚姻関係外で生まれた子について、各国の実質法は、出生の事実から法的親子関係の成立を認める事実主義（血統主義）と、法的親子関係の成立に認知を要求する意思主義（認知主義）があるとされる[6]。

　(A) 通則法

通則法29条1項前段は、出生による非嫡出親子関係の成立についての準拠法を定め、「父との間の親子関係については子の出生当時における父の本国法」とし、「母との間の親子関係についてはその当時における母の本国法による」としている。また、同条2項前段は、認知による非嫡出親子関係の成立を定め、「子の認知は、前項前段により適用すべき法によるほか、認知の

---

[5] 韓国民法は、1990年1月13日法律第419号改正前の773条で「前妻の出生子と継母及びその血族、姻戚間の親系と親等は、出生子と同一なものとみなす」とし、継母子関係を法定親子関係としていた。また、同法774条で「婚姻外の出生子と父の配偶者及びその血族、姻戚間の親系と親等は、出生子と同一なものとみなす」とし、「嫡母庶子関係」も法定親子関係があるとしていた。しかし、同法773条、774条は上記の法律第419号で廃止され、「この法律の施行日前に発生した前妻の出生子と継母及びその血族、姻戚との間の親族関係、並びに婚姻外の出生子と父の配偶者及びその血族、姻戚との間の親族関係はこの法律の施行の日から消滅する」とした（同法附則4条）。

[6] 神前ほか・前掲（注4）183頁参照。

当時における認知する者又は子の本国法による」として、認知による非嫡出親子関係は、同条１項の「子の出生当時における父または母」と「認知当時の認知者」「認知当時の子」のいずれかの本国法で認められれば成立するとされ、できるだけ非嫡出親子関係が成立しやすくなるような規定としている。

ただし、認知による親子関係の成立が必ずしも子の利益と一致するとは限らないので、「認知の当時における子の本国法によれば、その子又は第三者の承諾又は同意があること」が認知の要件であるときはそれも要件とするとして、子の保護要件（セーフガード条項）を規定している（通則法29条１項後段、２項後段）。なお、通則法上、28条の嫡出親子関係の成立と29条の非嫡出親子関係の成立についての適用関係については、28条の準拠法によって、嫡出親子関係の成立しない場合に、29条の準拠法が適用されて非嫡出親子関係の成立が判断されるとされる[7]。

(B) 韓国法

韓国民法は、父母と婚姻外の子との親子関係が発生するには認知が必要であるとし（855条）、855条から864条の２に認知に関する規定を定めている。母子間の親子関係は出産という事実によって、当然発生するので原則的に認知を要しないし、父が婚姻外の子にした出生届には認知の効力があるとされている[8]。

(3) 準　正

準正とは、非嫡出子に嫡出子の身分を取得させる制度である。日本法は、非嫡出親子関係の存在と両親の婚姻を要件として準正を認めている（民法

---

[7] 前掲（注１）最一小判平成12年１月27日（９頁～10頁）は、「親子関係の成立が問題になる場合には、まず嫡出親子関係の成立についての準拠法により嫡出親子関係が成立するかどうかを見た上、そこで嫡出親子関係が否定された場合には、右嫡出とされなかった子について嫡出以外の親子関係の準拠法を別途見出し、その準拠法を適用して親子関係の成立を判断すべきである」とする。

[8] 金容旭＝崔學圭『新しい韓国・親族相続法』104頁以下（日本加除出版、1992）参照。李光雄『新生子出生申告』「定住外国人と家族法研究会」編『定住外国人と家族法Ⅳ』91頁以下（1993［自主出版］）参照。

789条)。そのほか、国家機関の判断により嫡出子の身分を認める法制も存在するようである[9]。

(A) 通則法

通則法30条1項は「子は、準正の要件である事実が完成した当時における父若しくは母又は子の本国法により準正が成立するときは、嫡出子の身分を取得する」とし、できるだけ準正が成立しやすくなるような規定としている。本条によって判断されるのは、準正の成否の問題であり、非嫡出親子関係の成否自体は通則法29条の問題とされる[10]。

(B) 韓国法

韓国民法では、婚姻による準正のみ規定しているが（855条2項）、父母が婚姻中に婚姻外の出生子を認知する場合、父母の婚姻が解消された後の認知の場合についても準正の効力が発生するとされている[11]。

(4) 養親子関係の成立

養子縁組とは、血統上は親子でない者の間に法律上の親子関係を成立させる行為である[12]。

(A) 通則法

通則法31条前段は「養子縁組は、縁組の当時における養親となるべき者の本国法による」として養子縁組の要件の準拠法は養親の本国法とし、実質法上の特別養子縁組と普通養子縁組を区別しない[13]。夫婦共同縁組については、夫と養子、妻と養子という二つの養子縁組が同時になされるものと考え、それぞれについて準拠法を選択することになる[14]。

養子縁組の成立について、裁判所の決定または許可が必要か否かも養子縁

---

9 神前ほか・前掲（注4）192頁。
10 神前ほか・前掲（注4）192頁。
11 金疇洙『親族・相続法〔第6全訂増補版〕』278頁（法文社、2005）参照。
12 神前ほか・前掲（注4）193頁。
13 神前ほか・前掲（注4）193頁参照。
14 神前ほか・前掲（注4）193頁参照。

組の準拠法によるとしている[15]。また、通則法31条1項後段は、養子の本国法により「養子もしくは第三者の承諾もしくは同意」または「公的機関の許可」が養子縁組の成立要件であるときは、その要件も必要とする子の保護要件(セーフガード条項)を規定している。

(B) 韓国法

韓国民法は、普通養子縁組を866条以下で断絶型の親養子縁組を908条の2以下で定めている。成年になった者は養子縁組をすることができる(866条)。配偶者のある者は、配偶者と共同で養子縁組をしなければならないとして(874条1項)、夫婦共同縁組を規定し、配偶者のある者はその配偶者の同意を得なければ、養子となることはできないとしている(874条2項)。なお、改正前民法では、夫婦共同縁組として「妻がある者は、共同でしなければ、養子をすることができず、また、養子となることができない」としていた(改正前874条1項)[16]。また、2012年の法改正により、養子が未成年者の場合は家庭法院の許可が必要となり(867条)、未成年者養子に関する法定代理人の同意、法定代理人の代諾、あるいは父母の同意等に関して一定の場合には家庭法院が関与する等の保護要件が定められている(869条、870条)。普通養子縁組は「家族関係の登録等に関する法律」(以下、「家族関係登録法」という)の定めによる届出によってその効力が生じるとされる(878条)。離縁については、898条以下で定めている。

---

15 神前ほか・前掲(注4)194頁は、養子縁組の準拠法上の要件とされている裁判所の決定または許可は、本来は当該準拠法所属国の裁判所の判断であったはずであるが、我が国の裁判所における決定または許可で代替可能であるとされている。また、現在では、一般には、特別養子縁組の審判手続によって、外国法上の養子決定を方式の点も含めて直接我が国の家庭裁判所が代替することが可能と考えられているとしている。

16 この規定は一見、養子も夫婦共同で縁組しなければ、養子となることできないと読み取れる。しかし、この規定は、養子となる者が夫婦である場合には夫婦とも養子になると解釈されるのではなく、夫のみが養子になると解釈されていたとされる。本渡諒一=洪性模=裵薫『Q&A100 韓国家族法の実務』34頁(日本加除出版、1992)。

2　在日韓国人の養子縁組に関する最三小判平成20年3月18日

　真実は実親子関係がないのに夫婦の嫡出子として出生届がなされた、いわゆる「藁の上からの養子」に対して、長年にわたり事実上の親子としての生活が続いた後に、親子関係不存在確認請求がなされた事案である[17]。

(1)　韓国の養子縁組制度

　上記判決の内容にふれる前に、そもそも韓国の養子縁組の制度とはどのようなものだったのか簡単に整理してみよう。

　韓国においては養子縁組のことを入養といい、慣習として古くから認められており李朝時代（1392～1910）に至って定着したとされ、それは中国の儒教思想の影響を受けたもので、祖先の祭祀と家系の継承を目的としていたとされる[18]。

　慣習上、異姓不養の原則（養子は養父と同姓同本の者に限られる）があり[19]、長男子他家入養禁止の原則があり、死後養子と遺言養子が容認され、養親、養子となりうるのは男子のみで、養親は既婚の子のない者に限られ、養子の数も一人に制限されていた[20]。また、1990年改正前民法877条2項は、「養子であって、養父と同姓同本でない者は、養家の戸主相続をすることができない」としていた。したがって、家系の継承をしようと思えば、異姓不養の原則により同姓同本の男子を養子にしなければならなかった。そのようなことから、祖先の祭祀と家系の継承にはどうしても男の子が必要だったと

---

[17] 判タ1269号127頁。渡辺惺之＝趙慶済「『藁の上からの養子』に関する韓国法の解釈と上告受理申立て（最三小判平成20年3月18日）」戸籍時報637号22頁。
[18] 山田鐐一＝青木勢津＝青木清『韓国家族法入門』78頁（有斐閣、1986）。
[19] 山田ほか・前掲（注18）78頁参照。なお、同姓同本の本とは、本貫、貫籍、籍貫ともいわれ、略して、本、または貫と呼ぶ。男系血統に付随して継承されるもので、一般的には、自己が属する男系血統の祖先の発祥地名をいうとされる。山田ほか・前掲（注18）14頁参照。
[20] 山田ほか・前掲（注18）78頁参照。

考えられる[21]。

なお、韓国民法が養子の保護を目的とする制度に変化しているのは1(4)(B)で述べたとおりである。

(2) 判決の事実関係

韓国籍の夫婦A（夫）B（妻）は、長男の死亡後、男の子が欲しかったため、昭和35年に福祉施設にいた子Y（昭和32年生）を夫婦の嫡出子（二男）と偽り日本で出生届をし、その旨は韓国の戸籍にも記載された。なお、夫婦にはすでに長女、二女であるX_1、X_2がいた。夫婦はYを実子として養育し、Yも自分が実子であると信じていた。平成5年にAが死亡した後、Yは遺産分割によってAの遺産の相当部分を取得したが、Xらは平成15年になって急に争い始め、A・Y間の親子関係不存在確認およびYが取得した遺産の返還を求めて提訴した。

原審は、Xらが親子関係不存在確認を請求することは、権利の濫用に当たらないとした。Yの上告を受けて、最高裁判所は、原審の判断には、韓国の民法の解釈適用を誤った違法があるとして、破棄差戻ししたというものである[22]。

(3) 上記最高裁判決の判断

上記判決は、在日韓国人夫婦が育てた「藁の上からの養子」に対する戸籍

---

[21] 筆者も在日韓国人であるが、筆者の祖母の弟夫婦が近所に住んでいた。夫婦は男の子がいなかったので、昭和30年頃に知り合いの日本人の男の子をもらい受け、実子として育てた。このことについて祖母から「男の子が生まれない夫婦は、男の子をもらい受け育てると、その後男の子が生まれる」と聞いたことがある。この男の子が「藁の上からの養子」であったかは定かではないが、仮に祖母の弟夫婦が、当時韓国に住んでいたら異性不養の慣習により、一族の同姓同本の子を養子にしていたかもしれない。しかし、日本に住んでいたので、同姓同本の子を養子にすることは難しかったと思える。本文(2)の事実についての夫婦ABも同じような状況ではなかったのではないかと推測される。

[22] 西谷祐子「外国法の適用違背と上告」櫻田嘉章＝道垣内正人編『国際私法判例百選〔第2版〕』238頁（有斐閣、2012）。

上の姉からの親子関係不存在確認請求訴訟に関して、判決中の理由として「戸籍上の両親以外の第三者であるＸらが、Ｙとその戸籍上の父であるＡとの間の実親子関係存在しないことの確認を求めている場合において、ＡＹ間に実の親子と同様の生活の実体があった期間の長さ、判決をもって実親子関係の不存在を確定することによりＹ及びその関係者の受ける精神的苦痛、経済的不利益、改めて養子縁組の届出をすることによりＹがＡの実子としての身分を取得する可能性の有無、Ｘらが実親子関係の不存在確認請求をするに至った経緯及び請求する動機、目的、実親子関係が存在しないことが確定されないとした場合にＸら以外に著しい不利益を受ける者の有無等の諸般の事情を考慮し、実親子関係の不存在を確定することが著しく不当な結果をもたらすものといえるときには、当該確認請求は韓国民法2条2項にいう権利の濫用に当たり許されないものというべきである」として、準拠法である韓国法の解釈として、「藁の上からの養子」に関する親子関係不存在確認請求は権利濫用に当たるとした[23]。

(4) 韓国の判例

一方、準拠法である韓国の判例では、他人の子を自己の実子として申告した虚偽の親生子出生届について、「当事者間に養親子関係を創設しようという明白な意思があり、さらにはその他の養子縁組の成立要件がすべて具備された場合に、養子縁組申告の代わりの嫡出子出生申告があるならば形式に多少の誤りがあったとしても養子縁組の効力があると解するのが妥当であるというべきである」として、それまでの判例を変更して無効行為の転換により、いわゆる「藁の上からの養子」について養子縁組の効力を認める解釈を行っていた[24]。

---

[23] 最二小判平成18年7月7日民集60巻6号2307頁の判断を踏襲したものである。判タ1269号131頁。西谷・前掲（注22）238頁。

[24] 大法院1977年7月26日宣告77다492全員合議体判決。渡辺ほか・前掲（注17）26頁以下。金容旭ほか・前掲（注8）123頁。

また、韓国における「藁の上からの養子」に関する大法院判例の解釈は、養子縁組の実質的要件を具備する場合には、実子としての出生届に養子縁組届出の効力を認め、実子としての出生届に基づく記載が養親子関係を公示するものと解することになり、離縁により養子縁組関係を解消すべき特別な事情のない限り、実親子関係不存在確認請求の確認の利益が欠けるとして、訴えを却下するという構成と理解される[25・26]。

(5) 「藁の上からの養子」に対する日本判例と韓国判例の相違点

日本判例と韓国判例では、「藁の上からの養子」に対する解釈が異なる。

日本判例の解釈では、上記(3)の判決の理由等があれば、権利濫用に当たるとして親子関係不存在の請求は認めないであろう。

一方、韓国判例の解釈は無効行為の転換により、実子出生届により養子縁組の成立を認め、養子縁組関係を解消すべき特別な事情のない限り実親子関係不存在確認請求は確認の利益が欠けるとされるであろう[27]。

また、「本判決は、準拠法である韓国法について、あえて日本判例流の権利濫用法理による解釈を行ったものといえる。一般に国際私法において準拠法として外国法を適用すべき場合、『当該の外国裁判所が行うように解釈・適用すること』が求められている（木棚＝松岡＝渡辺『国際私法概論（五版）』77頁、山田鐐一『国際私法（新版）』133頁）。この点で本判決の韓国法の解釈適用は適当でないということになる。もともと本件の場合、請求棄却訴え却下という違いはあるが、日本判例と韓国判例とでは、Xらの敗訴という結

---

25 渡辺＝趙・前掲（注17）27頁。
26 なお、韓国では、2013年7月1日施行された改正法により未成年者を入養する場合は、必ず家庭法院の許可を受けて入養申告をしなければならなくなった。家庭法院の許可は入養の実質的要件であり、これを欠けば入養は無効となる。したがって、改正法施行以降に家庭法院の許可を受けない虚偽の親生子（嫡出子）出生申告をした場合は、入養の効力は否定的に解釈される可能性が高いとされる。金疇洙＝金相瑢『親族・相続法〔第11版〕』343頁（法文社、2013）参照。
27 渡辺＝趙・前掲（注17）27頁、28頁参照。

果に関して大きな違いはない。それなのに何故、韓国判例法に従い訴えを却下せずに、韓国法の解釈として日本判例の採用する権利濫用法理も可能であるとして、請求棄却を導いたのかという疑問が生じる」とされる[28]。

3 在日韓国人夫婦が日本人の子を特別養子縁組できるのか

(1) 事　案

　ある40歳代の在日韓国人夫婦（以下、「Ｃ夫婦」という）が筆者の事務所に最近相談にきた事案である。夫婦は結婚して10年以上になるが、その間子供ができず医師に相談したところ、Ｃ夫婦には子供ができないと診断されたということであった。そこで、Ｃ夫婦はどうしても子供が欲しいので、知人の紹介で、ある社会福祉施設で養育されている２歳の日本人の女の子を特別養子にしたいという事案であった。Ｃ夫婦と女の子は日本において特別養子縁組ができるのか、適用される準拠法、手続等をみてみよう。

(2) 準拠法

　準拠法は養親の本国法である韓国法であり（通則法31条１項前段）、養子となる子の本国法である日本法で定める第三者の承諾もしくは同意または公的機関の許可その他の処分があることが養子縁組の要件であればその要件であるセーフガード条項も備えなければならないとされる（同項後段）。韓国民法では、断絶形の養子は親養子と呼ばれる。親養子について韓国家庭法院は、以下の要件等を確認して親養子となるべき者の福利のためその養育状況、親養子縁組の動機、養父母の養育能力、その他の事情を考慮して親養子縁組を判断するとされている（908条の２）。

28　渡辺＝趙・前掲（注17）28頁。

①　3年以上の婚姻中の夫婦として共同養子縁組をすること（韓国民法908条の2第1項1号）。
②　親養子となる者が未成年であること（同項2号）。
③　親養子となるべき者の実父母が親養子縁組に同意すること。ただし、父母が親権喪失の宣告を受けるか、もしくは所在が知れないかまたはその他の事由で同意することができない場合は不要（同項3号）。
④　親養子となる者が13歳未満である場合は法定代理人がそれに変わり養子縁組を承諾すること（同項4号）。
⑤　実父母が、自己に責任のある事由で3年以上、子に対する扶養義務を履行せず、面接交渉をしない場合や子を虐待または遺棄し、またはその子の福祉を顕著に害した場合等は家庭法院は同意権者や承諾権者を尋問して、同意、承諾がなくとも親養子縁組を認容できること（同条2項）。

次に養子となる子の本国法である日本法で定めるいわゆる（セーフガード条項）の要件である養子となる子の父母の同意が必要となる。なお、父母がその意思表示をすることができない場合または父母による虐待、悪意の遺棄その他養子となる者の利益を著しく害する事由がある場合は、この限りではないとされている（民法817条の6）。

(3) 具体的手続

上記の要件等を満たした場合、韓国の家庭法院に親養子縁組を請求することになるが、当事者が全員日本に住んでいるので、韓国の家庭法院に請求するのは現実的には負担が重すぎる。そこで、代わりに日本の家庭裁判所に韓国の親養子縁組の請求できるかどうかであるが、断絶形の養子縁組の場合の国際裁判管轄権については、原則的には養親となる者の住所地国を基準とするとして日本の家庭裁判所に管轄権があるとされているので日本の家庭裁判所へ請求できると考えられる[29]。

---

[29] 加藤文雄『渉外家事事件ノート』195頁（新日本法規出版、2000）。また、平成28年2

また、家庭裁判所の実務では、本国法に従って「特別養子」成立の審判をし、本国法の養子決定を代行していたようである[30]。「しかし、このような場合にはさらに進んで、わが国の特別養子の成立の審判手続きに従って本国法による『養子決定』の審判をすることも可能であろう。平成元年10月２日民二第3900号民事局長通達（基本通達）第５の２の(1)もこれをなすことを前提としており、戸籍実務もこの見解による方針のようである（平成元年９月27日東京戸籍事務連絡協議会協議結論、平成６年４月28日付民２第2996号法務省民事局長通達参照）」としているので[31]、日本の家庭裁判所は準拠法である韓国民法上の親養子縁組の要件を審査して特別養子縁組の審判を行うものと思われる。

　なお、上記第3900号通達第５の２の(1)イは「家庭裁判所が渉外的な特別養子縁組を成立させる審判を行った場合において、戸籍法第68条の２による届出があったときは、同法20条の３の規定を適用する」として、特別養子縁組の審判が確定した際に、審判を請求した者が、審判が確定した日から10日以内に審判の謄本を添付してその旨を届け出た場合は、まず養子についての新戸籍を編製するとしているので、Ｃ夫婦は、日本の家庭裁判所で審判が確定した場合には、10日以内に日本の役所に審判の謄本を添付して養子縁組の届出をすることになることになる。

　一方、韓国の登録官署にはこの審判の謄本をつけてＣ夫婦が家族関係登録法上の親養子申告をしても受理されることはないと思われるので[32]、この親

　月26日、第190回国会に閣法第33号として提出された人事・家事訴訟事件の国際裁判管轄に関する「人事訴訟等一部を改正する法律案」によれば、家事事件手続法３条の５で「特別養子縁組の成立の審判について、養親となるべき者又は養子となるべき者の住所（住所がない場合又は住所が知れない場合は居所）が日本国内にあるときは、管轄権を有する」としている（http://www.moj.go.jp/content/001177561.pdf）。

30　溜池・前掲（注２）510頁参照。
31　溜池・前掲（注２）510頁。
32　2013年10月17日家族関係登録先例第201310－１号は、国際的な未成年者入養であるときは、入養当事者が大韓民国家庭法院の許可を受けなければ、入養当事者が、大韓民国の登録官署に入養の創設的申告をする場合は勿論、証書謄本による報告的申告をする場合も登録官署はこれらを受理することはできないとしている。

養子を韓国の家族関係登録簿に登載するのは、難しいと思われる。

おわりに

　韓国の養子制度は、祖先の祭祀と家系の継承を目的とする男系血統を優先する養子制度から、養子の保護を目的とする制度へと大きく変容した。在日韓国人社会も昭和30年代には、家系を維持するための男の子を切望するあまり、いわゆる「藁の上からの養子」がかなりあったのではないかと推測される。しかし現在に至っては、家系を維持するためではなく、男女の関係なく養子を実子として迎え入れ、慈しんで育て、家族として暮らしていこうとするＣ夫婦のような夫婦も存在する。在日韓国人社会は、数十年間の間に家族のあり方も大きく変容し、多様化してきたと考えられる。

在日韓国人の離婚と身分登録

金　　勇　　秀

はじめに

　在日韓国人が日本に居住し始めたのは1世紀以上前からである[1]。その間、国籍が変動し、それに伴って親族関係において適用される法令も幾多の変遷があった。植民地時代のみをとっても、親族相続法は、当初慣習によって定まっていたが、朝鮮民事令が改正されるに従い、日本民法を依用する条項が次第に拡大された[2]。現代の韓国の親族相続法は、旧宗主国の法である日本法の影響も受けつつ、日々変化を続け、日本の法制度とは大きく異なったものとなっている。従前の身分登録簿である戸籍簿についても、日本の戸籍法の影響を強く受けるものであったが、家族関係の登録等に関する法律（以下、「家族関係登録法」という）施行により一人一籍制度となった[3]。

　在日韓国人は、毎年減少の一途をたどっているが、依然として一定数は存在しており、日韓の法が交差する渉外的な親族関係は今後も日本社会におい

---

[1] これまで、韓国併合（1910年）以前は、朝鮮人は日本に入国できなかったといわれてきた。しかし、近年の研究により、朝鮮人は「条約若しくは慣行により居住の自由を有する外国人」として扱われ、鉄道工夫等の単純労働者として併合以前より入国が認められていたことが明らかとなった（水野直樹＝文京洙『在日朝鮮人　歴史と現在』4頁以下（岩波書店、2015年））。

[2] 朝鮮民事令11条2項において、慣習によるとされていたが、同令11条は三次にわたり改正された。第三次改正においては、日本民法に規定のあった「氏」「婿養子」等が依用され、朝鮮人の名前について大きく変化があった。いわゆる創氏改名のことである。

[3] 100年以上続いた戸籍制度は廃止となり、家族関係登録法が2007年5月17日法律第8435号として制定され、2008年1月1日より施行された。身分登録簿が戸籍簿から家族関係登録簿に改編されたことに伴い、従前の戸籍・除籍謄抄本に代わって、5種類の登録事項別証明書が発給される（家族関係登録法15条）。証明書の用途別使用方法について、制度開始直後は混乱が生じていたが、現在では、落ち着いたように感じる。たとえば、在日韓国人が婚姻をする際に原則、その者の基本証明書および婚姻関係証明書が必要とされる（平成20年3月7日法務省民事局民事第一課補佐官（戸籍担当）事務連絡）。

て問題となるであろう[4]。本稿は、在日韓国人の離婚とそれに関係する身分登録上の問題点および懸念事項を取り上げたいと思う。

1　離婚と国際私法

離婚制度は諸外国によって大きく異なっている。裁判上の離婚のみを認めている国や協議上の離婚も認めている国、そもそも離婚を認めていない国など国家による法制度の違いは大きい[5]。在日韓国人の婚姻は渉外的な法律関係を有する婚姻となるので、日韓の国際私法をみてみる。

(1) 通則法

日本の国際私法である通則法では、27条が離婚に関して規定している。同条は、同法25条を準用する形式をとっており、第一に夫婦の同一の本国法、第二に夫婦の共通常居所地法、最終的には密接関係地法によるとする、いわゆる段階的連結主義をとっている。また、同法27条ただし書では夫婦の一方が日本に常居所を有する日本人である場合には、日本法の優先的適用を認める、いわゆる日本人条項を規定している。なお、同法41条には外国法が準拠法となった場合に当該外国法が日本法を指定している場合には日本法が適用されることになる反致条項があるが、離婚には適用されない（同条ただし書）。

通則法27条の射程が、離婚のどの範囲にまで及ぶかについては、離婚の方法および機関、離婚原因、離婚の効力並びに離婚の原因を含むとされている[6]。ただし、夫婦間に未成年の子がいる場合のその子の親権・監護権の帰属・分配の問題は、離婚の効力の問題ではなく、親子に関する問題と法性決

4　巻末【資料1】参照。
5　離婚を認めない外国法の適用を、公序を理由として排斥し離婚を認めた判決および調停は少なくない（東京地判昭和60年6月13日判時1206号44頁参照）。離婚機関についても、裁判所以外にも行政機関による離婚、国会の特別法による離婚などがあるほか、協議すら要せず、一方的意思表示による離婚を認める国もあるようである（山田鐐一『国際私法〔第3版〕』448頁（有斐閣、2004））。
6　溜池良夫『国際私法講義〔第3版〕』461頁以下（有斐閣、2005）参照。

定され同法32条による[7]。なお、離婚の方式については同法34条によるとされており、前述の適用される法の方式または行為地法によらなければならない[8]。

(2) 韓国国際私法

韓国の国際私法典である「国際私法」は2001年 4 月 7 日法律第6465号として公布（以下、「韓国国際私法」という）、同年 7 月 1 日に施行され、現在に至る[9]。韓国国際私法の離婚の規定は通則法の規定と同様であり、第一に夫婦の同一の本国法、第二に夫婦の共通常居所地法、最終的には密接関係地法となっている。さらに、ただし書に韓国人条項が含まれるほか（韓国国際私法37条、39条）、方式についても行為の準拠法の方式または行為地法と規定しており（同法17条 1 項・ 2 項）、通則法と同一内容となっている。ただし、反致条項の規定から離婚は除外されていない。

2　実体法上の問題点と離婚成否

1 で述べたように、通則法と韓国国際私法は規定振りが非常に似ていることから、国際私法の違いにより跛行的な離婚になることは原則的には生じないはずである。しかし、実務においては、実体法上の問題点が生じている。

7　溜池・前掲（注 6 ）470頁。子が未成年者に該当するか否かについては、部分問題として身分行為の準拠法によって定まるのではなく、先決問題として通則法 4 条 1 項により定まるとするのが現行戸籍実務の取扱いである（戸籍904号78頁）。
8　木棚照一＝松岡博＝渡辺惺之『国際私法概論〔第 5 版〕』223頁（有斐閣、2009）。行為地法による方式であれば有効となるが、行為地に、準拠法によって定められる方法を代行できる制度が存在している必要がある。
9　従前の国際私法典である「渉外私法」は、1962年 1 月15日法律第966号として制定されたが、親族・相続に関する条項は廃止時まで改正されていなかった。韓国国際私法は、男女平等が実現された点や連結点として常居所概念が導入された点に特徴がある（西山慶一「韓国国際私法の解説(1)(2)（ 3 ・完）」戸籍時報533号11頁・535号 8 頁・536号17頁（2001））。

(1) 離婚の準拠法

(A) 在日韓国人同士の夫婦の場合

在日韓国人同士が日本において離婚する場合は、同一本国法である韓国法が適用される（通則法27条、25条）。韓国民法は、日本民法と同様に協議上の離婚（韓国民法834条）のほか裁判上の離婚も認めている（同法840条）。ただし、日本民法上の協議離婚と韓国民法上の協議離婚は異なる点が多い（詳細は後述）。

(B) 在日韓国人と日本人の夫婦の場合

夫婦の一方が日本人で日本に常居所を有していた場合、日本法が適用される（通則法27条ただし書）。したがって、日本民法による協議上の離婚および裁判上の離婚が認められることとなる。日本に常居所を有していない場合は、夫婦の最密接関係地法が準拠法となることから、最密接度合いを探さなければ準拠法は確定しない（通則法27条、25条）。

(C) 在日韓国人とその他の国籍者の夫婦の場合

夫婦双方が日本に常居所を有していれば、日本法が適用されることから、日本民法による協議上の離婚および裁判上の離婚が認められることとなり、夫婦の常居所が異なる場合は、夫婦の最密接関係地法が準拠法となることから、最密接度合いにより準拠法は変化する（通則法27条、25条）。

以上を表にまとめると、次のとおりとなる。

〔図表5〕 離婚の準拠法

在日韓国人夫婦	韓国法による協議離婚・裁判上の離婚
在日韓国人と日本人夫婦（双方または日本人の常居所が日本にあり）	日本法による協議離婚・裁判上の離婚
在日韓国人とその他の国籍（双方の常居所が日本にあり）	日本法による協議離婚・裁判上の離婚

(2) 協議離婚

(A) 在日韓国人同士の夫婦の場合

在日韓国人同士の夫婦が日本において協議離婚をしようとする場合、〔図表5〕のとおり準拠法は夫婦の同一本国法である韓国法となり、韓国民法が適用される。方式については、準拠法である韓国法の方式である家族関係登録法上の協議離婚申告も、行為地法である日本の戸籍法上の協議離婚届であってもよい（通則法34条1項・2項）。

韓国民法の協議離婚の規定によれば、協議離婚申告の前に、以下の順序を踏まなければ成立しない（韓国民法836条の2）。

① 家庭法院に離婚意思の確認の申請をして、離婚に関する案内を受ける。
② （一定期間後）家庭法院から離婚意思の確認を受ける。
③ 養育すべき子がいる場合、子の養育および親権者決定に関する協議書（または家庭法院の審判正本）を提出する。
④ 家庭法院は、養育すべき子がいる場合、協議した内容を確認する養育費負担調書を作成する。

以上のとおり、日本の協議離婚の規定とは異なり、手続方法が複雑となっている。そこで問題となるのが、①～④が協議離婚の形式の問題にすぎないのか、実質的な問題なのかについてである。日本の法務省民事局の見解では、②の「家庭法院の確認」は形式にすぎないとしてきた[10]。したがって、在日韓国人夫婦が離婚方式として日本の戸籍法上の協議離婚の届出を選択した場

---

10 昭和53年12月15日付法務省民二第6678号民事局第二課長依命通知。これは、平成16年9月8日民事局民事第一課補佐官事務連絡（戸籍時報575号37頁）においても踏襲されている。なお、当時からは新たに、「家庭法院からの協議離婚の案内」が手続に付加されており、これを国際私法上、実質的成立要件とみるか形式的成立要件とみるかについては、現在においてもはっきりしないが、実質的成立の要件と解するのが適切との指摘がある（青木清「家庭法院の機能強化と国際私法」東北亜法研究9巻1号59頁（2015））。そのほか、国際私法上の解釈ではなく内国解釈としては、これを離婚の実質的成立要件の一つであるとしている（金疇洙＝金相瑢『第11版親族・相続法』163頁（ソウル法文社、2013））。

合でも、離婚の実質要件である離婚意思に特段の疑義がない限り、日本の市区町村戸籍窓口（以下、「戸籍吏」という）はその届出を受理している[11]。韓国においても、当初はこの日本の方式で成立した協議離婚を、韓国の市・邑・面の戸籍窓口は、報告的申告として受理し韓国戸籍簿に登載してきた[12]。しかし、韓国の戸籍事務を管掌する大法院（最高裁判所）は2004年（平成16年）に通知を発し、同年9月20日以降、こうした取扱いを廃止することとした[13]。これは韓国の協議離婚の方式にある①～④のうち、②に関する部分は離婚の実質的成立要件であり、日本の協議離婚にはそれが欠缺しているから無効であるとの考え方に基づくものと解される[14]。日本の裁判所において、

11　戸籍事務・国籍事務を所管する法務省民事局第一課の職員は、平成25年においても設題の解説において「家庭法院の確認」が形式的要件にすぎないと解説している（「国籍相談」戸籍時報700号113頁）。離婚の成否は、それに伴う親権者指定にも当然に影響し、親権者指定が無効となる場合には、親権者が行使した代理行為が有効とならないおそれがある。設題は、日本の方式により協議離婚をした韓国人女が、自らが単独親権を有する未成年とともに、日本国へ帰化申請をなした事例であるが、本来であるならば、日本国籍取得と同時に韓国国籍は自動喪失するはずである（韓国国籍法15条1項）。しかし、離婚の際の親権指定が無効であるならば、韓国国籍法15条1項本文中の「自ら進んで外国の国籍を取得した者」に該当しないとも考えられ、この場合、韓国国籍は喪失しない結果となるのではないであろうか。

12　現在では、戸籍法廃止および家族関係登録法改正により、在外国民の届出は在外公館、登録基準地の市・邑・面または在外国民家族関係登録事務所に申告をすることができる（家族関係登録法35条1項・2項）。

13　戸籍例規2004年3月17日668号、戸籍例規2004年9月22日681号。2004年9月19日までに受理された日本の方式による協議離婚の場合は、現在もその報告的申告が認められている。しかし、韓国法の条文が改正されたわけではなく、解釈が2004年9月19日を境に変更されたというだけで有効か否かに違いがあるということには、筆者は特段の合理性が見出せない。

14　外国法の解釈については、必ずしも純粋の国内的私法関係に適用される場合における解釈によるものではなく、その国において、国際的私法関係に適用される場合における解釈によるべきであるとするのが通説である（溜池・前掲（注6）248頁）。韓国の国際私法学者である石光現は「家庭法院の確認」について、「問題は、離婚の行為地が外国の場合、例えば日本において、双方が日本法に従って法院の確認が無く当事者の意思のみによって協議上の離婚が成立できるとすれば、在外国民らが日本国において日本法が定める方式に従って、法院の離婚意思の確認が無くとも離婚できるかどうかである。もし、協議上離婚の可否が離婚の方式の問題ならば、これは法律行為の方式に関する一般原則を定めた国際私法第17条に従って、離婚の準拠法又は行為地法によることになるので、これが許容されるとみられるが、法院の離婚意思確認、協議上離婚又は裁判上離婚

協議離婚意思の確認申請の制度は存在しない[15]。つまり、日本と韓国双方で認められる協議離婚は、韓国の方式による協議離婚の申告以外はなく、日本の方式による協議離婚の届出の場合、日本では離婚が認められるが韓国では認められないという、いわゆる跛行婚が生ずることとなるのである。

(B) 在日韓国人と日本人の夫婦の場合

一方配偶者が日本に常居所を有する日本人である場合には、〔図表5〕のとおり準拠法は日本法となり、行為地法上も準拠法上も日本法による方式となる（通則法34条1項・2項）。日本の戸籍法上の離婚届出によって離婚は有効に成立する（日本民法764条参照、戸籍法76条）。しかし、一方配偶者が日本に常居所を有しない日本人であるならば、最密接関係地法が準拠法となるため、協議離婚ができない場合もありうる（通則法27条、25条）。

(C) 在日韓国人とその他の国籍者の夫婦の場合

夫婦双方が日本に常居所を有している場合には、〔図表5〕のとおり日本法が離婚の準拠法となり協議離婚をすることができるが、夫婦の常居所が異なる場合には、夫婦の最密接関係地法が離婚準拠法となるため、(B)と同様その法が協議離婚を認めていない限り、協議離婚はできないこととなる（通則法27条、25条）。

(3) 裁判上の離婚

在日韓国人夫婦が、日本において裁判上の離婚ができるかどうかは、〔図表5〕のとおり夫婦の同一本国法である韓国法によることになる。相手方配偶者が日本に常居所を有する日本人または韓国人以外の配偶者である場合

のその全てが、方式ではなく離婚の方法の問題においては、実質的要件に該当するとみるのが妥当である。そうすると、これは離婚の準拠法に従う事項であるので法院の確認が必要となる。離婚の方法を方式の問題とみて、選択的連結を許容することで方式要件の具備を容易にすることは、政策的において望ましくない」としている（石光現『国際私法解説』472頁以下（ソウル博英社、2013））。同様の見解として、金演・朴正基・金仁獻『国際私法〔第3版補訂版〕』380頁以下（ソウル法文社、2014）も参照。

[15] 日本公証人による宣誓認証の方法をもってしても、「家庭法院の確認」には代行できないとされている（戸籍先例2005年2月3日200502－1号）。

は、同一常居所地法である日本法によることとなる（〔図表5〕）。

　離婚原因について、韓国民法と日本民法を比較してみると、①配偶者の不貞行為、②悪意の遺棄、③3年以上の生死不明、④その他婚姻を継続し難い重大事由がともに共通している（韓国民法840条、日本民法770条）。韓国民法に特有の離婚原因としては「配偶者又は配偶者の直系尊属から一方の配偶者が著しく不当な待遇を受けたとき」や「自己の直系尊属が配偶者から著しく不当な待遇を受けたとき」があり（韓国民法840条）、自らに非があり夫婦生活の破綻を招いた者が、相手方に対して裁判上の離婚を求めることができるかどうかについては、韓国では例外的な場合にのみ認められている[16]。

3　手続法上の問題点と身分登録

　在日韓国人が離婚する場合、さまざまな手続上の問題点が実務上多く発生している。日本の方式による場合には、戸籍行政の枠組みにあてはまらない限り方式として成立することはないし、韓国の方式による場合には、家族関係登録行政の枠組みにあてはまらない限り方式として成立しない。離婚届は、届出をすることで効力が発生することから創設的届出（または申告）と呼ばれ、出生・死亡等のすでに発生した事実を届出することとは異なる（これを報告的届出（または申告）という）[17]。しかし、日本・韓国ともに自国民を管理・把握するための戸籍または家族関係登録という制度をもち、人の身分関係を出生から死亡まで時系列ごとに系統立てて登録していくことから、外国にお

---

[16]　大法院2015年9月15日宣告2013ム568全員合議体判決は、「このように有責配偶者の離婚請求を例外的に許可するかどうかを判断する際には、有責配偶者の責任の態様・程度、相手方配偶者の婚姻継続意思と有責配偶者に対する感情、当事者の年齢、婚姻生活の期間と婚姻後の具体的な生活関係、別居期間、夫婦間の別居後に形成された生活関係、婚姻生活の破綻後諸事情が変更したかどうか、離婚が認定された場合の相手方配偶者の精神的・社会的・経済的状態と生活保障の程度、未成年の子供の養育・教育・福祉の状況、その他の婚姻関係の諸事情をあまねく考慮しなければならない」と判示している。

[17]　財団法人民事法務協会＝民事法務研究所＝戸籍法務研究会『新版　実務戸籍法』69頁（民事法務協会、2001）、申榮鎬＝裵薫『韓国家族関係登録法』50頁以下（日本加除出版、2009）を参照。

いて成立した離婚についても報告的届出（または申告）義務が生ずることとなる[18]。つまり、両国で登録されるわけであるが、登録される際にはそれぞれの国際私法が適用されることで、ふるいにかけられることとなる。そのため、齟齬が生じる余地があり、本来、実体関係があっての手続であるはずが、手続方法に拘束されることにより当事者が意図しない実体関係が生まれてしまうことがある[19]。

(1) 日本の協議離婚の方式による場合

在日韓国人が日本で離婚する場合、相手方が日本人の場合のみならず在日韓国人の場合であっても、2(2)(A)のとおり戸籍実務では離婚届は受理されている。添付書類は、婚姻事実を証するために婚姻関係証明書等の提出が求められているようであるが[20]、2(2)(A)のとおり、韓国の市・邑・面事務所、韓国在外公館または家族関係登録事務所（以下、「家族関係登録吏」という）は、この離婚に基づく報告的申告を受理しない。日本の他の行政機関が、効力について見解の分かれる日本の方式に基づく協議離婚をどのように取り扱って

---

[18] 日本の戸籍法は、日本の領域外であっても日本人については適用される、属人的効力を有している（民事法務協会ほか・前掲（注18）271頁以下）。韓国の家族関係登録法についても、「外国に居住している韓国人は、韓国に居住している者と同じく報告的申告事項について『家族関係の登録等に関する法律』に基づく家族関係登録届出の義務を負う」としている（家族関係登録例規2007年12月10日30号）。

[19] もちろん、一方にしか届出（または申告）をしない場合もあるし、一方にしか届出（または申告）ができない場合もありうる。たとえば、在日韓国人夫婦が日本の方式により婚姻を行った後、その婚姻について家族関係登録簿に報告的申告をしていなかった場合、家族関係登録簿上は独身状態のままになる。この夫婦が協議離婚を行おうとする場合、日本の方式による協議離婚を戸籍吏は受理するが、韓国の方式による協議離婚は、前提となる婚姻関係が家族関係登録簿には登載されていないことから、婚姻の報告的申告を行わない限り受理されないであろう。離婚する当事者が一旦、婚姻の報告的申告をする可能性は低く、この夫婦の場合には日本の方式による協議離婚のほうが韓国の方式による協議離婚を行うことに比べ、はるかにたやすい。

[20] 大阪戸籍だより平成14年4月1日107号29頁。外国人同士の協議離婚届については、当該事件の規定内容および準拠法を決定するための外国人当事者の国籍、常居所を確認し、かつ、事件本人の婚姻した事実を調査するため、国籍を証する書面、外国人登録証明書および婚姻証明書を添付させるのが実務の取扱いのようである。

いるかは明らかではないが、行政レベルにおいて効力を否定するのは困難ではなかろうか。裁判例の蓄積が望まれるところである。

日本の方式による協議離婚は簡便であるが、弊害も当然にある。離婚届が一方配偶者に無断で届出られてしまうことがあり得るからである。夫婦間に紛争がある場合、勝手に協議離婚届がなされる事を防ぐために、不受理申出という制度が規定されているが（戸籍法27条の2第3項）、当事者に日本人を含まない場合には利用できない制度となっている[21]。

(2) 韓国の協議離婚の方式による場合

韓国の協議離婚の方式による場合、家族関係登録吏に離婚申告書を提出しなければならない（韓国民法836条）。協議離婚意思の確認を受けるため、夫婦双方で家庭法院へ出頭しなければならないのに加え、離婚成立まで相当日数がかかる（韓国民法836条の2）。また、養育すべき子が夫婦間にいる場合、「養育費負担調書」を作成しなければならない。当該調書は、これをもって強制執行ができるものと定められているが（韓国民法836条の2第5項、韓国家事訴訟法41条）、韓国に常居所のない在日韓国人の場合、外国判決の承認における管轄要件を満たしておらず、日本国内においては効力が認められないと思われる（民事訴訟法118条1号）。

在日韓国人同士の夫婦が、韓国の方式によって協議離婚を成立させたとする。この離婚申告を（日本の）戸籍吏が報告的届出として受理するか否かは、明らかではない。しかし、在日外国人間の外国の方式による婚姻についてはその報告的届出は受理できないとされており（大阪高決平成28年9月16日判タ

---

[21] 佐藤やよひ＝道垣内正人編『渉外戸籍法リステイトメント』238頁（日本加除出版、2009）。不受理申出制度は、以前は外国人のみを当事者とする届出事件についても、適用されたようであるが、現在では利用できない。外国人夫婦の離婚は、準拠法決定のため旅券等のさまざまな添付書面を確認する必要があるので、一方配偶者が勝手に離婚届出をなすことはハードルがあることから、再び外国人夫婦にまで広げる必要性は高くないと同書は指摘している。しかし、こと在日韓国人夫婦に限っては準拠法も明らかであり、前掲（注21）のとおり添付書面の取得も一方当事者のみで可能と思われることから、本制度を利用できないことによる潜在的な不利益はあるのではないだろうか。

1439号114頁)、同様に考えるならば、市区町村長は受理することができないと解される[22]。したがって、日本の行政機関が、離婚事実を把握できないケースがありうる。

(3) 日本の裁判所による裁判上の離婚の場合

夫婦間で協議がまとまらない場合または韓国の方式による協議離婚を行いたくない場合には、夫婦の住所が日本にあれば管轄が認められ、日本の裁判所で裁判離婚をすることができる。この場合、家族関係登録吏は、韓国民事訴訟法217条の承認要件を満たす限り、これを承認し、裁判上の離婚に基づく報告的申告として離婚申告を受理する(家族関係登録法78条、58条)[23]。つまり、日本の方式による協議離婚とは異なり、跛行婚となるおそれがない。

(4) 韓国の裁判所による裁判上の離婚の場合

韓国の裁判所が管轄を認めるならば、韓国の裁判所による裁判上の離婚が可能となる。離婚当事者の一方が在日韓国人であり、一方当事者が行方不明等、裁判上の手続に一切関与しない場合には、原則的にはこの方法を用いないと自らの家族関係登録簿に離婚事実を登載できない。なぜなら、韓国以外の裁判所による離婚判決の場合、一方当事者が手続に一切関知しないときには、韓国民事訴訟法217条2号の要件を満たさず、韓国国内では承認されないからである。しかし、裁判上の離婚の場合には、一般的に夫婦財産の分与、養育費負担の取り決め、厚生年金の分割等が定められることが多いのであり、日本の裁判所による裁判上の離婚の場合とは異なり、韓国の裁判所による裁判上の離婚であった場合には日本においてそれらの手続を行う際には支障を来す可能性があると思われる[24]。

---

22 東京法務局職員である小村泰弘氏は、「外国人同士が外国の方式で成立させた身分行為については、戸籍法上に根拠規定が存在しないので、戸籍法の属地的効力は及ばない。」と解説する(小村泰弘「実務解説」戸籍時報745号80頁(2016))。
23 家族関係登録例規2007年12月10日173号。
24 筆者が実際に取り扱った事件で、一方配偶者が数十年、行方不明であることにより離

おわりに

　人生で最も祝福すべきイベントである結婚は、人が法的に結ばれる行為であるが、始まりがあれば終わりがある。死別を除き、終わるためのイベントである離婚は、結婚の数倍も労力が必要といわれる。とりわけ在日韓国人の離婚は、法律上の問題が実体法的にも手続法的にも難解であることにより、当事者のみではなく周囲を巻き込んで悩ませ、労力は日本人同士の離婚よりもさらに数倍要すると考えられる[25]。本稿では特に手続面での問題点を中心にとりあげてみた。在日韓国人は、韓国の地を去って久しいが一定の接点をもって日常生活を送っている。今後の法制度面での改定には、在日韓国人の事情、法意識を踏まえたものになっていることを切に願う。

婚訴訟の訴状を作成したことがあった。依頼者は、自らの家族関係登録簿に離婚事実を登載させたかったようであるが、一方配偶者が数十年、厚生年金を掛けており、附帯請求として年金分割を求めれば支給年金額が増加する旨を説明したところ、自らの家族関係登録簿への離婚事実の登載を諦め、日本の家庭裁判所への提訴を選んだ。韓国の裁判所への提訴による場合、年金分割手続は難航したであろう。

[25] 韓国の方式による協議離婚は、軽率な離婚を防止することには大変効果的であるが、制度上、原則的に当事者双方の出頭が求められる（家族関係の登録等に関する規則74条、75条）。一方当事者が長期入院中であるなど身体的にハンディがあり、在外公館や裁判所（または家庭法院）への出頭が困難である場合には、いきなり裁判上の離婚を行う以外に方法はなく、こと在日韓国人夫婦が日本の家庭裁判所による裁判上の離婚を行う場合には、制度上、調停離婚すら行うことができない。なぜなら、日本の法制度上、調停離婚は、当事者双方が出頭しなければ成立しないからである（家事法268条3項）。この場合、いきなり裁判離婚を行う以外には方法がないのであるが、裁判離婚の場合、判決を下されることが離婚成立の効力要件である事から、韓国法上の離婚原因が存在するかについて厳密に審査がなされる。もちろん、当事者はそれを立証するために訴状を作成しなければならず、大変な労力がかかることはいうまでもない。

在日韓国人は、「遺言」で相続準拠法を日本法に指定できるか

西　山　慶　一

はじめに

　2017年2月の寒い日だった。「韓国人である父親の相続の相談ですが、よろしいでしょうか」との電話があって事務所に来た方がいた。相談者はおもむろに、前年（2016年）12月に70歳で死亡した父親（甲）の検認済みの「自筆証書遺言」を広げた。遺言書には、すべて日本語で「相続は日本の民法を適用すること。妻Aに私の全ての相続財産を相続させます」とボールペンで書かれてあり、作成した年月日と被相続人の住所・氏名、それに氏名の下には印鑑が押印されていた。死亡した父親（甲）には妻Aと相談者（B）を含めた子ども二人（男B・女C）がいること、借金はなく京都市内に30坪の自宅と少しばかりの預貯金があるとのことであった。相談者から聞いた範囲内で相続に関係する法の概略を説明したところ、「母と相談して、また来ます」との言葉を残して立ち去った。

　ここでは、韓国人である父親（甲）の相続準拠法は、先の遺言書の「相続は日本の民法を適用すること」の文言により果たして日本法になるのかについて、順を追って検討することにしたい[1]。

---

[1] 他の検討は、趙慶済「在日韓国人の遺言による相続準拠法の指定」同『「在日」の国際家族法とその本国法を考える』19頁（日本加除出版、2015）（初出・ジュリスト1210号（2001年10月15日）164頁））、林貴美「韓国国際私法改正の影響」右近健男ほか編『家事事件の現況と課題』372頁（判例タイムズ社、2006）（初出・判タ1134号79頁（2004年1月））を参照。

1 相続準拠法指定の遺言をめぐる法適用の経路

相談者の父親（甲）は、外国国籍（韓国国籍）なので、父親（甲）の相続関係は渉外的な法律関係に当たる。日本では、渉外的な法律関係の準拠法を定める法律は通則法である。そこで、父親（甲）の相続に関する法律関係は、通則法によって、どこの国（法域）の法を適用することになっているかを確認することから始めなければならない。

(1) 通則法36条（相続）の意義

> 第36条　相続は、被相続人の本国法による。

通則法36条は相続という法律関係の準拠法を定める条文である。同条の「相続」の法律関係とは、概括的には、世代を超えた財産または身分の承継と考えられている[2]。誰が相続人になるのか、相続人の法定相続分はいくらか、代襲相続は許されるのか、相続欠格事由とは何か、相続欠格者の法的効果とは何か、遺贈は許されるのか、遺留分権者は誰か、遺留分の割合はいくらか、遺留分が侵害された場合の減殺（返還）請求権はあるのか、などが含まれることに異論はみられない[3]。

通則法36条の「被相続人の本国法による」とは、被相続人の死亡当時の国籍所属国の国（法域）の法律を適用するという意味である。通則法では、「相続」という法律関係は、死亡当時の被相続人の国籍所属国の法律に最も密接につながっているとの理由から「（死亡当時の）被相続人の本国法」を適用すると定めているのである。ここでいう「本国法」とは「常居所地法」と並んで、講学上「連結点」といわれ、一定の法律関係と準拠法を媒介する用語で

---

[2] 山田鐐一『国際私法〔新版〕』567頁（有斐閣、2003）。
[3] 櫻田嘉章＝道垣内正人編『注釈国際私法　第2巻』192頁以下〔林貴美〕（有斐閣、2012）参照。

ある。

したがって、通則法36条は、死亡当時の国籍が「韓国」の人の「相続」の法律関係は、被相続人の死亡したときの国籍国である「韓国」の法律を適用する、ということになる。

なお、当事者が、重国籍者、無国籍の者の本国法や、国家内の法律が地域的に統一していない国の法律を適用するときの本国法や国家が宗教や人種ごとに異なる法を適用すると定めている国家の場合の本国法をどのように決定するかは、別に通則法38条1項から3項、40条で規律している。

次いで、韓国の相続法を適用するとしても、韓国の法律も外国の法律なので、日本民法第5編「相続編」で規律する内容と類似または相似しているとは限らず、用いられる法律用語が異なる場合も少なくない。外国の相続に関連する法律を適用する際には、当該法律の解釈は当該外国でなされているように解釈することが求められる[4]。

(2) 通則法36条（相続）と41条（反致）の関係

さて、父親（甲）の相続という法律関係には、甲の死亡当時の本国法である韓国の法律が適用されるとして、通則法は相続準拠法である36条とは別に「反致」といわれる規定を41条に設けている。

> 第41条　当事者の本国法によるべき場合において、その国の法に従えば日本法によるべきときは、日本法による。ただし、第25条（第26条第1項及び第27条において準用する場合を含む。）又は第32条の規定により当事者の本国法によるべき場合は、この限りでない。

通則法41条本文の「当事者の本国法によるべき場合」とは、通則法で一定の法律関係に適用される「連結点」が「本国法」の場合という意味である。

4　櫻田＝道垣内・前掲（注3）357頁以下〔山本和彦〕。

次に、「その国の法に従えば日本法によるべきとき」の「その国の法」とは、本国の国際私法規定の意味である。よって、「その国の法に従えば日本法によるべき場合」とは、本国の国際私法を適用してみると、その準拠法が日本法になる場合という意味になる[5]。ただし、この場合の「その国の法に従えば」の中には本国の国際私法が「直接」日本法を指定する場合だけを含み、本国の国際私法が第三国を指定し、その第三国の国際私法が日本法を指定する場合などは除かれるとするのが通説・判例の立場と考えられる[6]。

　したがって、通則法41条は、通則法で一定の法律関係に適用される連結点が「本国法」の場合で、その本国の外国「国際私法」規定を適用すると、同一の法律関係についての「連結点」が「住所」「常居所」などで、その「住所」「常居所」が日本にあれば、「日本法」を適用する、という意味になる。本件の相続の事案に限れば、相続という法律関係の連結点は通則法36条で「本国法」であるが、その本国の「国際私法」を適用すると相続の「連結点」が、たとえば「常居所」であり、その「常居所」が日本にあれば、相続という法律関係には、日本法が適用されることになる。

　もちろん、本国の「国際私法」の規定は外国の法律なので、外国法である「国際私法」の理解が前提となり、当該法律の解釈は当該外国でなされているように解釈することが求められることはいうまでもない[7]。

(3) 韓国「国際私法」49条（相続）の意義

　ここまでは、日本では通則法36条が渉外的相続関係に適用され、その連結点は「被相続人の死亡当時の本国法」であるが、連結点が「本国法」の場合は通則法41条により日本法に反致する可能性があるので、本国の国際私法の

---

[5] 櫻田＝道垣内・前掲（注3）326頁〔北澤安紀〕は、「本国の国際私法の解釈に当たり、適用対象となっている法律関係の性質決定、連結点の確定、法律回避、公序則の適用等については、本国の国際私法の立場から行われるべきである」。

[6] 山田・前掲（注2）71頁を参照。

[7] 櫻田＝道垣内・前掲（注3）357頁〔山本和彦〕。

相続関係の規定で日本法が適用されるか否かを検討する必要があることを述べた。本事案では、父親（甲）の死亡当時の本国は「韓国」なので、韓国「国際私法」の規定により相続準拠法が日本法に反致するかを検討してみよう。

(A) 本国法か、それとも指定した準拠法か（韓国国際私法49条1項と2項の関係）

> 韓国「国際私法」
> 第49条（相続）　相続は死亡当時の被相続人の本国法による。
> ②被相続人が遺言に適用される方式により、明示的に次の各号の法のいずれかを指定するときは、相続は第1項の規定にかかわらずその法による。
>   1．指定当時の被相続人の常居所地のある国家の法。ただし、その指定は被相続人が死亡時までその国家で常居所を維持した場合に限り、その効力を有する。
>   2．不動産に関する相続については、その不動産の所在地法。

韓国国際私法49条1項は、「相続は死亡当時の被相続人の本国法による」と定めている。相続という法律関係には[8]、「死亡当時の本国法」を適用するので、通則法36条の相続準拠法の規定と異ならない。したがって、国籍が「韓国」であれば、日本でも韓国でも、渉外相続の法律関係には、原則として本国法である韓国法が適用されることになる。

ところが、韓国国際私法49条2項は、同項の要件に則った相続準拠法の指定があったときは、相続は「第1項の規定にかかわらずその法による」とし、同条1項の「本国法」の規定を排除する。したがって、ここでは、同条同項の要件とは何かを確かめ、同条1項の「本国法」が排除される要件を検討しなければならない。

8　申昌善＝尹南順『신국제사법（新国際私法）』385頁以下（ソウル Fides、2016）参照。

(B) 準拠法指定の要件（韓国国際私法49条2項の意義）

　韓国国際私法49条2項により同条1項が排除される場合とは、被相続人が「遺言に適用される方式」により「明示的に次の各号の法のいずれかを指定するとき」である。指定できる準拠法は、同条2項1号・2号の準拠法に限られる。同条2項で「各号の法」とするのは準拠法を限定して当事者自治を採用したからである。

　(a)　「遺言に適用される方式」（韓国国際私法49条2項柱書）

　ここでいう、「遺言に適用される方式」とは、韓国国際私法50条3項が規定する「遺言の方式」に関する準拠法に則った遺言であることを意味する。

　韓国国際私法50条3項は、1号から4号までの国が定める方式のどれか一つの方式であればよいとする選択的連結であることを示している[9]。したがって、本事例の場合であれば、被相続人の死亡当時の国籍が「韓国」であり、遺言当時の国籍も「韓国」であれば「韓国法」が定める遺言の方式（韓国民法1066条〜1070条）でもよく（韓国国際私法50条3項1号）、被相続人の死亡当時の常居所地は「日本」にあり、遺言当時の常居所地も「日本」であれば、日本法が定める遺言の方式（日本民法967条〜970条）でもよく（韓国国際私法50条3項2号）。被相続人が遺言を行った地が「日本」であれば、日本法が定める遺言の方式でもよい（韓国国際私法50条3項3号）。

　ところで、韓国で、相続準拠法指定の遺言の要件の一つである遺言の方式の準拠法が問題になる場合は、韓国国際私法50条3項の遺言の方式の準拠法の要件だけが充足していれば有効である。しかし、日本で、日本法を相続準拠法に指定する遺言の効力や執行が問題になる場合は、日本の「遺言の方式の準拠法に関する法律」2条が定める遺言の方式の準拠法でも有効な遺言で

9　韓国国際私法第50条
　　③遺言の方式は、次の各号のいずれか一つの法による。
　　　1．遺言者が遺言当時または死亡当事国籍を有する国家の法。
　　　2．遺言者の遺言当時または死亡当時の常居所地法。
　　　3．遺言当時の行為地法。
　　　4．不動産に関する遺言の方式については、その不動産の所在地法。

なければならないと解される[10]。本事例でいえば、被相続人の「国籍地法」（2号）である韓国の方式であるか、「行為地法」（韓国国際私法50条3項1号）であり「住所地法」（同項3号）「常居所地法」（同項4号）でもある日本の方式であれば、日本でも有効な遺言として取り扱われよう。

 (b) 「明示的に次の各号の法のいずれかを指定」（韓国国際私法49条2項柱書）

 (ア) 「明示的に……指定」

被相続人が限定的であれ相続準拠法を指定し、その指定された相続準拠法が適用されることは、相続人や利害関係を有する第三者にとっては重大な関心事である。よって、相続準拠法指定の遺言の文言は、明瞭に判別できることを求めたのが「明示的に……指定」の趣旨と考えられる。とりわけ、自筆証書遺言の場合にはその内容が曖昧かつ不明瞭な文言が多く、遺言者の真意を把握するのに困難を伴う場合が多い。遺言の内容が、相続準拠法を指定したものか、遺言法定事項を示したものか、それとも単なる遺訓なのかが明確でない場合も考えられる。本事例のように韓国国際私法49条2項1号指定の遺言であれば、たとえば「私の相続は常居所地である日本民法を適用します」、「私の相続には日本の民法を適用します」のように明確に相続準拠法の指定が示されていることが求められる[11]。その点は、同項2号指定の遺言の場合も同様である。

 (イ) 「指定当時の被相続人の常居所地のある国家の法」の指定（韓国国際私

---

10 日本でその渉外遺言の方式が有効か否かは「遺言の方式の準拠法に関する法律」（昭和39年法律第100号）の定める方式でなければならないとして、その点の検討が必要との見解がある（「カウンター相談131」登記研究643号95頁）。なお、金汶淑「被相続人が韓国籍である場合において公正証書遺言によって相続の準拠法を日本法と指定する事例」戸籍時報737号67頁は、「韓国の国際私法第49条第2項が認める相続準拠法の選択における方式は、同法第50条第3項が定める遺言の方式に符号すれば足りると思われる」（73頁）と述べる。

11 日本公証人連合会編著『新版証書の作成と文例　遺言編〔改訂版〕』189頁（立花書房、2013）では、公正証書遺言において「遺言者は、相続の準拠法として遺言者の常居所地である日本法を指定する」との文例を示している。

法49条2項1号）

　韓国国際私法49条2項柱書の「次の各号の法」の1号の「法」である。同項1号は、被相続人が遺言で指定できる相続準拠法とは、被相続人が遺言で指定した当時の「常居所」を有する国の法でなければならないことを示した。本事例であれば、父親（甲）が遺言をした当時に日本に常居所があれば、日本法を相続準拠法に指定できるということになる。

　ところで、韓国では国際私法上の「常居所」はどのように考えられているのであろうか。韓国では、常居所の概念について「『人がその生活の中心を有する場所』と理解される。通常一定の場所に相当な期間の間定住した事実が認められればその地が常居所と認められ、常居所が存在するためには必ずしも定住意思は必要が無く、法的概念である住所に反して常居所は相対的な事実上の概念」[12]といわれている。

　また、韓国の大法院は、2001年制定された国際私法の施行にあわせて戸籍事務取扱い上の改正戸籍例規を発出し[13]、常居所認定の指針を示した。その後、「戸籍法」が廃止されて「家族関係の登録等に関する法律」が2008年1月1日施行するのに備えて、2007年12月10日に家族関係登録例規第33号「身分関係を形成する国際身分行為をする際に身分行為の成立要件の有無の証明手続に関する事務処理指針」を発出している[14]。そこでは、常居所とは「事実上の生活の中心で一定の期間持続した場所をいう」とし、その具体的判断

12　編集代表윤진수（尹眞秀）『주해친족법제2권（注解親族法第2巻）』1512頁〔석광현（石光現）〕（ソウル박영사、2015）。なお、金演＝朴正基＝金仁献『国際私法』133頁（ソウル法文社、2002）は、今後学説および判例により定立すべきとしながら「一応『人がその生活の中心を有する場所』をいうものと理解しなければならない」とする。申＝尹・前掲（注8）94頁は、「常居所が事実上の概念であることは争いがない。常居所にいかなる事実の存在が必要かは必ずしも明白ではない」、「通常一定の場所で相当の間定住した事実が認められれば、その地が常居所と認められ、常居所と認められるためには必ずしも定住の意思は必要とならないと解される」と述べる。

13　1992年3月26日戸籍例規第472号を改正し2001年9月5日戸籍例規第596号として発出した。

14　同例規は、2015年1月8日家族関係登録例規第427号で改正されたが、常居所認定部分の改正はない。

基準を示した。それによると、外国における常居所を認定するには、事件本人が韓国人の場合は、「事件本人が当該国家で適法に5年以上継続して滞留している場合にはその国家に常居所があるものと看做す」(3.나.(1))としている[15]。

以上の韓国の学説・大法院例規からすれば、韓国「国籍」を有する者が、日本の在留資格を有しその在留資格が「特別永住者」「永住者」「高度専門職2号」であるか[16]、日本の在留資格を有し5年以上日本に継続居住していれば、日本に常居所があると認定される蓋然性は高いといえよう。しかし、在留資格だけで認定するには慎重さが求められるであろう。上記で述べた在留資格者の「生活の中心地」が他の国にある場合もあり得るからである。

(ウ)　「その指定は被相続人が死亡時までその国家で常居所を維持した場合に限り、その効力を有する」(韓国国際私法49条2項1号ただし書)

韓国国際私法49条2項1号のただし書は、遺言時から死亡時まで「同一の常居所」であることを要件とした。遺言時と死亡時の期間が永きにわたれば遺言時の「常居所」が死亡時の「常居所」でなくなり、相続人や利害関係を有する第三者の予測可能性を害することを配慮した規定と考えられる。

本事例であれば、韓国人父親(甲)が遺言した当時「日本」に常居所があり、その後も引き続き常居所が「日本」で、死亡したときも常居所が「日本」であることを要件に付加した。具体的には、遺言時から死亡時まで引き続き「常居所」と認定される上記の在留資格等を保持し「生活の中心地」が日本にあれば、相続準拠法の指定は「効力を有する」ことになろう。

(エ)　「不動産に関する相続については、その不動産の所在地法」(韓国国際私法49条2項2号)

---

[15] 同例規は、ただし書で「事件本人が、①二重国籍者の場合で我が国以外の国籍国、②永住資格を有する国家、③配偶者又は未成年の養子で滞留している場合にはその外国人配偶者又は養親の国籍国で1年以上継続して滞留すればその滞留国家に常居所がある」とする。
[16] 「特別永住者」「永住者」「高度専門職2号」の在留期間は「無期限」(入管特例法3条、4条、入管法規則別表第二)。

韓国国際私法49条2項2号の指定とは、不動産に関する相続準拠法に限って不動産所在地法を指定するという意味である[17]。ただし、不動産相続に限って相続準拠法に指定すれば、本事例の場合であれば、不動産相続の準拠法だけが不動産所在地の国である日本法に反致し日本法が適用され（通則法36条、41条）、不動産以外の財産の相続の準拠法には本国法である韓国法が適用されることになる（通則法36条、韓国国際私法49条1項）。講学上、「部分反致」といわれる現象である[18]。通則法36条は、相続準拠法に相続統一主義を採用し、動産・不動産分割主義を採用しておらず、日本・韓国の相続に関する実質法も包括承継主義を採用している。したがって、不動産相続の準拠法に限った相続準拠法の指定は、相続人や利害関係を有する第三者にとって困難な問題を惹起させるであろう。

2　相続準拠法を日本法に指定した遺言をめぐるいくつかの問題

相続準拠法を指定した遺言は、何時から効力が生じるのであろうか。日本では、遺言の効力発生時期の準拠法は「その成立当時における遺言者の本国法による」（通則法37条1項）とする。そこで、準拠法が本国法なので通則法41条の可否を検討しなければならないが、遺言の効力発生時期を定める韓国国際私法50条1項「遺言は、遺言当時の遺言者の本国法による」が適用され[19]、同項の連結点は、通則法の連結点と同一なので、日本法に反致せず日

---

[17] 石光現『2001년（年）개정（改正）国際私法해설（解説）〔第2版〕』376頁（ソウル図書出版芝山、2003）は、不動産所在地法を指定可能とした立法理由を「この場合夫婦財産制及び物権の準拠法が一致できることになりそれらが相違した場合に発生する複雑な法律問題を回避でき、実効的に迅速な遺産債務の解決が可能になる」とする。

[18] 櫻田＝道垣内・前掲（注3）210頁〔林貴美〕では、「部分反致を認めると、相続分割主義における法適用のようになるため……部分反致を否定する見解も主張されていた。しかし、……通説は、部分反致についても肯定的である」。

[19] 申＝尹・前掲（注8）392頁は、本条は、「意思表示の一形式としての遺言それ自体の成立及びその効力の問題」に適用され、「遺言能力、遺言の意思表示の瑕疵等遺言の成立問題に適用され……」とある。

本法が適用されることはない。被相続人である父親（甲）の本国法になる韓国民法によると、「遺言は、遺言者が死亡したときからその効力が生ずる」（韓国民法1073条1項）ので、相続準拠法指定の効力も遺言者が死亡したときからその効力が発生すると解される。

そこで、在日韓国人が相続準拠法を日本に指定する遺言書を作成すれば、韓国法には存在しないが、日本法が定める相続開始前の「推定相続人の廃除」（日本民法892条）や「相続開始前の遺留分の放棄」（同法1043条）などの法律行為が生前に可能になるかが問題になる[20]。その点は、相続準拠法指定の効力は遺言者が死亡したときから生じるので法的に許容されないと解されよう。また、被相続人が、韓国法には存在しないが日本民法が定める「遺言による推定相続人の廃除」（日本民法893条）、「遺言による祭祀主宰者の指定」（同法897条）[21]、「遺言による相続分の指定・指定の委託」（同法902条）等を遺言に記載した場合のそれら遺言の効力はどのように解すべきであろうか。相続準拠法指定の効力は遺言者が死亡したときから生じるので、それら遺言法定事項の効力も生ずると解されよう。

次いで、「共同遺言」の許否の問題がある。日本法では共同遺言は禁止されているが（日本民法975条）、韓国法にそれを禁止する条項は見当たらず、それを禁止する韓国の学説も管見の限りでは見当たらない。共同遺言の許否の準拠法は、遺言の実質的内容をなす法律行為の準拠法によるとするのが多数説である[22]。本事例であれば、「妻Aに私の全ての相続財産を相続させます」

---

[20] 林・前掲（注1）387頁は、「韓国人が日本法を選択する旨の遺言をし、自らの相続に日本法が適用されることを前提に、事前の遺留分放棄をすることは認められるだろうか」と述べ「日本法に基づく事前の遺留分放棄は認めるべきではないであろう」と述べる。

[21] 木棚照一「国際家族法講義(21)」戸籍時報720号59頁〜60頁は、国際私法上、祭祀承継者の指定が相続準拠法の適用範囲になるかについて疑問を投げかける。

[22] 木棚照一＝松岡博編『基本法コンメンタール国際私法』188〜189頁〔早川眞一郎〕（日本評論社、1894）は、「わが国では共同遺言の許否は方式の問題ではなく遺言の実質的内容の問題であるとするのが大勢であり、……そもそも共同遺言が許されるか否かは、その遺言によって実現しようとする法律関係の準拠法によって決せられ」とする。なお、木棚照一「国際家族法講義（24完）」戸籍時報727号20頁〜21頁では、諸説が紹介されている。

との遺言は包括遺贈と考えられ、包括遺贈が許されるか否かは通則法36条の相続準拠法の適用範囲に属することになる。よって、本事例では、相続準拠法は日本法になるので、共同遺言の許否には日本相続法が適用され、二人以上の者が同一の証書で作成した遺言は、日本民法975条で無効になると解される。なお、日本の「遺言の方式の準拠法に関する法律」4条は、「前2条の規定は、二人以上の者が同一の証書でした遺言の方式についても、適用する」と定めるが、本条は共同遺言の許否を定めたものではなく、共同遺言も遺言の一種であることを示した注意的規定にすぎないといわれる[23]。

3　在日韓国人父親（甲）の相続準拠法には日本法が適用されるか

　被相続人である韓国人父親（甲）は、「相続は日本の民法を適用すること」と書かれた自筆証書遺言を遺して2016年12月死亡した。そこで、通則法36条の連結点が「本国法」なので通則法41条（反致）を点検しなければならないが、同条の「その国の国際私法」である韓国国際私法49条に「従えば」、相続準拠法は「日本法によるべきとき」になり「日本法」になるかを確かめる必要がある。

　まず、本事例の遺言の方式の要件であるが、被相続人の遺言は、日本の自筆証書遺言の方式に沿っているので、韓国国際私法49条2項本文の「遺言に適用される方式」の準拠法である同法50条3項2号または3号の遺言の方式であり、日本の遺言の方式に関する準拠法に関する法律2条1号・3号・4号が定める準拠法の遺言の方式でもある。したがって、遺言の方式の要件はクリアーしていると考えられる。

　次に、遺言の「相続は日本の民法を適用すること」という文言が、韓国国際私法49条2項本文でいうところの「明示的に指定」しているか否かである

23　木棚＝松岡・前掲（注21）188頁〔早川〕。しかも、「共同遺言許否が遺言の方式の問題であるか否かについては、本条は何も述べていない」とする。

が、表現上においても他の遺言事項との関係においても「明示的に指定している」と判断してもよいであろう。

　次いで、「常居所」は遺言作成時に日本に存在し、遺言時から死亡時まで「常居所」は日本に継続していなければならないとする韓国国際私法49条2項1号の要件であるが、父親（甲）の死亡時に除却された外国人住民票の写しや2012年7月から法務省に保存されている「死亡した外国人に係る外国人登録原票」の写しから在留資格の変遷や居住地・住所地の移動などを確かめ、もし、それら書面により、父親（甲）は遺言作成時に日本に居住していたこと、遺言作成時から死亡時まで日本に継続居住していることが判明すれば、同号の要件を充足していると考えられよう。

　結論としては、検認済みの日本方式の「自筆証書遺言」、死亡を証する書面、遺言作成時から死亡時まで日本に継続居住していたことを証する書面等により、被相続人である韓国人父親（甲）の相続準拠法は日本法になると解される。

おわりに

　2017年5月になって、冒頭の相談者が事務所に来た。私らの相続がなぜ日本法になるのか、もう一度聞きたいというのである。特に、通則法41条の反致や韓国国際私法49条の説明である[24]。当初は、私の説明にやや戸惑いの表情を浮かべていたが、帰り際に「次は母と妹、3人で来ます」と言い残して事務所をあとにした。

　2016年末現在の統計によると、日本に在留する外国人で、「特別永住者」（総計33万8950人）の「国籍・地域」別内訳は、「韓国」（30万3337人）、「朝鮮」（3万1826人）の順であり、「永住者」（総計72万7111人）の「国籍・地域」別内訳は、「中国」（23万8438人）、「フィリピン」（12万4477人）、「ブラジル」（11万

24　私は、かつて反致を経由したこのような迂遠な経路をたどるのではなく、通則法36条に常居所地法の準拠法選択規定を設けるべきとの立法論を唱えたことがある（「『遺言による相続準拠法選択』制度の立法化を」趙慶済『「在日」の国際家族法とその本国法を考える』177頁（日本加除出版、2015）（初出・月報司法書士401号（2005年7月）54頁）。

932人)「韓国」(6万8033人)の順である。

　これら在留外国人が日本に在留するに至った経緯は一様ではない。また本国との親疎関係や日本社会への統合度も一様ではない。しかし、日本が「生活の中心地」であれば、巷間で耳にする法情報も日本のそれが圧倒的に多く、行為規範や裁判規範が日本のそれに近似する傾向は否めない。日本に常居所を有する外国人には、相続準拠法を常居所地法とするかまたは選択できる立法が速やかに講ぜられることを期待したい。

　最後に、出生から日本に継続居住している二・三・四世の韓国人には、日本法を相続準拠法に指定する遺言の活用を提唱したい。つまり、「常居所地法である日本法を相続準拠法とする」旨の遺言の作成である。

在日朝鮮人の相続について思うこと

高　山　駿　二

はじめに

　法務省の在留外国人統計「国籍・地域別在留資格（在留目的）別　在留外国人」によると、平成28年（2016年）12月31日現在、「国籍・地域」を「韓国」とする在日の数は45万3096人である。その内訳は、「特別永住者」が30万3337人、「定住者」が7348人、「永住者」が6万8033人、「日本人の配偶者等」1万3818人、「永住者の配偶者等」2207人、その他の在留資格が5万8353人である。一方、「国籍・地域」を「朝鮮」とする在日は3万2461人である。その内訳は、「特別永住者」が3万1826人、「定住者」114人、「永住者」468人、「日本人の配偶者等」44人、「永住者の配偶者等」8人、「経営・管理」1人となっている[1]。これをみると、「特別永住者」「定住者」「永住者」「日本人の配偶者等」「永住者の配偶者等」の在留資格を合わせて42万7千人余りの国籍・地域を「韓国」または「朝鮮」とする人々（以下、「在日韓国・朝鮮人」という）が、生活の本拠を日本においていることがうかがえる。

　それでは、在日韓国・朝鮮人のうち「在日朝鮮人」に相続が発生した場合の準拠法の決定について、その国籍や家族の問題を含め、どのように検討する必要があるのか。以下、述べてみることにする。

1　渉外的な相続の準拠法

　日本において渉外的な相続が問題となった場合には、通則法36条の「相続は、被相続人の本国法による」との規定により、被相続人の死亡当時の本国

---

[1] 法務省ホームページ〈http://www.moj.go.jp/housei/toukei/toukei_ichiran_touroku.html〉による。

法が適用されることになる。同法が規定する「相続」とは、「財産相続たると身分相続たると、包括相続たると特定相続たると、法定相続たると遺言相続たるとを問わず、およそ、世代を超えた財産または身分の承継関係を意味する」とされている[2]。したがって、日本民法上の相続の概念よりも広く観念できるといえる[3]。また、「被相続人の本国法」とは、「その死亡当時における本国法である。死亡当時における本国法というのは、被相続人が死亡当時国籍を有していた国の法を意味する」としている[4]。「相続」の適用範囲には、相続開始の原因、相続人の範囲、相続財産の構成、遺留分、相続の承認および放棄等が含まれる[5]。

次に、通則法41条本文は、「当事者の本国法によるべき場合において、その国の法に従えば日本法によるべきときは、日本法による」として「反致」を規定している。同法36条が規定する「相続」は、「当事者の本国法」が適用される場合であるため、反致が成立するか否かを検討する必要がある。なお、同法41条の「その国の法」とは、当事者の本国の国際私法を意味する。したがって、日本において、外国人に相続が発生した場合、まず被相続人の本国法を特定したうえ、その国の国際私法をみて、日本法に反致するかを判断することになる。

2　朝鮮民主主義人民共和国の国際私法関連法規

朝鮮民主主義人民共和国（以下、「北朝鮮」という）の国際私法規定をみてみる。北朝鮮では、1990年10月24日「朝鮮民主主義人民共和国家族法」（以下、「北朝鮮家族法」という）が、最高人民会議常設会議決定第5号として採択され、

2　山田鐐一『国際私法〔第3版〕』569頁（有斐閣、2004）。
3　木棚照一＝松岡博編『基本法コンメンタール国際私法』133頁〔笠原俊宏〕（日本評論社、1994）は、「実質法上の概念と国際私法上のそれとは必ずしも一致するものではなく、したがって、本条における相続の概念は、わが民法上のそれとは正確に符号するものではない」とする。
4　山田・前掲（注2）570頁。
5　山田・前掲（注2）574頁。溜池良夫『国際私法講義〔第3版〕』541頁（有斐閣、2005）。

同年12月1日に施行された。その付属決議3項では、「家族法は、外国で永住権を有している朝鮮公民には適用しない」と規定された。北朝鮮家族法には、8カ条の相続に関する規定があったが、在日朝鮮人の相続が問題となった場合、付属決議3項の規定により日本に反致して、日本法が適用されるかどうか議論の余地があるとされた[6]。

その後、1995年9月6日「朝鮮民主主義人民共和国対外民事関係法」(以下、「北朝鮮対外民事関係法」という)が、最高人民会議常設会議決定第62号として採択され、同日施行された。北朝鮮対外民事関係法は、北朝鮮で初めての国際私法の法典である。

北朝鮮対外民事関係法は相続に関し、「不動産相続には相続財産の所在する国の法を適用し、動産相続には被相続人の本国法を適用する。ただし、外国に住所を有する共和国公民の動産相続には被相続人が最後に居住していた国の法を適用する」(45条1項)と規定した[7]。これにより、1995年9月6日以降に在日朝鮮人に相続が発生した場合には、不動産相続、動産相続ともに日本法への反致が認められることとなった。ただし、同年9月5日以前の相続に関しては、北朝鮮には時際法の規定がないことから、日本法に反致するかは、不明としかいえない。

3 在日朝鮮人の本国法の決定

(1) 本国法の決定

日本において、在日韓国・朝鮮人に相続が発生した場合、先決問題としてその者の本国法を決定することが必要となる。

---

[6] 木棚照一「朝鮮民主主義人民共和国の対外民事関係法に関する若干の考察」立命館法学249号1233頁(1997)参照。
[7] 1998年に北朝鮮対外民事関係法の一部改正がなされ、ただし書の「被相続人が居住していた国」を「被相続人が最後に居住していた国」に改正された。

1945年（昭和20年）8月15日に朝鮮は解放されたが、38度線を境に北部をソ連軍、南部をアメリカ軍にそれぞれ統治された。その後、1948年8月15日に大韓民国（以下、「韓国」という）が成立し、同年12月20日国籍法が制定された。一方、北朝鮮は1949年9月9日に成立し、1963年10月9日に国籍法が制定されている。韓国・北朝鮮ともに国籍法に基づき韓国・朝鮮人に対し、それぞれ国籍を付与している。

　それでは、在日韓国・朝鮮人の国籍が問題になった場合、どのように本国法を決定すればよいのであろうか。日本において「身分法上の問題が発生すると、国際私法上本国法を適用すべきことになるが、国内で分裂する二つの法秩序のうちいずれを本国法として適用すべきかが問題になる。これがいわゆる分裂国家に属する者の本国法の決定の問題である」として、韓国と北朝鮮あるいは中華人民共和国と中華民国の本国法の決定の問題について定義される[8]。

　この問題については、従来より多くの見解が見られた。①承認している正統政府の本国法を適用する説、②国内に二つの政府が対立し、それぞれの支配地域に独自の法を有する一つの国家とみて、不統一法国の国民の本国法の決定に関する法例の規定により、いずれかの法を本国法として適用する説、③②説の立場と同じ観点に立ちながら、事態の異常性に着目して、法例（現通則法）の規定の類推適用により、通常の不統一法国の場合と若干異なる基準を加味して、いずれかの法を本国法として適用する説、④分裂国家の状態を二つの政府を中心とする二つの国家とみて、それぞれの国の国籍法によって国籍の存否を決定し、二重国籍になる場合には重国籍者の本国法の決定の問題として処理することになるが、この場合の二重国籍が政治的な変動により生じた特殊なものであることを考慮、法例28条1項（通則法38条1項）によらず、条理により、属人法適用の本旨に照らして、いずれかの本国法を適用する説、⑤朝鮮あるいは中国のような分裂国家の状況下では、とくにわ

8　山田・前掲（注2）107頁。

が国に居住する朝鮮人または中国人については、国籍は属人法を定めるための実効的な連結素たる資格を失っているとみて、本国法に代わって住所地法たる日本法を適用すべきであるとする説等があげられている[9]。

①説については、「未承認の国家ないし政府の法律であっても、その国において実定性を有するものである限り、国際私法の規定に従って準拠法として指定されるべき」とする[10]。②説と③説は、「現在の中国や朝鮮が二つの法域に別れている状態は、一つの統一的政府の下における不統一法国の状態とは根本的に異なる。この立場に立つ場合、まず前提となる全体としての中国や朝鮮の国籍はいかにして決められるかが問われなければならない。それを中華人民共和国と中華民国、韓国と北朝鮮の国籍法で決めることはすでに中国や朝鮮を二つの国家とみなす矛盾を犯し、いずれかの国籍で本国法を決めるのにそのような迂路をとる必要もない」とする[11]。⑤説は、「国籍が明確であるにもかかわらず、それを無視して住所地法を適用することは、わが法例の解釈としては無理」であるとする[12]。結果、④説によることが妥当であるとして、「二重国籍になる場合には、当事者の現在および過去の住所・常居所・居所・籍貫・または本貫、親族の住所・常居所・居所のほか、当事者の意思等を考慮し属人法の趣旨に照らして、いずれかの法を本国法として適用すべきである」[13]とするのが多数説の立場である。

ところで、通則法38条1項本文は、「当事者が2以上の国籍を有する場合には、その国籍を有する国のうちに当事者が常居所を有する国があるときは

9　山田・前掲（注2）107頁以下。
10　山田・前掲（注2）76頁。小出邦夫『一問一答新しい国際私法』150頁（商事法務、2006）には、「北朝鮮（朝鮮民主主義人民共和国）の法を本国法とする者の相続であれば北朝鮮対外民事関係法第45条により、……日本法が適用されることがあります。……北朝鮮……においては相続分割主義が採用されており、不動産については不動産が日本にあるとき、動産については被相続人の最後の住所が日本にあるときに反致により、日本法が適用されることになります」として法務省民事局参事官が北朝鮮法の適用について記している。
11　山田・前掲（注2）109頁。
12　山田・前掲（注2）109頁、110頁。
13　山田・前掲（注2）110頁。

その国の法を、その国籍を有する国のうちに当事者が常居所を有する国がないときは当事者に最も密接な関係がある国の法を当事者の本国法とする」と規定する。

④説によるとしても、「当事者に最も密接な関係がある国の法を当事者の本国法とする」ことになる。それでは、その密接な関係性はどのように判断すればよいのであろうか。

(2) 在日朝鮮人の過去の住所や本籍

1938年（昭和13年）当時、日本に居住していた朝鮮人の出身地別人数は、現在の韓国地域出身者が大半を占めており、慶尚南道出身者30万143人（37.5％）、慶尚北道出身者18万4651人（23.1％）、全羅南道出身者16万5125人（20.6％）の三道出身者だけで全体の8割以上を占めている。

戦後になってもその割合は高いままで1952年では、慶尚南道出身者19万6894人（39.6％）、慶尚北道出身者13万1926人（24.5％）、全羅南道出身者5万9425人（11.1％）、済州道出身者6万4117人（11.9％）の四道出身者だけで9割近くに及んでいる[14]。こうしてみると、在日韓国・朝鮮人の多くは、過去の住所・本籍から北朝鮮出身者であることを認定することは極めて稀といえる。それは、親族の住所・本籍も同じであろう。

(3) 在日朝鮮人の外国人登録原票の「国籍」と外国人住民票の「国籍・地域」

1947年（昭和22年）5月2日に最後の勅令として「外国人登録令」が制定され、日本にいた「朝鮮人は、……当分の間これを外国人とみなす」（同令11条1項）とされ、外国人登録の対象となった。在日韓国・朝鮮人の外国人登録の国籍欄には、当初、「朝鮮」と記載されていた。ところが、1948年8月の大韓民国の成立を機に「朝鮮」から「韓国」に書き換えるよう韓国政府

14　姜在彦＝金東勲『在日韓国・朝鮮人　歴史と展望』117頁（労働経済社、1989）。

からGHQに要請があり、在日韓国・朝鮮人の外国人登録の国籍は「朝鮮」と「韓国」に大別されることになった。「韓国」「朝鮮」の記載は、国籍を示すものではなく、単なる用語との見解であった[15,16]。ただし、「朝鮮」から「韓国」への記載の変更は許されなかった。

1952年（昭和27年）4月28日、外国人登録令は、「外国人登録法」として公布・施行されたが、この取扱いはその後も維持された。

日本国と大韓民国との間の基本的関係に関する条約（日韓基本条約）が1965年（昭和40年）6月22日に締結され日本と韓国の国交正常化がなされた後は、在留資格「協定永住」の申請が急増したことから、これに伴い「朝鮮」から「韓国」への書換えも顕著となった。同年10月26日には政府見解としての「法務総裁談話」が表明され、外登法の国籍「朝鮮」という記載は、「かつて日本の領土であった朝鮮半島から来日した朝鮮人を示す用語であって、何らの国籍を表示するものではない」、「それらの者の中から『韓国』（又は『大韓民国』）への書換えを強く要望してきた者があるので、本人の自由意志に基づく申立てと、その大部分には韓国代表部発行の国民登録証を提示させたうえ『韓国』への書換えを認めた。このような経過によって『韓国』と書き換えたものであり、しかも、それが長年にわたり維持され、かつ実質的に国籍と同じ作用を果たして来た経緯にかんがみると、現時点からみればその記載は大韓民国の国籍を示すものと考えざるを得ない」として「韓国」の表示は国籍を示すものの、「朝鮮」の表示は国籍を示すものでないとの見解を表明した[17,18]。

2012年（平成24年）7月9日入管法等改正法、改正住基法が施行され、70年に及んだ外登法は廃止され、新たに外国人住民票が創設された。外国人住

---

15 趙慶済『「在日」の国際家族法とその本国法を考える』92頁（日本加除出版、2015）。
16 昭和25年8月15日民事甲第2177号民事局長通達。趙・前掲（注15）93頁には、その当時の戸籍届出と戸籍への記載が要約されている。
17 趙・前掲（注15）93頁。
18 昭和41年9月30日民事甲第2594号民事局長通達。趙・前掲（注15）93頁。

民票の「国籍・地域」欄の「韓国」「朝鮮」の記載は、外国人登録原票の記載に基づき移記されている[19]。

このような経緯から、外国人登録原票の国籍欄や外国人住民票の国籍・地域欄が「朝鮮」と記載されているから直ちに、被相続人の国籍を北朝鮮と判断することはできない。

(4) 総連か民団か、北朝鮮か韓国か

在日韓国・朝鮮人が支持する団体は、韓国系の在日本大韓民国民団（以下、「民団」という）と北朝鮮系の在日本朝鮮人総連合会（以下、「総連」という）が存在する[20]。では、総連に所属し、役員になり積極的に活動を行っていた場合はどうであろうか。これについて、総連の役員等をしながらも韓国地域に本籍地がある者について、総連とのかかわりを重視するものと、そうでないものの判断が分かれた判例がある[21]。

北朝鮮、韓国のいずれの国を支持するのかという、本人の意思を基準に判断することは重要な要素となる。ただ相続の場合、被相続人は死亡しているので、関係者からの聞取りから判断するほかないであろう[22]。

19　日本司法書士会連合会「外国人住民票」検討委員会編『「外国人住民票」その渉外民事実務上の課題と対応』5頁（民事法研究会、2013）。「住民基本台帳事務処理要領」（平成24年2月10日総行住第17号）第4－2－⒁参照。
20　民団と総連の設立経緯については、趙・前掲（注15）95頁以下。
21　趙・前掲（注15）120頁。福井地武生支判昭和55年3月26日判時967号102頁は、本国法の決定について総連での活動を重視していない。長野家審昭和57年3月12日家月35巻1号105頁は、外国人登録の国籍「朝鮮」と総連の活動を重視して判断している。東京地判平成23年6月7日判タ1368号233頁は、被相続人は外国人登録の国籍が「朝鮮」で総連に加入していたが、被相続人の外国人登録の「国籍の属する国における住所又は居所」が韓国の地域にあること、またその子が韓国戸籍に搭載されていることから、本国法を韓国と認定した。
22　趙・前掲（注15）130頁以下は、韓国と北朝鮮いずれの政府も「その対立は国家体制の在り様や国家統一の方法をめぐるもので、それは究極的にはイデオロギーの相違に起因する。そこで、政府との紐帯関係は、当事者がその政府が信奉するイデオロギーを支持するか、または当事者が信奉するイデオロギーをその政府が支持しているか、で測られるというものであろう」として、「在日でもその一世が活躍の中心であった1970年代までは一定程度説得力のあった見解であったが、二世三世が活躍の中心になって以降は、

4　在日朝鮮人の相続

　被相続人の本国法が北朝鮮と決定されれば、北朝鮮対外民事関係法45条1項により日本法に「反致」することは前述した。したがって、在日朝鮮人の相続は、日本法が準拠法となる。そして、相続の開始原因・時期、相続人の範囲、相続人の順位、代襲相続、相続の承認・放棄、相続欠格、相続人の廃除、相続財産、遺産分割などの問題は、日本の実質法である民法が適用されることになる。

最後に

　このように、在日朝鮮人に相続が発生した場合、先決問題として、本国法の決定をしなければならない。しかし、上記でみたとおり、その作業は困難さを伴うものである。特に在日韓国・朝鮮人の中核をなす二世・三世・四世が本国との関係が希薄になるにつれ、「密接な関係性」はより不明瞭にならざるを得ない。そのためには、在日韓国・朝鮮人の歴史、それを取り巻く法制度などにも十分な注意を払って判断する必要がある。

イデオロギー支持の表明は一部の者に留まるのではなかろうか。特に1980年代以降は、相対主義的価値観の影響もあり『在日』を起点とした意識が徐々に台頭しはじめてきたと思われる」とする。

渉外家族と法定相続情報証明制度

北田　五十一

はじめに

　法務省は2016年（平成28年）7月5日、「法定相続情報証明制度（仮称）」の新設について、報道発表を行った。

　報道発表資料によると「相続登記が未了のまま放置されることは、いわゆる所有者不明土地問題や空き家問題を生じさせる大きな要因の一つであるとされ、本年6月に閣議決定された『経済財政運営と改革の基本方針2016』、『日本再興戦略2016』及び『ニッポン一億総活躍プラン』でも、政府として相続登記の促進に取り組むこととされている。

　そこで、法務省民事局では、相続登記を促進するための新たな制度として『法定相続情報証明制度』（仮称）を新設することとします」と記載されており、法務省民事局では、相続手続全体の利便性を向上させ、その社会的コストの低減を図ることを通じて、相続登記を促進するため、不動産登記規則（平成17年法務省令第18号）を改正し、「法定相続情報証明制度（仮称）」を新設することとしている。

　そして、2016年（平成28年）12月22日㈭から2017年（平成29年）1月31日㈫まで、不動産登記規則の一部改正（案）に関する意見募集が行われた。意見募集に対して、法定相続情報証明制度をよりよいものにすべく、有志が集まって以下の意見を提出した。

【意見】
「247条関係」
⑴　「法定相続情報一覧図」の交付の対象となる被相続人・被代襲者について（第1項、第3項）

> 　法定相続情報一覧図の交付の対象となる被相続人・被代襲者は「出生時からの戸籍及び除かれた戸籍の謄本又は全部事項証明書」とあり、出生時から死亡までの身分事項が戸籍に登載されている者に限られている。よって、①外国人、②日本国籍に帰化した者、③出生後に届出により日本国籍を取得した者、④就籍の届出をした者、等は含まれていない。法定相続情報一覧図の交付対象となる被相続人・被代襲者が①、②、③、④の場合等でも可能となるように規定を見直すべきである。
> ⑵ 「法定相続情報一覧図」の写しの申出人等の対象である「相続人」について（第1項、第3項）
> 　「法定相続情報一覧図」の写しの申出人等に該当する「相続人」は「被相続人（代襲相続がある場合には、被代襲者を含む。）の出生時からの戸籍及び除かれた戸籍の謄本及び全部事項証明書」によって相続人であることが確認でき、「相続開始時に日本戸籍に登載されている者」とされている。よって、被相続人の配偶者や子が外国国籍の場合は申出人となれない。これは日本戸籍に登載されている者と比べ著しく不平等である。外国国籍保有者の「相続人」でも申出人となれるように規定を見直すべきである。

　意見募集に対して、864件の意見が寄せられた。意見募集の結果については、平成29年4月17日法務省民事局第二課から公表された[1]。

　公表された意見募集の結果についての21頁の中に次の記載があり、これが上記提出意見へのとりまとめ結果と思われる。

1　意見募集の結果は、e-Gov ホームページ「パブリックコメント：結果公示案件」で確認できる（http://search.e-gov.go.jp/servlet/Public?CLASSNAME=PCMMSTDETAIL&id=300080154&Mode=2）。

主な御意見の概要	御意見に対する考え方
日本国籍を有しない者等戸籍の全部又は一部がない場合も本制度を利用することができるようにすべき。	今後の参考とさせていただきます。

そして、平成29年4月17日付けで「不動産登記規則の一部を改正する省令」（平成29年法務省令第20号）が交付され、同日法務省民二課第292号で「不動産登記規則の一部を改正する省令の施行に伴う不動産登記事務等の取扱いについて（通達）」（以下、「通達」という）が出された。上記省令は、2017（平成29）年5月29日から施行された。

1　法定相続情報証明制度の概要

(1)　法定相続情報一覧図の写しの交付

法定相続情報の定義および法定相続情報一覧図の交付の概要は次のとおりである。

① 法定相続情報とは、「被相続人の氏名、生年月日、最後の住所及び死亡の年月日」、「相続開始時における同順位の相続人の氏名、生年月日及び被相続人との続柄」である（不登規則247条1項1号・2号）。

② 法定相続情報の確認書類は、「被相続人（代襲相続がある場合には、被代襲者を含む。）の出生時からの戸籍及び除かれた戸籍の謄本又は全部事項証明書」（同条3項2号）、「被相続人の最後の住所を証する書面」（同項3号）、「相続開始の時における同順位の相続人の戸籍の謄本、抄本又は記載事項証明書」（同項4号）である。

　登記官は、上記書面によって法定相続情報の内容を確認し、かつ、その内容と法定相続情報一覧図に記載された内容とが合致するときに法定相続情報一覧図の写し（以下、「一覧図の写し」という）を交付する（同

条5項)。

③ 法定相続情報一覧図とは、「法定相続情報を記載した書面」である(同条本文後段)。

(2) 法定相続情報一覧図の保管および一覧図の写しの交付の申出人

登記名義人等について相続が開始した場合において、その相続に起因する登記その他の手続のために必要があるときは、その相続人(不登規則247条3項2号に掲げる書面の記載により確認することができる者に限る)または当該相続人の地位を相続により承継した者は、法定相続情報一覧図の保管および一覧図の写しの交付の申出をすることができる(同条1項)。なお、当該相続人の地位を相続により承継した者とは、いわゆる数次相続が生じている場合の相続人が該当する(通達第2、3(1))。

法定相続情報一覧図の保管および一覧図の写しの交付を代理人によってする場合は、申出人の法定代理人または委任による代理人にあってはその親族・戸籍法10条の2第3項に掲げる者に限るとされた(不登規則247条2項2号)。

戸籍法10条の2第3項に掲げる者とは、具体的には、弁護士、司法書士、土地家屋調査士、税理士、社会保険労務士、弁理士、海事代理士および行政書士である(各士業法の規定を根拠に設立された法人を含む)(通達第2、4(3))。

(3) 申出書の添付書面(不登規則247条3項)

申出書には、申出人またはその代理人が記名押印するとともに、以下の書面を添付しなければならないとされた(不登規則247条3項)。

① 法定相続情報一覧図(法定相続情報および作成の年月日を記載し、申出人が記名するとともに、その作成をした申出人またはその代理人が署名し、または記名押印をしたものに限る)

② 被相続人(代襲相続がある場合には、被代襲者を含む)の出生時から死亡時までの戸籍および除かれた戸籍の謄本または全部事項証明書

除籍または改製原戸籍の一部が滅失等していることにより、その謄本が添付されない場合は、当該謄本に代えて、「除籍等の謄本を交付することができない」旨の市長村長の証明書を添付することで差し支えない。
③　被相続人の最後の住所を証する書面

　　被相続人の最後の住所を証する書面とは、被相続人に係る住民票の除票や戸籍の附票が当たる。

　　これらの書面が市町村において廃棄されているため発行されないときは、申出書への添付を要しない。この場合は、申出書および法定相続情報一覧図には、被相続人の最後の住所の記載に代えて被相続人の最後の本籍を記載するものとする（通達第2、5⑵）。
④　不登規則247条1項・2項の相続人（相続開始時における同順位の相続人）の戸籍の謄本、抄本、または全部事項証明書
⑤　申出人が相続人の地位を相続により承継した者であるときは、これを証する書面

　　この書面には、当該申出人の戸籍の謄抄本または記載事項証明書が該当するが、不登規則247条3項2号および4号の書面により申出人が相続人の地位を相続により承継したことを確認することができるときは、添付を要しない（通達第2、5⑶）。
⑥　申出書に記載されている申出人の氏名および住所と同一の氏名および住所が記載されている市町村長その他の公務員が職務上作成した証明書（当該申出書が原本と相違ない旨を記載した謄本を含む）

　　当該書面には、たとえば住民票記載事項証明書や運転免許証の写し（申出人が原本と相違ない旨を記載したもの。なお、この場合には、申出人の署名または記名押印を要する）が該当するところ、登記官はこれらの書面によって申出人の本人確認を行うものとする（通達第2、5⑷）。
⑦　代理人によって申出をするときは、当該代理人の権限を証する書面
　　ⓐ　法定代理人の場合、代理人の権限を証する書面は、法定代理人それぞれの類型に応じ、次に掲げるものが該当する。

㋐　親権者または未成年後見人
　　　　申出人たる未成年者に係る戸籍の謄抄本または記載事項証明書
　　㋑　成年後見人または代理権付与の審判のある保佐人・補助人
　　　　申出人たる成年被後見人または被保佐人・被補助人に係る後見登記等ファイルの登記事項証明書（被保佐人・被補助人については、代理権限目録付きのもの）
　　㋒　不在者財産管理人・相続財産管理人
　　　　申出人たる各管理人の選任に係る審判書
　ⓑ　委任による代理人の場合、代理人の権限を証する書面は、委任状に加え、委任による代理人それぞれの類型に応じ、次に掲げるものが該当する。
　　㋐　親　　族
　　　　申出人との親族関係がわかる戸籍の謄抄本または記載事項証明書
　　㋑　戸籍法10条の2第3項に掲げられる者
　　　　資格者代理人団体所定の身分証明書の写し等
　　　　なお、代理人が各士業法の規定を根拠に設立される法人の場合は、当該法人の登記事項証明書
　ⓒ　代理人の権限を証する書面について、原本の添付に加えて代理人が原本と相違がない旨を記載し、署名または記名押印した謄本が添付された場合は、登記官は、それらの内容が同一であることを確認したうえ、原本を返却するものとする（通達第2、5⑸）。
⑧　法定相続情報一覧図に相続人の住所を記載したときは、その住所を証する書面を添付

　相続人の住所は、法定相続情報一覧図の任意的記載事項である。したがって、相続人の住所の記載がない場合は、相続人の住所を証する書面の添付は要しない（通達第2、6）。

(4) 一覧図の写しの作成

一覧図の写しに付記する認証文は、次のとおりである。

> これは、平成○年○月○日に申出があった当局保管に係る法定相続情報一覧図の写しである。

一覧図の写しには、次の注意事項を付記する（通達第2、7⑷）。

> 本書面は、提出された戸除籍謄本等の記載に基づくものである。相続放棄に関しては、本書面に記載されない。また、相続手続以外に利用することはできない。

　上記が、被相続人、相続人が日本国籍を有する場合における、法定相続情報証明制度の取扱いである。

　通達第2、5⑴の中で、「例えば、被相続人が日本国籍を有しないなど戸除籍謄抄本の全部又は一部を添付することができない場合は、登記官は、法定相続情報一覧図の保管及び一覧図の写しの交付をすることができない」とされている。

2　法定相続情報証明制度から除かれた渉外家族

(1)　法定相続情報一覧図の対象から除かれる被相続人（被代襲者を含む）（不登規則247条1項・3項2号関係）

　「出生時からの戸籍及び除かれた戸籍の謄本又は全部事項証明書」を添付書面として提出する規定（不登規則247条3項2号）から、被相続人（被代襲者）は、出生時から死亡時まで継続して日本国籍を保有していることが前提とな

る。また、相続人も、同2号に掲げる書面の記載により確認することができる者に限るとされている（同条本文）。

したがって、被相続人、被代襲者が現に日本国籍を有するか、または過去に日本国籍を有した者でも、法定相続情報一覧図が作成されないことになる。

それを例示すれば
① 出生時に日本戸籍に登載されていなかったが、死亡時までに日本戸籍に登載された者
　ⓐ 日本国籍に帰化した者（国籍法4条・10条、戸籍法102条の2）
　ⓑ 出生後に日本国籍を届出により取得した者（国籍法3条1項、17条1項・2項、戸籍法102条）
　ⓒ 就籍の届出をした者（戸籍法110条〜112条）
② 出生時に日本戸籍に登載されていたが、死亡日までに日本戸籍から除籍された者
　ⓐ 自己の志望によって外国国籍を取得した者（国籍法11条、戸籍法103条）
　ⓑ 重国籍者で外国の法令によりその国の国籍を選択した者（国籍法11条2項、戸籍法103条）
　ⓒ 重国籍者で日本国籍を離脱する旨を法務大臣に届け出た者（国籍法13条）
　ⓓ 重国籍者で日本国籍選択の催告を受けた場合に所定の期間内に国籍の選択をしなかった者（国籍法15条）
　ⓔ 選択の宣言をした重国籍者で外国の公務員等に就職しその趣旨が選択の宣言の趣旨に反するとして法務大臣から日本国籍の喪失宣言を受けた者（国籍法16条）

(2) 一覧図の写しの交付の申出人等から除かれる対象者（不登規則247条1項・3項4号関係）

「相続開始の時における同順位の相続人」「の戸籍の謄本、抄本又は記載事項証明書」との規定から、次の者が申出人から排除される。

① 日本人である被相続人の外国人配偶者
② 日本国内において被相続人父より認知届出を受けた外国人子
③ 日本国内において被相続人を養子（日本人）として迎えた外国人養親
④ 日本国内において被相続人を養親（日本人）として届出がなされた外国人養子
⑤ 無戸籍児

おわりに

　本制度において、被相続人が日本国籍保有者であっても作成されないケースがあるばかりか、被相続人が出生から死亡まで継続して日本国籍保有者である場合でも、その法定相続人を遺漏しかねない欠陥を抱えているとの指摘がある[2]。

　一方、近時、少子高齢化社会の到来、労働人口の減少、あらゆる分野における外国人労働者の確保の問題等が課題とされる中で、法務省の「在留外国人統計（旧登録外国人統計）統計表」によると[3]、在留外国人数は、2014年12月末現在212万1831名、2015年12月末現在223万2189名、2016年12月末日現在238万2822名となっており、年々増加傾向にある。

　法務省は、平成27年3月策定の「第5次出入国管理基本計画」の中で第5次基本方針として、①我が国経済社会に活力をもたらす外国人を積極的に受け入れていく、②少子高齢化の進展を踏まえた外国人の受入れについて、幅広い観点から政府全体で検討していく、③受け入れた外国人との共生社会の実現に貢献していく等の方針を示している。

　外国人共生社会の実現が叫ばれている現在、外国人住民の定住化、国際結婚の増加等による渉外的家族関係の形成の中で不動産の取得も当然に考えら

---

[2] 西山慶一「法定相続証明情報制度の疑問―渉外家族の視点から―」市民と法104号115頁（2017年4月）。
[3] 法務省ホームページ（http://www.moj.go.jp/housei/toukei/toukei_ichiran_touroku.html）参照。

れ、近い将来において、外国人所有不動産の相続登記未了問題による、所有者不明土地問題、空き家問題が発生することが十分に考えられる。

　本制度の運用を図りながら、在留外国人の相続登記対策もあわせて検討する必要がある。

一 資料

資　料

【資料１】　国籍地域別・在留資格（在留目的）別在留外国人数

(2016年12月末現在［2017年3月31日公表統計より］)

	総数	教授	芸術	宗教	報道	高度専門職（1号イ）	高度専門職（1号ロ）	高度専門職（1号ハ）
中　国	695,522	1,532	67	68	48	366	1,982	31
韓　国	453,096	901	37	879	48	44	82	13
フィリピン	243,662	94	0	241	0	11	9	1
ブラジル	180,923	42	10	113	2	3	6	3
ベトナム	199,990	151	0	210	10	17	36	1
ネパール	67,470	57	5	2	1	8	3	0
米　国	53,705	936	73	1,686	24	29	134	30
台　湾	52,768	180	9	81	6	22	79	6
ペルー	47,740	19	1	8	0	2	1	0
タ　イ	47,647	131	0	156	0	2	12	0
インドネシア	42,850	127	0	56	0	8	9	0
朝　鮮	32,461	0	0	0	0	0	0	0
総　数	2,382,822	7,463	438	4,428	246	731	2,813	132

	技能	技能実習（1号イ）	技能実習（1号ロ）	技能実習（2号イ）	技能実習（2号ロ）	文化活動	留学	研修
中　国	15,606	1,305	29,694	1,397	48,461	940	115,278	232
韓　国	966	4	0	0	0	248	15,438	24
フィリピン	516	1,041	9,124	342	12,167	18	1,825	106
ブラジル	44	1	0	0	0	23	414	33
ベトナム	307	784	43,084	819	43,524	49	62,422	197
ネパール	12,480	0	90	3	108	11	22,967	10
米　国	105	0	0	0	0	147	2,789	12
台　湾	75	19	0	0	0	119	9,537	23
ペルー	30	0	14	0	33	5	114	10
タ　イ	1,191	900	2,764	178	3,437	78	4,376	183
インドネシア	178	662	7,228	416	10,419	39	5,607	169
朝　鮮	0	0	0	0	0	0	0	0
総　数	39,756	4,943	97,642	3,207	122,796	2,704	277,331	1,379

（注）「在留外国人」とは「中長期在留者」（入管法19条の３）と「特別永住者」（入管特例法３、４、５条）の在留資格を有する者である。

〔2017.8.17作成：西山慶一、2016年分については金勇秀作成〕

高度専門職（2号）	経営・管理	法律・会計業務	医療	研究	教育	技術・人文知識・国際業務	企業内転勤	興行
47	11,229	10	1,049	451	71	68,274	5,741	125
1	3,039	7	122	153	95	18,936	1,597	199
0	59	2	27	23	546	5,016	1,123	548
0	12	0	0	10	37	276	90	121
1	160	0	9	48	5	13,570	841	5
0	1,133	0	3	13	17	3,278	67	2
1	664	69	6	72	5,753	8,110	707	369
6	762	0	22	65	41	7,204	596	38
0	5	0	0	2	3	36	3	1
0	124	0	3	39	3	1,560	669	82
0	25	0	78	35	5	1,661	298	12
0	1	0	0	0	0	0	0	0
63	21,877	148	1,342	1,609	11,159	161,124	15,772	2,187

家族滞在	特定活動	永住者	日本人の配偶者等	永住者の配偶者等	定住者	特別永住者
69,784	9,539	238,438	32,479	12,984	27,140	1,154
12,187	3,333	68,033	13,818	2,207	7,348	303,337
2,846	4,269	124,477	26,687	4,834	47,663	47
494	51	110,932	15,917	2,720	49,542	27
7,623	2,428	14,271	2,587	1,571	5,258	2
17,471	4,171	3,806	628	452	681	3
3,935	323	16,422	9,147	220	1,165	777
1,887	4,345	20,659	4,155	221	1,586	1,025
29	42	33,803	1,742	1,488	10,345	4
687	215	19,327	7,091	623	3,804	12
2,249	3,559	5,949	1,923	227	1,903	8
0	0	468	44	8	114	31,826
149,303	47,039	727,111	139,327	30,972	168,830	338,950

資 料

【資料2】 都道府県別　国籍欄「中国」「台湾」「韓国」「朝鮮」の在留外国人数（2016年12月末日現在）

（注）「計」は中国、台湾、韓国、朝鮮の員数を合計したものであり、「割合」は、「計」を総数で割った割合で小数点2桁以下は略した。「韓国」「朝鮮」の別集計は2015年末統計で初めて公表された。

〔2017.8.16作成：西山慶一、2016年分については金山幸司作成〕

	在留外国人	中 国	台 湾	韓 国	朝 鮮	計	割合（％）
総　数	2,382,822	695,522	52,768	453,096	32,461	1,233,847	51.7%
北海道	28,869	9,138	1,011	4,213	669	15,031	52.0%
青　森	4,568	1,106	61	764	80	2,011	44.0%
岩　手	6,275	2,098	71	788	97	3,054	48.6%
宮　城	19,314	6,007	309	3,348	306	9,970	51.6%
秋　田	3,695	1,142	63	543	65	1,813	49.0%
山　形	6,378	2,205	112	1,597	41	3,955	62.0%
福　島	12,068	3,616	127	1,458	245	5,446	45.1%
茨　城	58,182	12,510	1,339	4,403	337	18,589	31.9%
栃　木	36,654	6,674	1,022	2,407	221	10,324	28.1%
群　馬	50,220	7,052	481	2,273	324	10,130	20.1%
埼　玉	152,486	60,342	3,119	15,630	1,491	80,582	52.8%
千　葉	133,071	46,245	3,335	15,470	811	65,861	49.4%
東　京	500,874	190,444	17,931	90,763	5,710	304,848	60.8%
神奈川	191,741	62,493	4,940	27,660	1,788	96,881	50.5%
新　潟	14,731	5,040	229	1,775	135	7,179	48.7%
富　山	15,052	5,024	164	929	110	6,227	41.3%
石　川	12,537	4,453	183	1,402	210	6,248	49.8%
福　井	12,607	3,168	113	2,246	286	5,813	46.1%
山　梨	14,920	3,522	521	1,913	47	6,003	40.2%
長　野	32,483	9,262	768	3,480	325	13,835	42.5%
岐　阜	48,465	11,844	238	3,913	573	16,568	34.1%
静　岡	79,836	11,461	727	4,879	429	17,496	21.9%
愛　知	224,424	46,283	1,968	31,015	2,421	81,687	36.3%
三　重	44,913	7,795	352	4,518	370	13,035	29.0%

【資料２】 都道府県別　国籍欄「中国」「台湾」「韓国」「朝鮮」の在留外国人数

	在留外国人	中 国	台 湾	韓 国	朝 鮮	計	割合 (%)
滋 賀	25,838	4,643	172	4,329	361	9,505	36.7%
京 都	55,111	13,113	1,453	24,951	1,949	41,466	75.2%
大 阪	217,656	56,217	5,951	104,102	5,220	171,490	78.7%
兵 庫	101,562	22,727	1,954	41,200	3,170	69,051	67.9%
奈 良	11,421	3,007	313	3,496	192	7,008	61.3%
和歌山	6,233	1,359	116	2,135	174	3,784	60.7%
鳥 取	4,156	1,067	48	924	122	2,161	51.9%
島 根	7,120	1,557	34	670	68	2,329	32.7%
岡 山	24,146	7,985	193	5,028	406	13,612	56.3%
広 島	46,047	14,001	307	7,848	916	23,072	50.1%
山 口	14,743	3,036	138	5,415	792	9,381	63.6%
徳 島	5,476	2,094	47	319	26	2,486	45.3%
香 川	10,723	3,705	84	866	62	4,717	43.9%
愛 媛	11,020	4,432	120	1,164	130	5,846	53.0%
高 知	3,997	1,247	54	527	42	1,870	46.7%
福 岡	64,998	19,600	933	15,516	1,308	37,357	57.4%
佐 賀	5,203	1,298	55	657	76	2,086	40.0%
長 崎	11,735	2,579	176	1,298	50	4,103	34.9%
熊 本	11,662	3,972	238	955	59	5,224	44.7%
大 分	11,149	2,997	162	2,048	153	5,360	48.0%
宮 崎	5,100	1,471	53	554	11	2,089	40.9%
鹿児島	7,954	2,353	144	498	41	3,036	38.1%
沖 縄	14,285	2,053	740	1,093	25	3,911	27.3%
未定・不詳	1,124	85	99	116	17		

265

資　料

【資料3】 国籍欄「韓国・朝鮮」「中国」の外国人登録者（在留外国人）数の年次別推移

（毎年法務省が公表する「外国人登録統計」、「在留外国人統計」より作成［年末統計］）
〔2017.8.16作成：西山慶一、2016年分については金山幸司作成〕

(1) 外国人登録者

	1950	1960	1970	1980	1990
韓国・朝鮮	544,903	581,257	614,202	664,536	687,940
割合（%）	91.0	89.3	86.6	84.8	63.9
中国	40,481	45,535	51,481	52,896	150,339
割合（%）	6.7	6.9	7.2	6.7	13.9
合計	585,384	626,792	665,683	717,432	838,279
割合（%）	97.7	96.3	93.9	91.6	77.9
①外国人登録者総数	598,696	650,566	708,458	782,910	1,075,317

	2000	2005	2010	2011
韓国・朝鮮	635,269	598,687	565,989	545,401
割合（%）	37.6	29.7	26.5	26.2
中国	335,575	519,561	687,156	674,879
割合（%）	19.8	25.8	32.1	32.4
合計	970,844	1,118,248	1,253,145	1,220,280
割合（%）	57.5	55.5	58.7	58.7
①外国人登録者総数	1,686,444	2,011,555	2,134,151	2,078,508

（注）
(1) 外国人登録者統計について
　　「割合」とは、「韓国・朝鮮」と「中国」の外国人登録者総数の割合を示したもので、小数点2桁以下を切り捨てたもの。
(2) 在留外国人統計について
　① 在留外国人とは、「中長期在留者」（入管法19条の3）と「特別永住者」（入管特例法3条、4条、5条）である。
　② 2011年までは「台湾」地域の者は「中国」に含まれていたが、2012年7月9日からは別に集計されている（入管法2条5号ロ、入管法施行令1条）（新規に入国し中長期在留者になった者と「外国人登録証明書」から「在留カード」「特別永住者証明書」に切り替える際に「パスポート」等により確認され変更している者を含む）。
　③ 「朝鮮」の統計は、2016年3月11日法務省報道発表資料で、初めて2012年以降の統計を公表した。
　④ 「割合」とは、「中国」「台湾」「韓国」「朝鮮」の在留外国総数の割合を示したもので、小数点2桁以下を切り捨てたもの。

【資料３】 国籍欄「韓国・朝鮮」「中国」の外国人登録者（在留外国人）数の年次別推移

(2) 在留外国人

	2012	2013	2014	2015	2016
中国	652,595	649,078	654,777	665,847	695,522
割合（％）	32.0	31.4	30.8	29.8	29.1
台湾	22,775	33,324	40,197	48,723	52,768
割合（％）	1.1	1.6	1.8	2.1	2.2
韓国	489,431	481,249	465,477	457,772	453,096
割合（％）	24.0	23.2	21.9	20.5	19.0
朝鮮	40,617	38,491	35,753	33,939	32,461
割合（％）	1.9	1.8	1.6	1.5	1.3
合計	1,205,418	1,202,142	1,196,240	1,206,335	1,233,847
割合（％）	59.2	58.1	56.3	54.0	51.7
（ア）ミャンマー			10,252	13,737	17,775
（ア）バングラデシュ				10,835	12,374
（ア）スリランカ			10,741	13,152	17,346
（ア）インド	21,654	22,526	24,524	26,244	28,667
（ア）インドネシア	25,532	27,214	30,210	35,910	42,850
（ア）ネパール	24,071	31,537	42,346	54,775	67,470
（ア）パキスタン	10,599	11,124	11,802	12,708	13,752
（ア）フィリピン	202,985	209,183	217,585	229,595	243,662
（ア）タイ	40,133	41,208	43,081	45,379	47,647
（ア）ベトナム	52,367	72,256	99,865	146,956	199,990
（欧）フランス				10,672	11,640
（欧）英国	14,653	14,881	15,262	15,826	16,454
（北米）米国	48,361	49,981	51,256	52,271	53,705
（南米）ブラジル	190,609	181,317	175,410	173,437	180,923
（南米）ペルー	49,255	48,598	47,978	47,721	47,740
①在留外国人総数	2,033,656	2,066,445	2,121,831	2,232,189	2,382,822

【資料4】 帰化許可申請者数・帰化許可者数等の推移

(暦年の人数)

〔2017年8月17日作成：西山慶一、2016年分については金勇秀作成〕

年	帰化許可申請者数	帰化許可者数 合計	韓国・朝鮮	中国	その他	帰化不許可者数
(＊1)		333				
(＊2)		46,932	41,151	4,320	1,461	
1967		4,150	3,391	589	170	
1968		3,501	3,194	114	193	
1969	5,372	2,153	1,889	124	140	
1970	5,663	5,379	4,646	320	413	
1971	6,784	3,386	2,874	249	263	
1972	12,417	6,825	4,983	1,303	539	
1973	11,436	13,629	5,769	7,338	522	
1974	9,728	7,393	3,973	3,026	394	
1975	9,080	8,568	6,323	1,641	604	
1976	8,325	5,605	3,951	1,323	331	
1977	8,628	5,680	4,261	1,113	306	
1978	8,440	7,391	5,362	1,620	409	
1979	9,786	6,458	4,701	1,402	355	
1980	9,158	8,004	5,987	1,619	398	
1981	9,168	8,823	6,829	1,572	422	
1982	9,126	8,494	6,521	1,542	431	
1983	8,463	7,435	5,532	1,560	343	
1984	8,034	6,169	4,608	1,183	378	
1985	7,930	6,824	5,040	1,434	350	
1986	7,664	6,636	5,110	1,304	222	
1987	7,587	6,222	4,882	1,131	209	
1988	7,523	5,767	4,595	990	182	
1989	8,702	6,089	4,759	1,066	264	399
1990	9,904	6,794	5,216	1,349	229	274
1991	10,373	7,788	5,665	1,818	305	223
1992	11,479	9,363	7,244	1,794	325	162

【資料４】 帰化許可申請者数・帰化許可者数等の推移

年	帰化許可申請者数	帰化許可者数				帰化不許可者数
		合　計	韓国・朝鮮	中　国	その他	
1993	12,706	10,452	7,697	2,244	511	126
1994	12,278	11,146	8,244	2,478	424	146
1995	12,346	14,104	10,327	3,184	593	93
1996	14,944	14,495	9,898	3,976	621	97
1997	16,164	15,061	9,678	4,729	654	90
1998	17,486	14,779	9,561	4,637	581	108
1999	17,067	16,120	10,059	5,335	726	202
2000	14,936	15,812	9,842	5,245	725	215
2001	13,442	15,291	10,295	4,377	619	130
2002	13,344	14,339	9,188	4,442	709	107
2003	15,666	17,633	11,778	4,722	1,133	150
2004	16,790	16,336	11,031	4,122	1,183	148
2005	14,666	15,251	9,689	4,427	1,135	166
2006	15,340	14,108	8,531	4,347	1,230	255
2007	16,107	14,680	8,546	4,740	1,394	260
2008	15,440	13,218	7,412	4,322	1,484	269
2009	14,878	14,785	7,637	5,392	1,756	201
2010	13,391	13,072	6,668	4,816	1,588	234
2011	11,008	10,359	5,656	3,259	1,444	279
2012	9,940	10,622	5,581	3,598	1,443	457
2013	10,119	8,646	4,331	2,845	1,470	332
2014	11,337	9,277	4,744	3,060	1,473	509
2015	12,442	9,469	5,247	2,813	1,409	603
2016	11,477	9,554	5,434	2,626	1,494	607
累計	（＊３）	540,400	（＊３）	（＊３）	（＊３）	（＊３）

（注）　本表は、2017年５月に法務省民事局から公表された統計表から作成した。
　　＊１　1952年４月27日以前
　　＊２　1952年４月28日～1966年
　　＊３　公表統計ではこの欄は斜線が引かれているが、累計を計算すると
　　　　・「韓国・朝鮮」の者の帰化累計者数は、365,530人（67.6％）
　　　　・「中国」の者の帰化累計者数は、138,580人（25.6％）
　　　　・「その他」の者の帰化累計者数は、35,957人（6.6％）
　　　　　（　）内は全帰化者数の割合で小数点２桁は切り捨てた。

資　料

【資料5】 「外国人住民票」・渉外身分登録をめぐる日本司法書士会連合会ほかの主な動き

〔2017年4月20日付け西山慶一作成資料に基づき、姜、徳山、髙山、金、金山が一部修正、追加した〕

2009年（平成21年）
7月15日　「入管法等改正法」（平成21年法律第79号）公布

「住民基本台帳法の一部を改正する法律」（「改正住基法」平成21年法律第77号）公布

2010年（平成22年）
6月30日　法務省意見募集「「在留カード」「特別永住者証明書」の仕様について」のパブコメ、同年8月31日結果の公表

10月18日　総務省意見募集「住基法施行令の一部を改正する政令案」及び「住基法施行規則の一部を改正する省令案について」のパブコメ、平成23年1月11日結果の公表

12月27日　「住基法施行令の一部を改正する政令」（平成22年政令第253号）、「住基法施行規則の一部を改正する省令」制定（平成22年総務省令第113号）

2011年（平成23年）
6月23・24日　日司連第74回定時総会で、議案「(仮称)「外国人住民票検討委員会」を早急に設置する件」可決

8月5日　第1回「外国人住民票」検討委員会（以下、「検討委員会」）（日司連会館）

26日　検討委員会第1回ワークショップ開催「渉外事務－日本の官公署発行の書面を手掛かりにして」（大阪司法書士会館）

「アメリカ人の相続」「北朝鮮を本国法とする者の相続」

27日　第2回検討委員会（大阪司法書士会館）

9月16日　検討委員会第2回ワークショップ開催「渉外事務－日本の官公署発行の書面を手掛かりにして」（京都司法書士会館）

「帰化許可申請手続」「中国人が当事者となる相続登記」

17日　第3回検討委員会（京都司法書士会館）

10月7日　検討委員会第3回ワークショップ開催「渉外事務－日本の官公署発行の書面を手掛かりにして」（愛知県司法書士会館）

「日本国籍を取得した者（帰化者）の相続」「ブラジル人の相続」
- 8日　第4回検討委員会（愛知県司法書士会館）
- 27日　法務省意見募集「入管法等改正法の施行に伴う関係政令の整備及び経過措置を定める政令案について」のパブコメ、同年12月26日結果の公表
- 28・29日　第5回検討委員会（愛知県司法書士会館）
- 11月11・12日　第6回検討委員会（日司連会館）
- 19日　総務省意見募集「住基法施行令の一部を改正する政令の一部を改正する政令案」及び「住基法施行規則の一部を改正する省令の一部を改正する省令案」のパブコメ、平成24年1月21日結果の公表
- 12月2・3日　第7回検討委員会（日司連会館）
- 16日　日司連、総務省自治行政局外国人住民票基本台帳室に11月19総務省意見募集に応えて「意見書」を提出
- 17日　第8回検討委員会（京都司法書士会館）
- 20日　検討委員会、日司連執行部に、報告書『「外国人住民票」の問題点－渉外家族関係の法実務からみて』を提出
- 26日　入管法関連政省令の制定
  - (1)「入管法等改正法の施行期日を定める政令」（平成23年12月26日政令第419号）
  - (2)「入管特例法施行令」（平成23年12月26日政令第420号）
  - (3)「入管法等改正法の施行に伴う関係政令の整備及び経過措置に関する政令」（平成23年12月26日政令第421号）
  - (4)「入管法等改正法の施行に伴う法務省関係政令の整備及び経過措置に関する省令」（平成23年12月26日法務省令第43号）
  - (5)「入管特例法施行規則」（平成23年12月26日法務省令第44号）
  - (6)「在留カード等に係る漢字氏名の表記等に関する告示」（平成23年12月26日法務省告示第582号）

2012年（平成24年）

- 1月20日　住基法関連政省令の制定
  - (1)「住基法改正法の施行期日を定める政令」（平成24年1月20日政令第3号）
  - (2)「住基法施行令の一部を改正する政令の一部を改正する制令」（平

成24年1月20日政令第4号）
　　　　(3)　「住基法施行規則の一部を改正する省令の一部を改正する省令」（平成24年1月20日総務省令第4号）
　27日　第9回検討委員会（日司連会館）
2月10日　住基法関連通達
　　　　(1)　総務省自治行政局長通知「住民基本台帳事務処理要領の一部改正について」（平成24年2月10日総行住第17号）
　　　　(2)　総務省自治行政局長通知「仮住民票に関する事務について」（平成24年2月10日総行住第19号）
4月22日　法務省意見募集「出入国管理及び難民認定法施行令の改正等について」のパブコメ（在留カード、特別永住者証明書発行の手数料、所属機関等に関する届出・所属機関による届出についての郵送手続、法務省・総務省間の通知の方法など）、同年6月15日結果の公表
5月7日　「仮住民票」作成の「基準日」　市町村長は作成後「直ちに」施行日に「外国人住民票」対象者になると思われる者へ通知
　17日　検討委員会、『外国人住民票の創設と渉外家族法実務』（民事法研究会）を発刊
　25日　法務省「外国人登録法廃止後の外国人登録原票の開示請求に関するお知らせ」（法務省HP〈http://www.moj.go.jp/hisho/bunsho/hisho02_00016.html〉2012月05月28日アクセス）
　　　　検討委員会外国人上位100自治体に「外国人に係る住民票に関するアンケートの実施について」作成、日司連に提出
6月15日　入管法関連・住基法関連政省令等の制定
　　　　(1)　「入管法等改正法の施行に伴う関係政令の整備及び経過措置に関する政令の一部を改正する政令」（平成24年6月15日政令第164号）
　　　　(2)　「入管特例法施行令の一部を改正する政令」（平成24年6月15日政令第163号）
　　　　(3)　「入管法等改正法の施行に伴う法務省関係省令の整備及び経過措置に関する省令の一部を改正する省令」（平成24年6月15日法務省令第26号）
　　　　(4)　「住基法施行令第30条の31及び入管法施行令第6条第3項等に規定する通知の方法を定める省令」（平成24年6月15日総務省・法務省令第1号）

(5)「入管法施行令第2条等に規定する伝達の方法等を定める省令」(平成24年6月15日法務省令第25号)
　23日　第10回検討委員会（大阪会館）
　　　　近司連主催、検討委員会公開報告会「知らないではすまされない外国人住民票」を開催（大阪会館、480名参加）
　27日　日司連、外国人上位100自治体に「外国人に係る住民票に関するアンケートの実施について（お願い）」発送（FAX締切7月5）
7月4日　法務省入国管理局「死亡した外国人に係る外国人登録原票の写しの交付請求について」（法務省入国管理局HP〈http://www.immi-moj.go.jp/info/120628_01.html〉2012月7月4日アクセス）
　　　　日司連、全国都道府県知事宛、「外国人登録法廃止後の登録原票データの一部保有と開示について（要望）」を発送
　9日　「入管法等改正法」（平成21年7月15日法律第79号）、「改正住基法」（平成21年7月15日法律第77号）施行
　　　　・外国人登録法の廃止、「在留カード」「特別永住者証明書」の作成、「外国人住民票」の発行
　　　　・市町村長から「登録原票」を「施行日以後、速やかに、法務大臣に送付しなければならない」（入管法等改正法附則33条）
　12日　6月27外国人上位100自治体日司連アンケートの集計結果、まとまる。
8月1日　外国人集住都市会議「新たな在留管理制度及び外国人住民に係る住民基本台帳制度に関する緊急提言書」公表
　3日　第11回検討委員会開催（日司連会館）
　11日　法務省HP「個人情報」「出入（帰）国記録に係る開示請求について」（変更）〈http://www.moj.go.jp/hisho/bunsho/hisho02_00006.html〉2012年8月11日アクセス）
　　　　法務省HP「個人情報」「外国人登録原票に係る開示請求について」(http://www.moj.go.jp/hisho/bunsho/hisho02_00016.html〉2012年8月11日アクセス）
9月18日　第1回法務省入国管理局との連絡会
　　　　「9月17「住民基本台帳法」の「外国人に係る住民票」関連の質問」を入国管理局に提出
　21日　第12回検討委員会（日司連会館）
　　　　・今後の在留外国人の身分登録に関するヒアリング

10月12日　第13回検討委員会（大阪司法書士会館）
　　　　　・今後の在留外国人の身分登録に関するヒアリング
　　19日　入国管理局 HP「外国人登録原票を必要とされる方へ」（〈http://http://www.immi-moj.go.jp/www.immi-moj.go.jp/info/121019_01.html〉2012年10月19日アクセス）
11月12日　外国人集住都市会議東京2012（砂防会館）開催、「三重・滋賀・岡山ブロック研究報告・提言資料」「5　改正入管法・住基法の施行を基盤とする入管政策と多文化政策の連携」を公表
　　21日　第2回法務省入国管理局との連絡会
　　30・12月1日　第14回検討委員会（日司連会館）

2013年（平成25年）

1月14日　検討委員会、入国管理局企画室宛て「『外国人に係る住民票』関連についての補充質問」を入国管理局に提出
　　23日　検討委員会、浜松市（外国人集住都市会議参加都市）企画調整部国際課を訪問、続いて「浜松市多文化共生センター、ワンストップサービス」を訪問
2月1・2日　第15回検討委員会（愛知県司法書士会館）
　　10日　検討委員会、全国司法書士への「外国人住民票」に関するアンケート実施（「月報司法書士」2月号に同封）（締切3月15日）回収率1.35％、回答者数284名（平成25年2月1日現在全国司法書士数2万592名）
　　19日　第3回法務省入国管理局との連絡会
3月16日　第16回検討委員会（京都司法書士会館）
　　26日　日司連、法務省入国管理局長「外国人住民に係る渉外民事実務の課題について（提言）」を、法務省入国管理局長高宅茂氏に手渡す
　　　　　検討委員会、総務省自治行政局外国人住民台帳室宛て「『住民基本台帳法』の『外国人に係る住民票』関連についての質問書」、法務省民事局長宛て「『入管法等改正法』及び『住基法改正法』の施行に伴う渉外民事実務に関連する質問書」、を日司連に提出
5月31日　「行政手続における特定の個人を識別するための番号の利用等に関する法律」（マイナンバー法）公布（平成25年5月31日法律第27号）
　　　　　「行政手続における特定の個人を識別するための番号の利用等に関する法律の施行に伴う関係法律の整備等に関する法律の一部を改正する法

律」公布（平成25年5月31日法律第28号）
6月21日　検討委員会『「外国人住民票」その渉外民事実務上の課題と対応』（民事法研究会）を発刊
　20・21日　日司連定時総会　検討委員会、本定時総会終結をもって存続期間終了
7月1日　法務省入国管理局（「入管局」）在留カード等の氏名欄の繁体字・簡体字と正字との対応関係の検索システム開始
　　　　　入管局正字検索システム（http://lapse-immi.moj.go.jp:50122/）（2013年（平成25年）7月1日開始）
10月4日　「第6次出入国管理政策懇談会」第5回の議事「2　外国人との共生社会の実現に向けた取組について」で、上記3月26の（提言）が取り上げられる。
　29日　外国人集住都市会議ながはま2013（滋賀県長浜市）「在留管理制度及び外国人住民に係る住民基本台帳制度の改正等に関する提言書」採択

2014年（平成26年）

4月25日　法制審議会国際裁判管轄法制（人事訴訟事件及び家事事件関係）部会第1回開催
6月18日　「入管法改正法」（主に2015年（平成27年）4月1日施行）
　　　　　① 高度外国人材の受入れの促進のため、別表第1に「高度専門職1号」「高度専門職2号」の在留資格を新設し、「高度専門職2号」の在留期間を無制限とする。
　　　　　② 別表第一の在留資格「投資・経営」を「経営・管理」に、「人文知識・国際業務」「技術」の区分を廃止して「技術・人文知識・国際業務」に一本化する。
7月24日　入国管理局4名、日司連に来訪。ヒアリングと意見交換（日司連会館）
8月5日　入国管理局から日司連に対し、9月12日開催の「第6次出入国管理政策懇談会」の場での意見発表の要請。
　26日　日司連第16回臨時理事会で、出入国管理政策懇談会のヒアリング等に対応するため「「外国人住民票」等実務検討チーム」の設置を承認。
9月12日　第12回「第6次出入国管理政策懇談会」開催（法務省20階第一会議室）実務検討チーム（西山慶一）発表
10月29日　法務省内「戸籍制度に関する研究会」第1回開催

11月10日	「外国人集住都市会議2014東京」開催（東京砂防会館）
12月26日	「第6次出入国管理政策懇談会」報告書「今後の出入国管理行政の在り方」を公表

2015年（平成27年）

2月21日	実務検討チーム第1回会合（京都司法書士会館）
27日	法制審議会国際裁判管轄法制（人事訴訟事件及び家事事件関係）部会第10回会合　中間試案（案）が決定される。
3月19日	法務省民事局参事官室「人事訴訟事件及び家事事件の国際裁判管轄法制に関する中間試案」の意見募集開始（意見募集期限5月15）
4月1日	改正「入管法」（平成26年法律第74号）施行　在留資格「高度専門職」の創設等
5月2日	実務検討チーム第2回会合（愛知県司法書士会館）
6月26日	法務省入国管理局総務課「第5次出入国管理基本計画（案）に関する意見の募集について」（意見募集期限7月25）
7月8日	「みなし在留カード」等のみなし有効期間満了日（入管法等改正法附則15条2項）
23・24日	日司連第2回理事会「渉外身分登録『対策』（検討）委員会」（以下、「渉外検討委員会」）の設置を承認
8月7日	第1回渉外検討委員会（日司連会館）
9月15日	法務省「第5次出入国管理基本計画」を公表
9月18日	法制審議会国際裁判管轄法制（人事訴訟事件及び家事事件関係）部会第18回　「人事訴訟事件及び家事事件の国際裁判管轄法制の整備に関する要綱案」採択 第2回渉外検討委員会（日司連会館）
10月9日	第175回法制審議会総会「人事訴訟事件及び家事事件の国際裁判管轄法制の整備に関する要綱」を採択、法務大臣に答申
11月6日	第3回渉外検討委員会（大阪司法書士会館）
12月11日	渉外検討委員会の有志（全員）、外国人集住都市会議に「外国人住民の身分登録に関する質問書」を提出
17日	外国人集住都市会議「はままつ2015」開催（アクトシティ浜松コングレスセンター）

【資料５】 「外国人住民票」・渉外身分登録をめぐる日本司法書士会連合会ほかの主な動き

2016年（平成28年）

１月４日	外国人集住都市会議事務局から、2015年12月11日付「外国人集住都市会議宛て質問書」に対する回答書を受領
22日	第４回渉外検討委員会（日司連会館）
２月26日	「人事訴訟法等の一部を改正する法律案」（国際管轄権、人訴・家事・民執等）国会上程（閣法議案番号33号）（継続審議）
３月４・５日	第５回渉外検討委員会（愛知県司法書士会館）
11日	平成28年３月11日第219号民事局長通達発出（昭和44・３・３民事甲373号回答（壬申戸籍等廃棄の場合の上申書）を廃止する通達）
28日	検討委員会（内部資料）「渉外不動産登記先例集（第１版）」、「国際私法と身分登録関連法令集（第１版）」完成
５月13・14日	第６回渉外検討委員会（愛知県司法書士会館）
６月３日	「本邦外出身者に対する不当な差別的言動の解消に向けた取組の推進に関する法律」（ヘイトスピーチ対策法）（平成28年６月３日法律第68号）公布・施行
28日	平成28年６月28日法務省民商第100号民事局長通達「登記の申請書に押印すべき者が外国人であり、その者の印鑑につき市町村長の作成した証明書を添付することができない場合等の取扱いについて」を発出
７月１日	第７回渉外検討委員会（愛知県司法書士会館）
５日	法務省「『法定相続情報証明制度』（仮称）の新設について」を公表
８月26・27日	第８回渉外検討委員会（日司連会館）
27日	第45回全青司かながわ全国研修会第１分科会「外国人・在留外国人との『共生』のために司法書士ができること」開催（パシフィコ横浜）
９月27日	法務省第７次出入国管理政策懇談会第１回会合
10月１日	第９回渉外検討委員会（愛知県司法書士会館）
４日	渉外検討委員会編「在留外国人の身分登録 関連法令集」発行
18日	渉外検討委員会編「事例検討集－被相続人の本国法が中国、台湾、韓国、北朝鮮の場合－」発行
22日	渉外検討委員会第１回ワークショップ「在留外国人の身分登録書面とは何か！」（仙台）（参加者27名、委員ほか10名）（宮城県建設産業会館） (1) 被相続人の本国法が「中国」の場合の身分登録書面について (2) 被相続人の本国法が「台湾」の場合の身分登録書面について
23日	第10回渉外検討委員会（宮城県建設産業会館）

11月12日　渉外検討委員会第2回ワークショップ「在留外国人の身分登録書面とは何か！」（広島）（参加者57名委員ほか10名）（広島司法書士会館）
　　　　　⑴　被相続人の本国法が「韓国」の場合の身分登録書面について
　　　　　⑵　被相続人の本国法が「北朝鮮」の場合の身分登録書面について
11月28日　・「入管法の一部を改正する法律」（法律第88号）公布（在留資格「介護」の新設等）（施行は原則公布後3カ月以内（「介護」の改正は公布後1年以内）（平成29年4月7日政令134号で、「介護」の改正の施行期日平成29年9月1日）
　　　　　・「外国人の技能実習の適正な実施及び技能実習生の保護に関する法律」（法律第89号）公布（施行は原則公布後1年以内）（平成29年4月7日政令135号、施行期日平成29年11月1日）
12月22日　「不動産登記規則の一部改正（案）」に関する意見募集開始（「法定相続情報証明制度」の新設）（締切2017年1月31日）

2017年（平成29年）

1月24日　第11回渉外検討委員会（愛知県司法書士会館）
　　30日　委員会名で、三河尻日司連会長宛て「平成28年12月22日不動産登記規則の一部改正（案）の「法定相続情報証明制度」についての要望」を提出
　　　　　2016.12.22「不動産登記規則の一部改正（案）」に関する意見募集に応えて、委員会有志が意見を提出
3月17日　法務省報道発表資料で「平成28年末現在における在留外国人数について（確定値）」を公表
　　24日　第12回渉外検討委員会（日司連会館）
　　31日　法務省2016年末現在の各種在留外国人の統計を公表
4月11日　戸籍制度に関する研究会第19回「戸籍制度に関する研究会の中間取りまとめ」を発表
　　17日　・不動産登記規則の一部を改正する省令（法務省令第20号）制定（法定相続証明情報制度の創設）（施行2017年5月29日）
　　　　　・法務省民事局民事第二課、不動産登記規則の一部改正（案）に関する意見募集の結果を公表
　　　　　・平成29年4月17日法務省民二第292号民事局長通達「不動産登記規則の一部を改正する省令の施行に伴う不動産登記事務等の取扱いにつ

　　　　　　　いて」発出される。
4月26日　「出入国管理及び難民認定法別表第一の二の表の高度専門職の項の下欄
　　　　　　　の基準を定める省令の一部を改正する省令」(平成29年法務省令第21号)
5月27日　第13回渉外検討委員会(愛知県司法書士会)

資　料

【資料6】　日本司法書士会連合会意見書（平成23年12月16日付け総務省自治行政局外国人住民基本台帳室宛て）

平成23年12月16日

総務省自治行政局外国人住民基本台帳室　御中

日本司法書士会連合会

意　見　書

　「住民基本台帳法施行令の一部を改正する政令の一部を改正する政令案」及び「住民基本台帳法施行規則の一部を改正する省令の一部を改正する省令案」に関し、以下のとおり意見を提出します。

　外国人住民票は、第一義的には在留外国人が日本における市民生活を円滑に過ごすための機能を有しなければならない。それにより外国人住民票は在留外国人住民の「利便性」に資することになる。
　その観点に立って次の諸点につき意見を述べる。

> 1　外国人登録法第4条1項の「外国人登録原票」（以下、「登録原票」という）の記載事項である①「国籍の属する国における住所又は居所」（以下、「国籍国の住所又は居所」という）（7号）、②「出生地」（8号）、③「申請に係る外国人が世帯主である場合には、世帯を構成する者（当該世帯主を除く。）の氏名、出生の年月日、国籍及び世帯主との続柄」（18号）「本邦にある父母及び配偶者（申請に係る外国人が世帯主である場合には、その世帯を構成する者である父母及び配偶者を除く。）の氏名、出生の年月日及び国籍」（19号）（以下、18号と19号を合わせて、「家族事項」という）を、外国人住民票の記載事項とすべきである。

　その理由は、下記の通りである。
①「国籍国の住所又は居所」は、本国に備置又は記録される身分登録簿にアクセスする機能を有している。
　　外国人の身分登録簿は本国に備置されるのが原則である。それら身分登録簿にアクセスするには「氏名」「生年月日」「男女の別」「国籍」の指標だけでは不可能であり、備置されている本国の場所的指標が必要である。特に在留外国人の多くを占める「中国」人や「韓国・朝鮮」人（「中国」687,156人、「韓国・朝鮮」

565,989人）の身分登録記録簿といえる「戸口簿」「戸籍」「家族関係登録簿」が備置されている場所は渉外的家族関係の把握には必須の事項である。

② 「国籍国の住所又は居所」や「出生地」は、本国法決定の際の一つの指標である。

　日本の渉外的法律関係を規律する「法の適用に関する通則法」（以下、「法適用通則法」という）では、渉外的家族関係の準拠法は原則的に「本国法」を採用しているが、在留外国人の多くを占める「中国」人や「韓国・朝鮮」人の本国となる国家は国際私法上「分裂国家」といわれる。そこで、「中国」人や「韓国・朝鮮」人の本国法がいずれになるのか（「中国」人であれば「中華人民共和国」法か「中華民国」法かであり、「韓国・朝鮮」人であれば「大韓民国」法か「朝鮮民主主義人民共和国」法か）を決定する「密接関係地法」（法適用通則法38条1項後段、同条3項の「密接関係地法」）の一つの判断材料になる。

　また、アメリカ合衆国などの様に本国が複数の法域である地域的不統一法国の本国法決定をする際に「規則」がないときの「密接関係地法」（法適用通則法38条3項）を決定する際の一つの判断材料になる。

③ 「出生地」は、出生届等を取り寄せる指標である。

　在留外国人は本国に居住していないので、身分変動事項（婚姻・離婚・養子縁組・離縁等）が自動的に本国に備置される身分登録簿に直接反映されることはない。一定のタイムラグが生じることが通例である。また、国によっては本国の一定の場所に身分変動事項を連続的に記録し備置する方法を採用していない国も少なくない。その際に出生届等により、親子関係の成立の有無を確かめることは貴重な情報になる。日本国内か国外かを問わず「出生地」の情報は欠くべからざるものである。

④ 「家族事項」は、家族関係を推認させる情報である。

　在留外国人は本国に居住していないので、身分変動事項（婚姻・離婚・養子縁組・離縁等）が自動的に本国に備置される身分登録簿に直接反映されることはない。一定のタイムラグが生じることが通例である。また、国によっては本国の一定の場所に身分変動事項を連続的に記録し備置する方法を採用していない国も少なくない。その場合に、世帯主である場合は「世帯を構成する者の氏名、出生の年月日、国籍及び世帯主との続柄」、日本にいる「父母及び配偶者の氏名、出生の年月日及び国籍」は家族関係を推認させる貴重な情報である。

　そこで、外国人住民票に限って住基法7条14号の「政令で定める事項」に「国籍国の住所又は居所」「出生地」「家族事項」を加えることとし、標記の住基令案30条の25に加えるべきである。

> 2　「国籍国の住所又は居所」「出生地」「家族事項」は「仮住民票」作成時に「登録原票」から移記すべきである。

　1で述べたように、上記事項は外国人住民票の記載事項とすべきなので、登録原票によって仮住民票を作成するときはそれらを移記するとともに、当事者に通知するものとする（改正住基法附則3条5項）。

> 3　氏名欄の「氏名」の文字はローマ字（アルファベット）で表記し、本人の希望があれば「本国文字」表記、「漢字」表記、「本国文字・漢字のカタカナ読み」表記を併記する。

　外国人住民票の氏名の表記は、在留カード等（特別永住者証明書含む）の氏名に倣うとされているからか、標記の意見募集では触れられていない。

　一方、入管法規則案（2011.10.27意見募集案）19条の6第1項、入管特例法規則案（2011.10.27意見募集案）4条では、「ローマ字により表記する」とされている。

　本来、在留カード等や外国人住民票の氏名は、本国文字による表記が原則であろう。その理由とは、①氏名権は人格権の一種であり、氏名は国籍を問わず人のアイデンティティ保持の重要な要素であること、②渉外的氏名の準拠法は人格権の問題として本国法とすべき見解が大勢であり、日本の戸籍実務も本国法を準拠法としていること、③氏名が本国文字で表記されることにより、国籍国の身分登録簿にアクセスする際の指標になること、④氏名の本国文字の表記は、旅券でその表記確認が容易であること、からである。しかしながら、入国管理局の在留カード等作成の事務や市町村窓口の事務手続を考慮すれば、ローマ字（アルファベット）による表記に統一せざるを得ないであろう。

　ただし、本人の希望があれば、「本国文字」「漢字」「本国文字・漢字のカタカナ読み」を氏名欄に併記すべきである。本国文字を併記すべき理由は、上記①②③④の理由による。また、漢字・本国文字の「カタカナ読み」併記の必要性は、外国人の氏名は日本の各種公簿（戸籍、登記、登録など）には漢字やカタカナだけで表記されるので、各種公簿と照合して識別・同定が容易であることが、その理由である。ちなみに、この場合の「本国文字」とは、「中国」人であれば「簡体字」（繁体字）であり、「韓国・朝鮮」人であれば、ハングル文字であり、「ブラジル」人であれば、ポルトガル語文字である。

【資料6】 日本司法書士会連合会意見書
（平成23年12月16日付け総務省自治行政局外国人住民基本台帳室宛て）

　なお、入管法規則案（2011.10.27意見募集案）19条の7、入管特例法規則案（2011.10.27意見募集案）5条では、「申出があったときは」漢字氏名を表記できるとあるが、この場合の「漢字」は「中国」人であれば「簡体字」（繁体字）を含むとすべきである。

> 4　本人の希望があれば、氏名欄に通称名を併記すべきである。

　標記の意見募集で示されている住基法施行令案30条の26では、住基法7条14号の「政令で定める事項」に「通称」と「通称の記載と削除に関する事」を加えること、通称とは「氏名以外の呼称であって、国内における社会生活上通用していることその他の事由により居住関係の公証のため住民票に記載することが必要であると認められるもの」であり、外国人住民票に通称の記載を求めるものは申出書を提出しその記載が必要であることを証する資料を提示しなければならないこと、また転出証明書を添付して転入届があり転出証明書に通称が記載されていたときなどは市町村長は通称を外国人住民票に記載しなければならないこと、通称を記載したときは通称を記載した市町村名および年月日を記載しなければならないこと、などが示されている。

　また、住基法施行規則案45条では、通称の申出書には「氏名、住所並びに住民票コード又は出生の年月日及び男女の別」と「記載されるべき呼称が国内における社会生活上通用していることその他の居住関係の公証のために住民票に記載されることが必要であると認められる事由の説明」を求めている。

　通称名の使用は、歴史的な要因と日本社会の偏見などにより「韓国・朝鮮」人「中国」人に加えて日系二世・三世に許容されて来たところである。そこで、日本の各種公簿（登記、登録など）で一般化していることや外国人の識別・同定にも欠かせないので、本人の希望を前提に通称名の氏名欄への併記は賛成である。

　その場合に、婚姻・離婚や養子縁組・離縁などにより、配偶者や親の通称名を使用することは当然に許容すべきであるが、その他の理由による通称名の使用は厳格に対処すべきである。

> 5　「登録原票」の氏名欄に記載されている事項は、すべて「登録原票」から「仮住民票」に移記し、本人に通知した上で、法施行後に当事者の申出により変更すべきである。

現行の「登録原票」では、原則として、漢字圏の者の氏名欄は漢字表記で行い、それ以外の者はローマ字（英字）で表記される。また、通称名も併記されている。それらはすでに在留外国人の社会生活の営みに欠かせない。本人の識別・同定にも必要不可欠である。そこで、「登録原票」の「氏名」欄に表記されているすべての事項は、「基準日」（住基法附則3条1項）に「仮住民票」にすべて移記し、本人に通知すべきである（同法附則3条5項）。その上で、法施行後に本人の希望や申出を踏まえて対処すべきである。

> 6　「仮住民票」の「転入をした年月日」「前住所」欄を空欄とする運用は撤回し、「登録原票」に記載されている「前居住地」とその変更年月日を移記し、法施行時の「外国人住民票」に記載すべきである。

現在、「仮住民票」の「転入をした年月日」「前住所」欄を空欄とする運用が検討されているようである。しかし、在留外国人が社会生活を営む上で住所の履歴は欠かせないばかりか、「登録原票」の所在地でもあった「前住所」の記録はそれら記録を辿る際にも重要な手掛かりとなる。「登録原票」の「居住地」が「住所」の概念と異なるとか、「住基法」施行により「住所」が決定されたとの見解は、在留外国人の生活実態とはかけ離れた議論である。空欄とする運用は撤回し、「登録原票」に記載されている「前居住地」とその変更年月日を移記し、法施行時の「外国人住民票」に記載すべきである。

> 7　消除又は改製された「外国人住民票」の保存期間は、消除又は改製された日から80年以上とすべきである。

現行の住基令34条では、消除又は改製された住民票の保存期間は5年間となっている。

1で述べたように、在留外国人の身分関係が本国の身分登録簿に直ちに反映されることがないばかりか、氏名欄に記載される通称名や住所の変遷などは本国の身分登録簿の記載事項ではない。「外国人住民票」のそれらの記載が外国人の識別や同定を証する唯一の記録になるといっても過言ではない。今日の長寿高齢化社会の到来は、在留外国人とて同様である。そこで、住基令34条2項の「在外者等」の保存期間の80年に準じて保存期間を80年以上とすべきである。

> 8　法務省に送付された「登録原票」の保存期間を150年とすべきである。

　外国人登録法は法施行時に入管法等改正法４条で廃止され、「市町村の長は、施行日の前日において市町村の事務所に備えている登録原票を施行日以後速やかに、法務大臣に送付しなければならない」(同法附則33条)。登録原票にあった膨大な在留外国人の記録は法務省で保管されることになる。法施行後は「行政機関の保有する個人情報の保護に関する法律」(平成15年法律第58号)12条で定める開示手続によってそれら情報を取得することになる。
　法務省に送付された「登録原票」の保存期間は30年といわれるが、「登録原票」が在留外国人の身分情報や住所・氏名の履歴等を記録する重要な帳簿であるとの認識の下に、戸籍法規則５条４項の150年保存(平成22年法務省令第22号)に準じて、保存期間を150年とすべきである。

> 9　「外国人住民票」の記載事項の開示については、記載事項を再度精査して原則非開示とすべき事項を明定すべきである。

　「外国人住民票」の記載事項には、在留資格・在留期間や在留カード等(特別永住者証明書を含む)の番号、それと上記１で述べた「国籍国の住所又は居所」「出生地」「家族事項」は在留外国人の私的な身分情報である。そこで、上に述べた事項に限るかも含めて、どの記載事項を原則非開示とするか、非開示とした場合に本人の許諾がある場合に限るか、また、記載事項によっては、現行のとおり弁護士や簡裁訴訟等代理権を有する司法書士等に限るのかなど、その方策を再度精査する必要がある。

【資料7】 平成25年(2013年)3月26日付け法務省入国管理局長宛て「外国人住民に係る渉外民事実務の課題について(提言)」(日司連発第2053号)

日司連発第2053号
平成25年(2013年) 3月26日

法務省入国管理局
　入国管理局長　髙　宅　　茂　殿

日本司法書士会連合会
会長　細　田　長　司

外国人住民に係る渉外民事実務の課題について(提言)

　当連合会「外国人住民票」検討委員会において、下記のとおり外国人住民に係る渉外民事実務の課題に関する意見をまとめましたので、提言いたします。

記

　全国に隈なく均在する司法書士は、日本に在留する外国人住民(以下「外国人住民」という。)の生活に寄り添いながら日々生起する民事法上の問題に関するアシストを行い、外国人住民の市民生活の円滑な営みに助力しているところである。

　外国人住民に関する法制度は、平成24年7月9日施行された「出入国管理及び難民認定法及び日本国との平和条約に基づき日本の国籍を離脱した者等の出入国管理に関する特例法の一部を改正する等の法律」(以下「入管法等改正法」という。)(平成21年法律第79号)及び「住民基本台帳法の一部を改正する法律」(以下「住基法改正法」という。)(平成21年法律第77号)により、その様相が一変した。

　連合会は、平成23年12月16日総務省宛に「住民基本台帳法施行令の一部を改正する政令の一部を改正する政令案」及び「住民基本台帳法施行規則の一部を改正する省令の一部を改正する省令案」に対する意見書を提出した。意見書では、「住基法改正法」で創設される「外国人住民票」制度が外国人住民の利便性を没却している上に外国人住民に係る渉外民事実務(渉外家事実務)の執務に支障をもたらすという観点から修正すべき点を具体的に述べた。

　本提言は、上記意見書の趣旨に沿って、第一に外国人住民の身分関係書面取得の問題点、第二に外国人住民の識別・同定に欠かせない氏名・住所等の変更記録の取得の問題点、第三に外国人住民の氏名表記とその呼称をめぐる問題点、第四に外国人住民の身分情報や識別・同定情報のデータ開示についての問題点、第五にそれら身分情報やデータの保存期間の問題点を指摘し、それら問題点を克服す

【資料7】 平成25年（2013年）3月26日付け法務省入国管理局長宛て
「外国人住民に係る渉外民事実務の課題について（提言）」（日司連発第2053号）

べき方途を示したものである。

「入管法等改正法」「住基法改正法」の施行から約8か月が経過した。本提言が、日本における外国人政策を牽引する貴局の今後の諸施策に反映されることを切に願うものである。

【提言1】 外国人住民の下記事項の情報を蓄積し、当事者又は親族が知り得る制度上の措置を講じるべきである。
① 「国籍の属する国における住所又は居所」（外国人登録法（以下「旧外登法」という。）（昭和27年法律第125号）第4条第1項第7号）
② 「出生地」（旧外登法第4条第1項第8号）
③ 「本邦にある父母及び配偶者（申請に係る外国人が世帯主である場合には、その世帯を構成する者である父母及び配偶者を除く。）の氏名、出生の年月日及び国籍」（旧外登法第4条第1項第19号）
④ 日本における戸籍法上の出生届、死亡届、婚姻届、離婚届等を保存管理する市町村名

（説明） 身分情報は、市民が社会生活を営む上で必要不可欠な情報である。それは外国人住民も同様である。親が誰か、配偶者が誰か、子が誰か、それらの識別・同定は、氏名・国籍・生年月日・性別によりなされる。その上で、法の適用を通して、法定代理人は誰か、扶養義務者は誰か、相続人は誰かなどが明らかになる。

外国人住民の身分情報は、基本的にその本国（国籍国）が保有すべきと考えられる。しかし、国外で成立した身分変動行為が諸種の事由により本国の身分登録簿等に反映できない場合がある。また、諸外国の中には外国で生じた身分変動行為を記録するシステムを採用しないところや出生簿、婚姻簿、離婚簿、死亡簿など個別的な身分登録簿を統合するシステムを有しないところもある。

いずれにしても、外国人住民の身分情報は、本国の身分登録簿（個人単位・家族単位）の記載、本国の各地に点在する身分証書の記載、本国官公署（駐日領事館等）の証明書の記載、日本で身分行為が成立した場合はそれを証する書面等の記載を照合して、その全容を把握することになろう。

【提言1】は、外国人住民の本国の身分情報の取得と日本における身分情報の取得に関する提言である。

（事例1） 「国籍」を「韓国」とする外国人住民Aは、1934年韓国「慶尚北道

> …郡…面…里…番地」で出生し、1944年渡日し、1960年日本で韓国人Bと婚姻、日本で3人の子（C・D・E）をもうけ、2013年に死亡した。

①は、旧外登法第4条第1項第7号の登録事項である。この登録事項は、原則として、本国（国籍国）の生活の本拠を記載していたが、日本に定着・居住し本国に生活の本拠がない外国人には身分登録簿が備え置かれている地を記載する取扱いであった（入国管理局・「平成12年3月外国人登録事務取扱要領ほか」110頁「第6-3-(12)」、平成20年4月25日付法務省官登第5887号入国管理局登録管理官通知）。したがって、外国人住民が本国から自己の身分登録証明書を取り寄せるには必要不可欠な記載内容である。

（事例1）の場合、韓国の身分登録簿である家族関係登録簿の事項別証明書を取り寄せるには、同人の氏名（姓名）と「登録基準地」の情報が必要である。旧外登法の「国籍の属する国における住所又は居所」欄には「登録基準地」と思われる地（上記の「慶尚北道…郡…面…里…番地」）が記載されていたので、それを手掛かりに在日領事館等から同人の本国の身分関係書面を取り寄せることが可能である。日本の公的記録簿から「国籍の属する国における住所又は居所」の記載が消滅することは、本国の身分登録簿に繋がる指標を消滅させることになり外国人住民の身分情報の取得が困難になる。

②は、旧外登法第4条第1項第8号の登録事項である。この登録事項は、外国人の出生地が日本国内か日本国外かを問わずその地（最小行政区画）を記載する取扱いであった（入国管理局・「平成12年3月外国人登録事務取扱要領ほか」第6-3-(11)）。外国では、出生・婚姻・離婚・死亡等の身分変動の記録が点在しているところがある一方で、身分情報の履歴を出生地に備える出生簿等に付記して記録するところがある。出生地が容易に確認できれば、出生地が海外である外国人についてはその所在地から出生証明書や出生簿に付記記録された身分情報を取り寄せることが可能であり、出生地が国内である外国人については「出生届」を受理した市町村名を推認できる資料となる。

（事例1）で、Aの子らが本国の身分登録簿に記載されておらず、かつ、同一世帯の構成員でもない場合、子（C・D・E）の「出生地」の記載を手掛かりに近傍の市町村で「出生届」の記載事項証明書等を取得し、「出生届」の親欄等からAとの親子関係が判明することがある。

日本の公的記録簿から「出生地」の記載が消滅することは、日本における身分変動事実を確認する指標を消滅させることになり外国人住民の身分情報の取得が

【資料7】 平成25年（2013年）3月26日付け法務省入国管理局長宛て
「外国人住民に係る渉外民事実務の課題について（提言）」（日司連発第2053号）

困難になる。

　③は、旧外登法第4条第1項第19号の登録事項である。ここには、世帯構成員ではない日本に居住する世帯主の父母及び配偶者の氏名・生年月日が記載されるので、外国人住民の身分関係を推認させる貴重な情報になる。日本に定着・居住する外国人の家族形態も大家族から核家族への変化が顕著であり、単身世帯も増加している。住民基本台帳法（以下「住基法」という。）第7条第1項第4号の世帯主と世帯構成員との身分関係だけでは、その家族関係を把握するのには不十分である。

　（事例1）で、Aの同一世帯を構成しない日本に在る父母や配偶者Bの氏名等の記載があれば、その記載は貴重な身分情報である。

　④は、外国人住民の身分情報の取得に欠かせない日本の戸籍法上の各種届書の市町村名の情報である。外国人が日本において出生・死亡した場合は市町村長への届出義務があり、市町村長に婚姻・離婚等の届出が可能な場合もある。届出を受理した市町村長は、届書を受理した受付年月日等を受付帳に記載し（戸籍法施行規則第20条、第21条）、受理した届書を閲覧に供し（戸籍法施行規則第66条の2）、それら届書の記載事項証明書や受理証明書を発行することができる（戸籍法第48条第1項、第2項、戸籍法施行規則第14条、第66条）。しかし、外国人の届出地は原則として「所在地」（戸籍法第25条第2項）であることから、外国人住民票の「住所」や在留カード及び特別永住者証明書の「住居地」と異なることがある。そこで、届書を受理した市町村名が判明すれば、外国人住民の届書の記載事項証明書や受理証明書を取得することが容易になり、それら各種届書の記載によって外国人住民の身分情報の一部が明らかになる。

　（事例1）で、Aの出生届書の記載事項証明書やBとの婚姻届書の記載事項証明書を取得できれば、それら届書からAの親の氏名等やBの氏名・婚姻年月日がわかり、C・D・Eの出生届を取得できればそれぞれの氏名等が分かり、A・Bとの親子関係がわかる。

　なお、受理市町村名は、それら届書を受理した他の市町村長からの通知に基づくときは「他の市町村名」を当該外国人住民の住民票の備考欄に記載し、住所地市町村がそれら届書を受理したときは「住所地市町村名」を当該外国人住民の住民票の備考欄に記載すれば良いのである。

【提言2】外国人住民の氏名に関して
① 外国人住民の氏名がローマ字表記だけの者には、「在留カード」「特別永

資 料

住者証明書」（以下「在留カード等」という。）の裏面や「外国人住民票」の備考欄にカタカナ表記を付すべきである。
② 「漢字告示」により正字に置換した「在留カード等」や「外国人住民票」の氏名の漢字表記につき、元の漢字表記と正字の漢字表記との対応関係を証する書面を交付すべきである。
③ 「在留カード等」や「外国人住民票」の漢字氏名には「ふりがな」を付すべきである。

（説明）【提言２】は、外国人住民の識別・同定に関する提言である。
　①は、外国人住民の氏名が在留カード等や外国人住民票にローマ字表記だけで記載されている者の識別・同定のための方策である。

（事例２）　外国人住民Ａの在留カード等や外国人住民票の氏名欄に「ＬＥＥ　ＹＩＰ－ＳＡＥ」と記載されている。

　在留カード等の外国人の氏名は原則として「旅券等」記載の「ローマ字」だけで記載される（出入国管理及び難民認定法施行規則（以下「入管法施行規則」という。）第19条の６第１項等、同第19条の９第２項等）。そこで、ローマ字表記の氏名を戸籍や登記・登録等に記載する場合に、その「ローマ字」表記氏名を「カタカナ」でどのように表記して記載するかが問題になる。
　このようなとき、旧外登法の取扱いでは「アルファベット」表記の氏名に併記名といわれる「カタカナ名」を備考欄に記載することがあった（入国管理局・「平成18年３月外国人登録要領別冊」108頁）が、それもないときは同人からの音読による聞き取りなどで戸籍や登録・登記等の氏名欄に記載することとしていた。音読の聞き取りなどの方法では聞き取り方の相違によってはそのカタカナによる表記に違いが生じることがあった。例えば、（事例２）の場合にＡのカタカナ表記が「リーイプサエ」や「リーイプセ」と異なるときがある。
　そこで、氏名が「ローマ字」だけで表記されている者には、在留カード等の裏面か外国人住民票の備考欄に「カタカナ」を付記して、その表記の仕方を統一させて、同人の識別・同定に支障を生じることのないようにすることが必要である。
　②は、ローマ字氏名に併用して漢字表記がなされている者で旅券や本国官公署発行の書面と在留カード等や外国人住民票の漢字表記が異なる者の識別・同定のための方策である。

【資料7】 平成25年（2013年）3月26日付け法務省入国管理局長宛て
「外国人住民に係る渉外民事実務の課題について（提言）」（日司連発第2053号）

> **（事例3）** 外国人住民Ａの旅券等の漢字氏名が簡体字「张　玉莲」なので、職権で「張玉蓮」に置き換えられて在留カード等や外国人住民票に表記されている。

　氏名に漢字又は漢字及び仮名の氏名を使用したいとの当事者からの申出があった場合は、「ローマ字」に併用して在留カード等の氏名にその漢字又は漢字及び仮名の氏名を表記することができる（入管法施行規則第19条の7第1項等）。しかし、使用したいと申し出た漢字が簡体字や繁体字等であれば、「漢字告示」（入管法施行規則第19条の7第5項、平成23年法務省告示第582号）が定めた正字の「漢字」氏名に置換される。この漢字の置換作業は、平成24年5月7日を基準日として作成された「仮住民票」においても職権でなされた（平成24年2月10日付総行住第19号総務省自治行政局通知第4「仮住民票の記載」2－(1)）。

　法務省のホームページ上では、漢字置換の基本原則とその対応などが公開されているが、外国人住民が自らその内容を見て自己の氏名がどのように置換されたかを確かめられるとは到底思えない。地方入国管理官署では、法務省入国管理局の情報システムにより簡体字等を入力すると、対応する正字に自動的に置き換えられるとのことである（福谷孝二ほか『新しい外国人住民制度の窓口業務用解説』（日本加除出版、2012年）71頁）。

　そこで、旅券等に記載の簡体字等の漢字氏名及びすでになされた戸籍・登記・登録等に記録された簡体字等の漢字氏名と、在留カード等・外国人住民票記載の正字の漢字氏名を照合するために、入国管理局長又は市町村長は、元の簡体字等の漢字氏名と正字の漢字氏名の「対応関係を証する書面」を交付すべきである。「対応関係を証する書面」の発行により、本人の識別・同定が容易となり、第三者に対してもその同一性を証明できることになる。

　③は、ローマ字氏名だけの者は①により「カタカナ」を付すべきであるが、漢字氏名の者の氏名の呼称は「ふりがな」を付して外国人住民の識別・同定と正確な呼称に努める方策である。

> **（事例4）** 外国人住民Ａの在留カード等や外国人住民票の漢字氏名が例えば「金花子」の場合、本人からの聞き取りにより例えば「キムファジャ」と「ふりがな」を付す。

上記のケースで、当事者からの音読の聞き取りによって在留カードや外国人住民票に「ふりがな」を付すことにする。それにより、入国管理局や市町村の窓口で外国人住民を呼称する場面だけでなく、日常生活の場面においても正確に「漢字氏名」が呼称され（最三小判昭和63年2月16日民集42巻2号15頁参照）、外国人住民の識別・同定に資することにもなるであろう。

> 【提言3】 市町村長から法務大臣に通知すべき事項に下記事項を加えるべきである。
> ① 「世帯主についてはその旨、世帯主でない者については世帯主の氏名及び世帯主との続柄」（住基法第7条第1項第4号）
> ② 「通称」「通称の記載及び削除に関する事項」（住基法第7条第1項第14号、住民基本台帳法施行令（以下「住基法施行令」という。）第30条の25）

（説明）【提言3】は、外国人住民票の記載事項で①②の情報は市町村長から法務大臣に通知されない。①②ともに在留外国人の身分情報と識別・同定に欠かせない事項である。市町村から法務大臣に通知すべき事項（入管法第61条の8の2、入管法施行令第6条）に加えるべきとの提言である。

①は、住基法の記載事項としては唯一ともいえる身分情報である。しかも、一定の場合には世帯主との続柄を証する書面の添付が義務付けられているので（住基法30条の48、同法第30条の49）、その情報は正確な身分情報といえるものである。そこで、その身分情報及びその変更情報は、【提言1】の③で述べた身分情報とともに入国管理局において継続したデータとして保存すべきである。

②の「通称」は旧外登法でも「通称名」として外国人登録原票への記載が便宜認められていたが（入国管理局・「平成18年3月外国人登録要領別冊」107～108頁）、今次の改正では住基法の施行令により法令で規定した（住基法施行令30条の25）。今までも、外国人住民が登記・登録等をする際に通称名が氏名として記録され、また通称名は日常の場面でも使用されることが多い。「通称の記載及び削除に関する事項」とは、「当該通称を記載した市町村名及び年月日」と「当該通称並びに当該通称を削除した市町村名及び年月日」である（住基法施行令第30条の27第1項本文）。転出・転入の手続がとられても「通称」「通称の記載及び削除に関する事項」は住所地市町村の住民票に移記されるが（住基法施行令第30条の26第3項、同第30条の27第2項）、その記載と変更の情報は入国管理局において継続したデータとして保存すべきである。

【資料7】 平成25年（2013年）3月26日付け法務省入国管理局長宛て
「外国人住民に係る渉外民事実務の課題について（提言）」（日司連発第2053号）

【提言4】 入国管理局の開示請求手続について
① (a)「外国人登録法廃止後の外国人登録原票」(b)「死亡した外国人に係る外国人登録原票」(c)「出入（帰）国記録」の開示請求制度の整理を行い、使用用途別に開示すべき内容を明示して案内をすべきである。
②上記開示請求手続は、市町村経由で行える制度を構築するか、市町村の窓口に案内用紙を備置するなど、当事者の利便性を考慮した措置を講ずるべきである。

（説明）【提言4】は、法務省等に保存されている外国人住民データの開示請求の改善策についての提言である。

上記開示請求手続について、(a)(b)は法務省のホームページ上で、(c)は法務省入国管理局のホームページ上で案内がなされている。過去に「外国人登録」をしていた者は(a)(b)(c)の開示請求によるが、平成24年7月9日以降の外国人住民票のデータは「外国人出入国記録マスタファイル」に保存されるため、(c)の開示請求によるとのことである。また、(a)(c)の開示請求書の提出先は法務省大臣官房秘書課個人情報保護係であり、(b)の開示請求書の提出先は法務省入国管理局出入国管理情報官室出入国情報開示係である。

開示請求者は(a)(b)(c)いずれも本人及びその法定代理人であるが、(b)は「行政サービスによる写しの交付」請求も可能で、その交付請求者は、(1)死亡した外国人の死亡当時の同居の親族、(2)死亡当時の配偶者、直系尊属、直系卑属又は兄弟姉妹、(3)上記(1)(2)の法定代理人である。(a)(b)(c)は「行政機関の保有する個人情報の保護に関する法律」（平成15年法律第58号）第12条等による開示請求であるが、(b)は上記(1)(2)(3)の請求者による場合は、「外国人登録原票に亡くなった方と交付を請求された方以外の方に関する個人情報が含まれている場合、行政機関個人情報保護法により提供してはならない」のでその部分を消除した写しが交付されるとのことである。

①は、それら開示請求手続を整理して外国人住民の使用目的に従い開示手続に応じる方法を講じ、外国人住民の利便性に資する制度にすべきとの趣旨である。

開示請求手続の整理とは、第一に、開示請求先の一本化である。現在は、(a)(c)と(b)では開示請求先が異なるが、それら請求先を同じ請求先にすることである。

第二に、入国管理局に保存されているデータの開示請求の案内を一本化することである。例えば、その名称を「外国人登録原票が必要な方へ」「外国人住民票の

記録が必要な方へ」として案内することが考えられよう。

　第三に、使用用途に従った開示手続の対応である。例えば、過去の「住所」「氏名」「通称」の確認やその届出年月日や変更年月日が必要、「死亡した何某」の相続のために「国籍の属する国における住所または居所」「出生地」「世帯構成員でない世帯主の父母及び配偶者の氏名等」、「世帯主と世帯構成員の氏名とその続柄」の確認やその変更履歴が必要など、その使用用途を明らかにさせて、入国管理局側ではその必要とする事項を(a)(b)(c)のデータから抽出して開示するというものである。ただし、相続等で(b)の「死亡した外国人に係る外国人登録原票」が必要で「行政サービスによる写しの交付」を本人又は法定代理人以外が請求する場合は、別に添付書類が必要との案内をしてはどうであろうか。

　なお、(c)の「出入（帰）国記録」には、住所や氏名等の届出年月日は記録されるが変更年月日は記録されず開示されないと聞き及ぶが、住所の移転年月日は市町村から伝達されており（入管法施行令第2条第1項第6号、入管特例法施行令第3条第1項第6号）、その記録の開示は可能である。その他の事項の変更年月日も記録し開示請求に応じるべきである。

　②は、外国人住民の利便性を考慮して、(a)(b)(c)の開示請求手続を地方自治法第2条第9項第1号の「第1号法定受託事務」とし、その手続窓口を住所地市町村とするか、又は市町村の窓口に開示請求を案内するパンフレット等を備え置き、市町村の窓口担当者が開示手続を説明するなどの措置を講じるべきとの趣旨である。後者については、入国管理局が静岡県浜松市、埼玉県さいたま市、東京都新宿区に開設しているワンストップ型相談センターがその参考になろう（法務省入国管理局編『平成24年版出入国管理』87頁）。

【提言5】　以下の保存期間を大幅に伸長すべきである。
① 「廃止外国人登録原票」「死亡した外国人に係る外国人登録原票」データの保存期間
② 入国管理局に集積される「外国人出入国記録マスタファイル」データの保存期間
③ 「外国人住民票」の保存期間（住基法施行令第34条第1項）
④ 戸籍の記載を要しない各種戸籍届書の保存期間（戸籍法施行規則第50条第2項）

（説明）【提言5】は、外国人住民の識別・同定に必要なデータや身分情報記録の

【資料7】 平成25年（2013年）3月26日付け法務省入国管理局長宛て
「外国人住民に係る渉外民事実務の課題について（提言）」（日司連発第2053号）

保存期間を大幅に伸長すべきとの提言である。

①のデータは、平成24年7月8日まで「外国人登録」をしていた者の外国人登録原票の記載事項のデータである。これら記載事項の中には、当該外国人の「国籍」「居住地」「氏名（通称を含む）」「国籍の属する国における住所又は居所」「出生地」「世帯主との続柄」「本邦にある父母及び配偶者（申請に係る外国人が世帯主である場合には、その世帯を構成する者である父母及び配偶者を除く。）の氏名、出生の年月日及び国籍」などの記録とその変更履歴が残されている。これらデータには、当該外国人の識別・同定に関する事項や同人と一定の身分関係にある者の人的事項が大量に含まれ、相当期間必要になる情報ばかりである。しかも、平成24年5月7日を基準日として作成された「仮住民票」には前住所や住所を定めた年月日が記載されず、それより前の氏名や通称名も記載されていない。

また、旧外登法上の登録事項であった「国籍の属する国における住所又は居所」「出生地」「本邦にある父母及び配偶者（申請に係る外国人が世帯主である場合には、その世帯を構成する者である父母及び配偶者を除く。）の氏名、出生の年月日及び国籍」も外国人住民票には記載されていない。

以下に事例を四件掲げた。事例ごとにその必要性を述べてみる。

> **（事例5）** 国籍を「韓国」とする外国人住民Aは、昭和50年（1975年）出生以来父母の通称「金山」を使用し、平成7年（1995年）外国人住民Bと婚姻しBの通称「新井」を使用している。Aが通称「金山」を使用していた事実を証したい。

このケースは通称の履歴が必要な場合である。Aの外国人住民票には仮住民票作成時点（平成24年5月7日）の「新井」の通称だけが記載されているので、通称「金山」から「新井」への変更した事実とその変更年月日を確かめる必要がある。そのためには、平成24年7月9日に廃止された登録原票のデータから、廃止前の約20年前の記録を確かめる必要がある。

> **（事例6）** 国籍を「中国」とする外国人住民Aは、昭和50年（1975年）に「Y市」の自宅を購入し、平成23年（2011年）に死亡した。その不動産登記の所有者欄の「住所」には自宅を購入する前の住所「X市」が記載されている。Aの自宅購入前の「X市」の住所を証したい。

このケースは、住所の履歴が必要な場合である。Aは平成24年7月8日前に死亡しているので、「死亡した外国人に係る外国人登録原票」により、自宅購入前の「X市」の住所から自宅がある「Y市」の住所に変更した事実とその変更年月日を確かめる必要がある。そのためには、「死亡した外国人に係る外国人登録原票」のデータより、死亡から約36年前の記録を確かめる必要がある。

　②の「外国人出入国記録マスタファイル」には、平成24年7月9日以後の外国人住民のデータが保存される。それらデータにも、当該外国人の識別・同定に関する事項や同人と一定の身分関係にある者の人的事項が含まれ、相当期間必要になる情報ばかりである。

　③について、現行法では、住民票は「改製」又は「消除」された日から5年間保存される（住基法施行令第34条第1項）。住民票の「改製」は市町村長が「必要があると認めるとき」に行われ（住基法施行令第16条）、「転出」等や「死亡」等があれば、市町村長は住民票を「消除」しなければならない（住基法施行令第8条、第10条等）。外国人住民の住所等の記録は外国人住民票が「改製」されるか、「転出」等してから5年が経過すれば市町村には存在しない。また、当該外国人が死亡すると外国人住民票が消除され、転入地の外国人住民票に移記されていた「通称の記載と削除に関する事項」も消除から5年が経過すれば市町村には存在しない。外国人住民票の住所や氏名（通称を含む）の変更記録は、当該外国人の識別・同定に必要な事項であり、相当期間必要となる情報である。

（事例7） 外国人住民Aは、平成24年（2012年）8月に「X市」で出生し外国人住民B・Cの両親と居住していたが、平成30年（2018年）に両親とともに「Y市」に転入し、平成43年（2031年）に単身で「Z市」に転入した。出生地「X市」を知りたい。

　このケースでは、Aの「Z市」の外国人住民票には前住所「Y市」の住所が記載されているが、「Y市」の住民票の除票は、「Z市」に転出してから13年が経過しているので消除されている。したがって、Aは「出生地」である「X市」の住所を確認できない。

　④は、【提言1】の④で述べた在留外国人の身分情報の取得に欠かせない在留外国人の戸籍届書の保存期間である。

　受付帳の保存期間は「当該年度の翌年から150年」である（戸籍法施行規則第21条第3項）。日本人に係る戸籍記載完了後の届出書類は本籍地の管轄法務局等に送

【資料7】 平成25年（2013年）3月26日付け法務省入国管理局長宛て
「外国人住民に係る渉外民事実務の課題について（提言）」（日司連発第2053号）

付され、管轄法務局等の届書の保存期間は「当該年度の翌年から27年」である（戸籍法施行規則第49条第2項）。さらに、戸籍の除籍簿の保存期間は「当該年度の翌年から150年」と定められている（戸籍法施行規則第5条第4項）。

しかし、外国人の届書類で「戸籍の記載を要しない事項について受理した書類」の保存期間は、婚姻や協議離婚等の創設的届出書類は「当該年度の翌年から50年」であるが、出生・死亡や報告的届出書類は「当該年度の翌年から10年」である（戸籍法施行規則第50条第2項）。このような短期間の保存期間では在留外国人の身分情報が早期に散逸してしまう。

> （事例8） 国籍を「ブラジル」とする外国人住民Aは昭和60年（1985年）に日本で出生し、国籍を「ブラジル」とする外国人住民Bと平成17年（2005年）に日本で婚姻した。A・Bは平成19年（2007年）裁判離婚し、その報告的届出をAの所在地の市町村に届け出た。Aは、平成32年（2020年）に再婚しようとしてBとの報告的離婚届書を取り寄せることにした。

このケースでは、Aの出生届は10年が経過しているので受理市町村では保存されておらず、A・B間の婚姻届は50年間保存されているので受理市町村で届書の記載事項証明書等を取得できるが、A・B間の報告的離婚届書は10年しか保存されないので受理市町村から届書の記載事項証明書を取得できない。

ただし、いずれの届書の取得も【提言1】④の届書を受理した市町村名が明らかでなければ取得はできない。

このように、①②③④のデータの保存期間は現行より大幅に伸長する必要がある。①②のデータの保存期間は、「法務省文書管理規則」（平成23年4月1日付法務省秘文訓第308号）第16条の定めにより、文書管理者は、「別表第1」の標準文書保存期間基準に従わなければならないが、その保存期間を大幅に伸長すべきである。また、③の「外国人住民票」の保存期間は在外者等（住基法施行令第34条第2項）の保存期間に準じて「「改製」又は「消除」された日から80年」に伸長し、④の「創設的届出書類」や「出生・死亡や報告的届出書類」の保存期間は、受付帳や除籍簿の保存期間に準じていずれも「当該年度の翌年から150年」に伸長すべきと考える。

なお、③④の保存期間の定めは貴局の所管外の法令ではあるが、日本の外国人政策の牽引役である貴局が速やかに所管の部局と改正に向けた協議をすべきである。それにより「外国人との共生社会」実現に向けたさらなる進展が図れるもの

と確信する。

　　　　　　　　　　　　　　　　　　　　　　　　　　　以上

【資料8】 外国人集住都市会議に対する平成27年（2015年）12月11日付け「外国人住民の身分登録に関する質問書」及び平成28年（2016年）1月4日外国人集住都市会議事務局から受領した「質問に対する回答書」並びに住民基本台帳制度の改正等に関する提言書

外国人集住都市会議　御中

外国人住民の身分登録に関する質問書

平成27年12月11日

代表者司法書士　髙山駿二（愛知県会）

司法書士　姜信潤（大阪会）

司法書士　徳山善保（愛知県会）

司法書士　北田五十一（大阪会）

司法書士　西山慶一（京都会）

司法書士　大和田亮（福島県会）

司法書士　金山幸司（愛知県会）

司法書士　金勇秀（兵庫県会）

　貴会議が、外国人住民の定住化が進む中、様々な課題を克服され、日本人住民と外国人住民が互いに理解と尊重を深め、すべての市民の権利の尊重と義務の履行を基本とした共生社会の実現に向けて邁進されてきたことに対して心より敬意を表します。

　私共は、日本司法書士会連合会（以下、「日司連」という。）が設置している「渉外身分登録検討委員会」（以下、「当委員会」という。）の委員でありますが、貴会議に質問をいたしたく、本書を提出します。当委員会の前身は、平成23年8月に日司連の中に設置された「外国人住民票」検討委員会で、現在は名称を替え、引き続き外国人住民の身分登録について検討を行っているものです。

　貴会議は、国に対し、平成24年8月1日に「新たな在留管理制度及び外国人住民に係る住民基本台帳制度等に関する緊急提言書」（以下、「提言書」という。）を提出されました。その提言書〈参考資料〉で、「前住所履歴等が記載された書類などの申請時に、申請者の手間や証明発行までの日数がかかることを考えると住民サービスの低下や、関係手続きの遅延などが懸念される。（廃車手続き等が迅速にできないことから、帰国を予定している外国人が適正な手続きをとれない事態も生じる）」等の外国人住民に関わる具体的な問題点を指摘されています。

資 料

　これらの問題点については、昨年12月26日公表の「第6次出入国管理政策懇談会」の報告書「今後の出入国管理行政の在り方」、「第6　共生社会の実現に向けた取組（現状・背景）」の中で、外国人登録の廃止に伴う外国人登録原票の開示請求が平成25年度には毎月平均2500件行われており、「このことは、外国人が我が国で生活する上で、外国人登録原票に記載された個人情報によって証明等を行わなければならない場面等がなお一定程度存在することを示唆している。」（20頁）と端的に記されています。さらに、同報告書の「（検討事項等）」では、「外国人登録制度が廃止され、今後は、外国人登録原票のない在留外国人が徐々に増加していくものと予想されるが、将来的には、これらの外国人の家族関係や身分事項、住所歴等の証明が困難となる可能性も見込まれる。外国人との共生社会の実現を見据えた場合に、外国人についてどのような情報が必要となってくるかについての議論も必要である。」（21頁）としています。

　今後も、外国人住民の増加傾向は続くことが見込まれます。外国人住民の日本語の学習支援，子どもの教育，社会保障，就業支援，住宅などの生活環境の整備はもとより、外国人住民との共生社会の実現に向けて積極的な取組を行っていく必要があると考えています。私共は、生活環境の中には登記や裁判等の手続が支障なく行えるように身分登録等の法的環境に関してもこれを整えることが必要であると考えています。

　これまで、貴会議は、「在留外国人の正確な情報の把握及び合理的な行政サービスの提供に資するため、外国人登録制度を抜本的に見直し、住民行政の基礎とするための外国人台帳制度に係る法整備を繰り返し要望」（提言書）されてきました。

　そこで、下記のとおりご質問をいたします。
(1)　外国人住民票制度の移行に伴い法定の記載事項から、外国人登録原票の記載事項であった、「国籍に属する国における住所又は居所」、「出生地」、「本邦にある父母及び配偶者の氏名、出生の年月日及び国籍」がなくなりました。
　　これらの記載事項が外国人住民にとって必要との要望が貴会議参加都市から寄せられているでしょうか。また、それらについて、貴会議は、国に対し、提案（改善案を含む）をされているのでしょうか。
(2)　提言書の中にある、これまで市区町村で即日交付していた前住所履歴等を記載した書類（外国人登録原票の写し）が、制度移行後に申請から交付まで時間を要することや、その際の手続の煩雑さについて、貴会議参加都市から苦情や

【資料8】 外国人集住都市会議に対する平成27年（2015年）12月11日付け
「外国人住民の身分登録に関する質問書」及び平成28年（2016年）1月4日外国人集住都市会議
事務局から受領した「質問に対する回答書」並びに住民基本台帳制度の改正等に関する提言書

要望が寄せられているでしょうか。また、それらについて、貴会議として要望（自治体での発行などの改善案を含む）を国に対して提案されているのでしょうか。

(3) 今後の外国人住民の法的手続きの保障を考えた場合に、貴会議としては外国人住民の今後の身分登録制度等についてのお考えはおありでしょうか。

(4) 今後、貴会議では、「外国人住民に関する諸施策を確実なものとするため、国において外国人政策を総合的に調整し、推進する組織の設置が必要」（平成26年11月10日外国人集住都市会議ながはま宣言）とされていますが、具体的にはどのような組織の設置を要望されておられるのでしょうか。

以上、ご回答頂ければご幸甚に存じます。
なお、日司連が平成25年3月26日付で法務省入国管理局長宛てに提出した、「法務省入国管理局長宛て『外国人住民に係る渉外民事実務の課題について（提言）』」を添付しますので、ご参考にしていただければと存じます。

　　　　　　代表者連絡先　〒485-0813　愛知県小牧市桃ケ丘三丁目31番地1
　　　　　　　　司法書士　髙山駿二　TEL　0568-79-7878　FAX　0568-68-7550

....

平成28年1月4日

日本司法書士会連合会
司法書士　髙山駿二　様

　　　　　　　　　　　　　　　　　　　　　　外国人集住都市会議事務局
　　　　　　　　　　　　　　　　　　　　　　（浜松市企画調整部国際課）

「外国人住民の身分登録に関する質問書」について（回答）

日頃、外国人集住都市会議の活動にご理解とご協力をいただきありがとうございます。
平成27年12月11日付「外国人住民の身分登録に関する質問書」について、別紙のとおり回答いたします。

　　　　　　　　　　　　　　　　　記
送付資料
「外国人住民の身分登録に関する質問書」回答
（参考）　在留管理制度及び外国人住民に係る住民基本台帳制度の改正等に関する
　　　　提言書

資　料

> 静岡県浜松市中区元城町103－2
> 外国人集住都市会議事務局
> （浜松市企画調整部国際課）
> TEL：053－457－2359　Fax：050・3730・1867
> e-mail：kokusai @ city.hamamatsu.shizuoka.jp
> 担当：山口

「外国人住民の身分登録に関する質問書」回答

(1)　住民票に記載されない外国人登録原票の項目について
(2)　外国人登録原票の開示請求について
　平成25年度に外国人集住都市会議が行った調査によると、外国人住民から、住民票では確認できない親族関係や住所履歴があり不便だという意見や、外国人登録原票の開示手続きが煩雑であり、開示まで時間がかかる等の意見がありました。
　外国人集住都市会議では、平成25年度に、「在留管理制度及び外国人住民に係る住民基本台帳制度の改正等に関する提言」を国に対し行いました。提言では、制度改正によって生じた上記課題について、現行制度の改正を含めたシステム改修や、我が国に定住する外国人住民の家族関係や異動の状況を自治体が公証できる仕組みについて早急に検討することを求めています。詳細は添付の提言書をご覧ください。

(3)　外国人住民の今後の身分登録制度等についての考え
　外国人住民の今後の身分登録制度等については、国が中心となり、外国人住民の窓口となる自治体と情報を共有し連携して検討されることが望ましいと考えます。本会議としては、外国人住民が必要とする生活の基盤となる情報がどのようなものであるか、また、それを今後どのように管理し提供すべきかの議論をまず深めることが必要であると考えます。

(4)　「国において外国人政策を総合的に調整し、推進する組織の設置」について
　昨年来、国において、建設や介護等の分野における外国人労働者の受入れが進みつつあります。出入国管理は国の専権事項ですが、外国人労働者を生活者とし

【資料8】 外国人集住都市会議に対する平成27年（2015年）12月11日付け
「外国人住民の身分登録に関する質問書」及び平成28年（2016年）1月4日外国人集住都市会議
事務局から受領した「質問に対する回答書」並びに住民基本台帳制度の改正等に関する提言書

てとらえた受入れ後の政策とともに進められるべきであり、その前提となる、今後どのように外国人を受け入れていくか、という現実的な方針が必要です。

本会議は、受入れ後の諸施策を確実なものとするため、国において外国人政策を総合的に調整し推進する組織の設置を繰り返し訴えてきました。

現在、文化庁及び厚生労働省における日本語教育や、文部科学省における外国人の子どもに対する施策など、関係省庁において外国人住民に関する課題に一定の対応をいただいているところです。しかしながら、各省庁が個別に対応するのではなく、国として定めた外国人受け入れの方針の下、関係府省庁の外国人政策をとりまとめ、総合的に推進する組織や体制が必要と考えます。

....

在留管理制度及び外国人住民に係る
住民基本台帳制度の改正等に関する提言書

平成25年10月29日
外国人集住都市会議

在留管理制度及び外国人住民に係る
住民基本台帳制度の改正等に関する提言

外国人集住都市会議は2001年の発足時から、外国人住民への行政サービスの提供に必要となる正確な居住情報を把握するための法整備について、繰り返し国に要望してきた。

こうした中、2009年に「出入国管理及び難民認定法」並びに「住民基本台帳法」が改正され、2012年7月に施行された。これにより、新たな在留管理制度へ移行することとなり、「外国人登録法」は廃止され、日本に中長期間滞在する外国人は住民基本台帳の対象となった。

この制度改正は、外国人住民との共生社会実現に向けた大きな一歩となるものであり、外国人住民の居住実態の正確な把握が可能となることで、外国人住民に係る行政サービスの向上や行政事務の効率化が図られているところである。

しかしながら、制度移行期であった2012年においては、制度そのものの周知が

充分とは言えず、外国人住民だけでなく、自治体や関係機関にも混乱が見られたことから、外国人集住都市会議として緊急提言を行った。

制度改正から1年が経過するなか、我々は自治体や関係機関の対応状況を調査し、制度の運用状況を検証した。

その結果、一定の改善は見られるものの、依然として解決されていない課題があることから、次により提言を行う。

■提言1　制度改正によって生じた課題への対応

今回の制度改正に伴う「外国人登録法」の廃止により、外国人登録原票が法務省の保有となったことから、親族関係や住所履歴の確認など、外国人住民が生活上必要とする情報を自治体の窓口で対応できないケースが生じている。また、開示手続きに時間を要し、行政サービスの低下となっている。

このような不都合を解消するために、現行制度の改正を含めたシステム改修や、我が国に定住する外国人住民の家族関係や異動の状況を自治体が公証できるような仕組みについて、早急に検討されたい。

その際、窓口となる自治体と情報を共有し連携して改善を図られたい。

■提言2　制度改正及び手続き等の外国人住民への周知について

制度改正についてはこれまで、チラシや電子媒体により多言語での周知が行われているが、各地域においては制度改正について理解していない外国人が依然として多い。我々が実施した調査においても制度改正が十分に浸透しているとは言えない状況であり、国と自治体が一体となって効果的な周知を図ることが必要である。また、永住者、特別永住者についての在留カードや特別永住者証明書への切り替え制度の周知については、国が主導し統一的にすすめられたい。

■提言3　住民基本台帳制度対象外となる外国人住民への行政サービスについて

住基対象外外国人に対する行政サービスの取り扱いについては「住民基本台帳の一部を改正する法律附則第23条」により、制度改正後も行政サービスが後退することが無いよう謳われている。また、総務省（H24.7.4付事務連絡）が各省庁の対応を取りまとめ、都道府県を通じて各自治体に通知しているが、根拠となる

【資料8】 外国人集住都市会議に対する平成27年（2015年）12月11日付け
「外国人住民の身分登録に関する質問書」及び平成28年（2016年）1月4日外国人集住都市会議
事務局から受領した「質問に対する回答書」並びに住民基本台帳制度の改正等に関する提言書

個々の法律等について各自治体の解釈や理解が異なることが懸念される。今回、調査したところ行政サービスの取り扱いについて関係省庁からの指示や通知は少なく、自治体間で事務に不均衡が生じている状況である。

各自治体において適正な事務を執行すべきであるが、国においても関係省庁が連携し、自治体及び関係機関への周知を徹底されたい。

■提言4　包括的な課題の解決

現在、自治体はそれぞれの状況の中で多文化共生社会の実現に向けた取り組みを進めているが、そもそも外国人の受け入れについて国としての方針が定まっていない。また、出入国管理政策と多文化共生政策がしっかりと連携していないことから、それぞれが場当たり的なものとなっている印象が否めない。

人口減少社会を迎え、我が国のあるべき将来像についての議論を深め、外国人の受け入れについての方針を明示されたい。

その上で、多文化共生政策と出入国管理政策が連動した包括的な課題解決のための政策を進めていただきたい。

外国人集住都市会議
　　　　群馬県　伊勢崎市
　　　　　　　　太田市
　　　　　　　　大泉町
　　　　静岡県　浜松市
　　　　　　　　富士市
　　　　　　　　磐田市
　　　　　　　　掛川市
　　　　　　　　袋井市
　　　　　　　　湖西市
　　　　　　　　菊川市
　　　　長野県　上田市
　　　　　　　　飯田市
　　　　岐阜県　大垣市
　　　　　　　　美濃加茂市
　　　　愛知県　豊橋市

　　　　　　　豊田市
　　　　　　　小牧市
　　三重県　　津市
　　　　　　　四日市市
　　　　　　　鈴鹿市
　　　　　　　亀山市
　　　　　　　伊賀市
　　滋賀県　　長浜市
　　　　　　　甲賀市
　　　　　　　湖南市
　　　　　　　愛荘町
　　岡山県　　総社市
　　　　平成25年10月29日

　　　　　　　　　　　　　　　　　　　外国人集住都市会議　座長
　　　　　　　　　　　　　　　　　　　滋賀県長浜市長　　　藤井　勇治

【資料9】　平成29年（2017年）1月31日外国人集住都市会議「豊橋宣言」

豊　橋　宣　言

　外国人集住都市会議は2001年の設立以来、外国人住民と日本人住民の共生のための取組を進めるとともに、国や関係機関等に対して制度改革に関する提言を行うなど、外国人住民に係る課題の解決に取り組んできた。

　こうしたなかで、南米日系人の定住化の進展や次世代の子どもたちの成長、そしてそれらに伴う課題、さらにはアジア諸国から来日する外国人住民の増加など、多文化共生を取り巻く環境は変化している。

　現在、わが国に在留する外国人数は230万人を超え過去最高となっており、特に日本で働く外国人が増加している。既に、わが国は人口減少局面に入り、労働力の確保は人口が集中する地域においても過疎の地域にあっても共通の課題となっている。

　昨年6月、政府が閣議決定した「日本再興戦略2016」において、「外国人材の活用」が位置づけられ、高度人材の受入れ等とともに、その受入れの在り方についても、総合的かつ具体的な検討を進める、としている。

　外国人材の受入れの議論が具体的な分野や数値目標を挙げて進められることを本会議として評価するとともに、今後の実効性ある施策展開を期待する。

　一方で、昨年11月には、「外国人の技能実習の適正な実施及び技能実習生の保護に関する法律」及び「出入国管理及び難民認定法の一部を改正する法律」が公布された。これにより、今後、技能実習制度に介護職種が追加され、また、新たに「介護」が在留資格として設定されるなど、高度人材の受入れをはじめとする外国人材受入れの政策は一段とその幅を広げている。

　このように外国人材の受入れが拡大するなか、受入れ側としての国民的な議論を進めるとともに、国においては外国人の出入国管理政策に留まることなく、多文化共生に係る外国人政策を総合的に実施するための外国人庁の設置を改めて求めたい。

　また、これまで私たちは、外国人住民を受入れ、多文化共生に取り組んできた自治体として、地域の実情や取組を発信するとともに、その経験やノウハウを基に、外国人住民の多様性を都市の資産として、私たちの地域社会を魅力や活力のあるものとしていく必要がある。

　私たちは、より多くの自治体等との連携や情報発信に努めるとともに、国や関係機関と協力を図るなかで、外国人も含めた全ての住民が安心して暮らせ、互い

に尊重し活躍できる多文化共生社会の実現に向けた取組を進めていく。

2017年1月31日
外国人集住都市会議

【資料10】　平成26年（2014年）12月26日公表「第 6 次出入国管理政策懇談会」報告書「今後の出入国管理行政の在り方」（抜粋）

（法務省 HP ＞省議・審議会等＞その他会議＞出入国管理政策懇談会
〈http://www.moj.go.jp/nyuukokukanri/kouhou/nyukan_nyukan41.html〉
2016年 8 月28日アクセス）

（整理　西山慶一）

報告書「今後の出入国管理行政の在り方」（抄）

平成26年12月　第 6 次出入国管理政策懇談会

第 6 次出入国管理政策懇談会委員名簿　（略）

第 1 　はじめに

　第 5 次出入国管理政策懇談会が出入国管理行政全般に関する報告書を法務大臣に提出した平成22年 1 月から間もなく 5 年が過ぎようとしている。この間、我が国の出入国管理行政を取り巻く状況は大きく変化した。

　まず、外国人入国者数は、平成23年 3 月の東日本大震災の影響等で一時的に落ち込んだものの、平成24年には回復し、平成25年には初めて年間の入国者が 1,000万人を超えた。また、平成25年 9 月に、2020年オリンピック・パラリンピック東京大会の開催が決定したこと等から、今後、外国人入国者の更なる増加が見込まれる。

　一方、国内では、景気の回復傾向を反映して有効求人倍率が上昇するなど人手不足感が高まり、外国人の活用を求める声が高まっている。さらに、我が国が人口減少局面に入っている中で、少子高齢化の流れが経済成長を維持する最大の障害となっており、労働力人口の減少により、長期的には、地域における社会インフラや生活基盤の維持さえ困難となることが懸念される事態となっている。このような状況の下、人口減少と少子化を克服するための総合的な政策の推進が強く求められている。人口減少に起因する問題は、国民が希望する結婚や出産が実現でき、働く場の確保を可能とする環境を整備することが重要とされ、生産性の向上、女性、若者や高齢者などの潜在的な労働力の活用等、幅広い分野の施策に政府全体として取り組むことが必要である。これらの問題は、外国人の受入れのみで解決できるものではないが、グローバル化が進展する中、我が国経済社会が活力を維持し世界において競争力を保つためには、世界中の優れた人材を惹きつけることが重要な政策の一つであると考えられる。

そうした中、第6次出入国管理政策懇談会においては、平成25年3月に第1回会合が開催されたのを皮切りに、その後、計17回、約1年9か月にわたって、出入国管理行政全般について協議を行った。中でも、高度人材ポイント制、技能実習制度及び観光立国実現のための出入国管理行政の在り方に関しては、新たな施策の展開や制度の見直し等に関し具体的な政策提言を取りまとめ、法務大臣に報告した。その内容は政府全体での政策立案にも反映され、既に法令改正により具体化されたものもある。

　当懇談会では様々な論点について議論を重ねてきたところであるが、特に次のような基本的考え方に基づいて出入国管理行政を推進していくことが必要であるとの合意に達した。

　一つ目は、外国人の受入れについては、これを進めていく方向性を維持する。これは、もちろんイノベーションの創出など我が国の経済活性化に資する外国人について積極的にその受入れを進めるということである。国際社会においては、既に人材獲得競争が始まっており、我が国は後れることなく優秀な外国人を積極的に呼び込むことに注力することが必要である。そのためには、専門的・技術的分野の外国人の受入れを更に推進すること、観光立国実現に向けた施策に積極的に取り組むことが極めて重要であるというのが当懇談会の一致した意見である。また、これまで我が国が受け入れてこなかった分野での外国人の受入れについても、中長期的な外国人の受入れの在り方も含めて総合的な検討を行っていく必要がある。ただし、その際には、日本人の雇用を始め我が国経済社会に与える影響を十分に勘案すべきことは言うまでもなく、人口減少を単純に外国人の受入れで補おうとするような考え方をとるべきではない。

　留学生は、いわば「高度人材の卵」、つまりいずれ我が国経済に活性化をもたらす人材でもある。これら留学生の受入れを推進するためには、就職支援に資する施策の展開が必要である。

　また、外国人との共生社会の実現に向けた取組も併せて推進していく必要がある。その際には、国と地方公共団体が連携し、外国人が地域において住民として貢献できるような環境整備を行っていくことが重要であり、社会的な負担を含めた検討を行う必要がある。

　二つ目は、技能実習制度の見直しである。同制度は国際貢献を目的とした制度であるが、依然として制度の趣旨が監理団体・実習実施機関に徹底されず、不適正な事例が見られる。そのため、管理運用体制の強化等により制度の適正化を図りつつ、優良な監理団体・実習実施機関に対しては一定の拡充策を講ずる等、バ

【資料10】 平成26年（2014年）12月26日公表
「第6次出入国管理政策懇談会」報告書「今後の出入国管理行政の在り方」（抜粋）

ランスの取れた見直しを早急に進めることが必要である。

　三つ目は、不法滞在や偽装滞在に対する取組である。安全・安心な社会の実現のためには、テロリストや犯罪者、不法滞在等をもくろむ者などをそもそも入国させないこと、また本邦にいるそのような外国人については可能な限り速やかに国外に帰していくことが重要である。今後、我が国が外国人の受入れを更に進めていくためにも、不正に入国・在留を図ろうとする者に対する厳正な対処が必要であり、人道上の配慮が必要な場合の在留特別許可の運用等も含め、適切に対応していくことが必要である。

　四つ目は、適正かつ迅速な難民認定のための取組である。難民の受入れは、国際社会における我が国の重要な責務の一つであり、「難民の地位に関する条約」（以下「難民条約」という。）に基づき、適正な運用を行っていくことが必要である。近年、難民認定申請件数が急増し、申請内容が多様化する状況が出来ているが、真の難民を確実に庇護するために、制度・運用の見直しを含めた様々な取組を推進することが必要である。

　そして、忘れてはならない五つ目の視点は、外国人の人権保護である。上記四つのいずれの施策を進めるに当たっても、外国人の人権が保護されるよう制度設計と運用がなされるべきである。出入国管理行政の対象は、言うまでもなく「人」である。外国人を必要とする分野がいかに十分な受入れ体制を整えても、そこで人権を侵害するような行為が行われるならば、たとえそれが一部であっても、出入国管理行政に対する社会の信頼を失墜しかねない。したがって、外国人の人権への配慮は、出入国管理行政の全施策を通じて、決して欠かすことのできない視点である。

　当懇談会は、以上の基本的な考え方のもと、出入国管理行政における各施策について提言するものであり、その詳細は、第2以下で述べるとおりである。

　改めて言うまでもなく、出入国管理行政には、多くの課題が山積している。これらの課題の克服には、法務省のみならず、政府全体での検討、関係省庁間の緊密な連携、そして一体的な政策の遂行が不可欠の要素となる。本報告書で提言している施策の中にも、出入国管理行政の枠を超えた取組が求められるものが多く含まれている。

　現在、法務省では、第5次出入国管理基本計画を策定中であり、本報告書が同基本計画へ反映されること、それにとどまらず、本報告書によって広く政府内外での議論が深化していくことを期待する。

資　料

第2　経済社会の活性化のための外国人の受入れ　（略）
　1　経済社会の変化に対応した専門的・技術的分野の外国人の受入れ推進
　2　高度人材の受入れ促進
第3　人口減少社会における外国人受入れの検討　（略）
第4　留学生の受入れ推進　（略）
第5　技能実習制度の見直し　（略）

第6　共生社会の実現に向けた取組（19～21頁）
（現状・背景）
　我が国に中長期に在留し、生活する外国人が増加する中で、これまで主として地方公共団体において、多文化共生の取組が進められてきた。国としても地域における取組を促進する努力を行ってきたが、日本語教育や在留管理制度の構築による正確な情報把握等「生活者としての外国人」への対応の必要性が高まったことから、平成18年12月、外国人労働者問題関係省庁連絡会議において、「『生活者としての外国人』に関する総合的対応策」が取りまとめられ、以後、政府において、種々の方策が講じられている。
　外国人の受入れを推進していく場合、外国人が暮らす地域における生活全般において、日本人と外国人とが共生する社会の実現こそが双方にとって望ましいことは言うまでもない。外国人を受け入れたことで生じる問題に対し、問題の発生を受けて対処するのではなく、そもそも問題が発生しないよう、外国人受入れの際に、外国人と共生するための施策も併せて講じることが重要である。このため、外国人の受入れにおいては、出入国管理行政と、外国人との共生社会の実現に向けた施策を車の両輪として推進していく必要がある。この点、外国人集住都市会議からも、出入国管理と多文化共生が連動した包括的な政策を進めることが必要である旨の提言がなされている。
　平成24年7月9日、平成21年改正入管法等が施行され、新しい在留管理制度が導入されるとともに、外国人登録制度が廃止された。これによって、我が国に中長期間在留する外国人（以下「中長期在留者」という。）については、その在留管理のために必要な情報を法務省が一元的に管理することとなった。同時に、改正住民基本台帳法が施行され、中長期在留者を始めとする外国人住民が住民基本台帳法の適用対象に加えられ、住民基本台帳に基づき、中長期在留者等に対し、住民としての充実した行政サービスを提供できる制度が整備された。
　この新しい在留管理制度の下では、法務省に設置されたデータベースと、全国

【資料10】 平成26年（2014年）12月26日公表
「第6次出入国管理政策懇談会」報告書「今後の出入国管理行政の在り方」（抜粋）

の市区町村に設置された端末との間で、「総合行政ネットワーク（ＬＧＷＡＮ）」を介した情報連携が図られている。これによって、法務省から、外国人住民の氏名等の身分事項や「在留資格」、「在留期間」、「在留カード番号」等の情報に変更又は誤りがあった場合には、その旨の通知が市区町村に対して電子データで送信されて、住民票の記載、消除又は記載の修正が行われることにより住民票の正確性が担保され、市区町村は行政サービスを実施するために必要な外国人の基本的情報を速やかに把握できるシステムが構築された。その結果、例えば、静岡県浜松市からは、『外国人の居住実態を正確に把握できるようになり、不就学をゼロにすることができた』、東京都新宿区からは、『外国人住民の住民記録の正確性が確保された』等の報告がなされた。このように、新しい在留管理制度は、外国人との共生社会の実現に大きく貢献している。

　他方、外国人登録制度の廃止に伴い、外国人登録原票が、法務省において保存されることとなったため、同制度廃止後2年以上が経過した後も、法務省に対する外国人登録原票の開示請求が継続してなされている[6]。このことは、外国人が我が国で生活する上で、外国人登録原票に記載された個人情報によって証明等を行わなければならない場面等がなお一定程度存在することを示唆している[7]。

（検討事項等）

　我が国における中長期在留者の増加に伴い、生活者としての外国人の観点からは、様々な課題が生じている。外国人が多く居住する地方公共団体においては、先進的な取組がなされており、国の取組の検討に当たっては、これらを参考にしつつ、労働市場や年金、医療等の社会保障、日本語教育、地域社会への影響や治安等国民生活への影響も踏まえ、適切に対応していく必要がある。

　今後も、中長期在留者の増加傾向は続くことが見込まれ、日本語の学習支援、外国人の子どもの教育、社会保障、外国人の就業支援、住宅などの課題に対し、国としても生活者としての外国人に対する施策を更に講じていくことが必要であり、外国人との共生社会の実現に向けて積極的な取組を行っていかねばならない[8]。その際には外国人が地域の住民として貢献できるよう生活環境を整えてい

---

6) 平成25年度においては毎月平均約2、500件の開示請求が行われた。
7) 相続等の各種手続において家族関係や過去の住所を証明する場合などがある。
8) 共生社会の実現のため、社会保障・税番号制度（いわゆるマイナンバー制度）により付与される個人番号を外国人の在留カード番号とリンクさせるなど、マイナンバー制度に、より一層外国人を組み込んでいくべきとの意見も出された。

くことが重要であり、また同時に外国人の権利等への配慮や社会的負担の観点からの検討が必要である。この問題は政府全体で取り組むべき課題であり、出入国管理行政を担う法務省もその取組に積極的に参画していかなければならない。

なお、新しい在留管理制度に基づく法務省と市区町村との情報連携は、市区町村の住民行政の円滑な遂行に極めて効果的であり、外国人との共生社会の実現という観点からも大きな意義を有することから、引き続き、その適正な運営を図っていくべきである。

<u>また、外国人登録制度の廃止に伴い、外国人登録原票は法務省で保存されることとなったが、前述のとおり、外国人登録原票の開示請求が依然として行われている。外国人登録制度が廃止され、今後は、外国人登録原票のない在留外国人が徐々に増加していくものと予想されるが、将来的には、これらの外国人の家族関係や身分事項、住所歴等の証明が困難となる可能性も見込まれる。</u>

<u>外国人との共生社会の実現を見据えた場合に、外国人についてどのような情報が必要となってくるかについての議論も必要である</u>[9]。

これらを踏まえ、出入国管理行政上、どのような対応が可能であるのか、住民基本台帳制度等他制度における対応や、現在以上の情報を法務省が保管・管理する場合の行政コスト並びに外国人の負担についても検討していく必要がある。

第8　不法滞在外国人縮減のための取組　（略）
第9　難民認定制度に関する検討　（略）

（下線は整理担当者が付した）

---

[9]　現在、住民基本台帳法第30条の50等の規定に基づき、外国人住民に係る住民票の特定の事項に変更又は誤りがある場合等に、法務省から市区町村に対して情報提供が行われている。

【資料11】 平成27年（2015年）9月15日公表「第 5 次出入国管理基本計画」（抜粋）

（法務省ホームページ＞メインメニューから広報・報道・大臣会見＞プレスリリース＞平成27年のプレスリリース＞9月＞第 5 次出入国管理基本計画の策定について
〈http://www.moj.go.jp/nyuukokukanri/kouhou/nyuukokukanri06_00065.html〉
（2017年09月10日交信）
（整理　徳山善保）

第 5 次出入国管理基本計画

平成27年 9 月　法務省

（目　次）

I　第 5 次出入国管理基本計画策定に当たって

II　外国人の入国・在留等をめぐる状況
　1　我が国に正規に入国・在留する外国人の状況等（略）
　2　我が国に不法入国・不法滞在等する外国人の状況等（略）
　3　難民認定申請等の状況

III　出入国管理行政の主要な課題と今後の方針
　1　我が国経済社会に活力をもたらす外国人の円滑な受入れ（略）
　2　少子高齢化の進展を踏まえた外国人の受入れについての国民的議論の活性化
　3　新たな技能実習制度の構築に向けた取組（略）
　4　在留管理制度の的確な運用等による外国人との共生社会実現への寄与（略）
　5　観光立国実現に向けた取組（略）
　6　安全・安心な社会の実現に向けた水際対策及び不法滞在者対策等の推進（略）
　7　難民の適正かつ迅速な庇護の推進（略）
　8　その他（略）

I　第 5 次出入国管理基本計画策定に当たって

　出入国管理基本計画は、出入国管理及び難民認定法（以下「入管法」という。）第61条の10に基づき、外国人の入国及び在留の管理に関する施策の基本となるべき計画を法務大臣が策定するもので、今回で 5 回目となる。
　前回の第 4 次出入国管理基本計画を策定した平成22年当時の状況を振り返ると、本格的な人口減少時代を迎えたことに加え、世界的な金融危機の影響等により景

気は低迷しており、我が国経済の活性化に資する外国人をより積極的に受け入れることが求められていた。また、厳格な不法滞在者対策の実施等により不法滞在者数は減少傾向にあったものの、依然として相当数存在する不法滞在者に対する更なる対策が求められ、さらに、新しい在留管理制度の施行を前にして同制度の適切な運用を通じた外国人との共生社会の実現への貢献が求められていた。

そして今日までの間、第4次出入国管理基本計画に掲げた施策を始めとして、出入国管理行政上の施策を着実に実施してきた。例えば、平成24年5月に高度人材ポイント制を導入し、我が国経済社会の活性化に資する人材としてのいわゆる高度人材外国人の受入れを促進することとしたこと、また同年7月に新しい在留管理制度を施行し、外国人の在留管理に必要な情報を法務省が一元的に管理するとともに、市区町村との情報連携により、市区町村が、住民としての行政サービスを外国人に提供するために必要な情報を速やかに把握できる制度が構築されたこと、さらに、不法滞在者対策を強力に推し進め、不法滞在者を更に減少させることができたことなどが挙げられる。

一方、今後の5年間には、新たな課題が生じ得るものと考えられる。訪日外国人旅行者数は平成25年に1000万人を達成し、平成26年には1300万人を超えたところ、東京オリンピック・パラリンピック競技大会が開催される平成32（2020）年に向けて、訪日外国人旅行者数「2000万人時代」の早期実現を目指した政府全体としての様々な取組により、今後も更に訪日外国人旅行者の増加が見込まれる。

また、東日本大震災からの復興事業の一層の加速化と2020年東京オリンピック・パラリンピック競技大会関連の建設需要への対応等のために、建設分野での外国人を緊急的、時限的措置として受け入れることとしたように、今後も外国人の受入れの議論がますます活発化していくことが予想される。さらに、これまで減少を続けてきた不法残留者数は、入国者数の大幅な増加に伴い平成27年には増加に転じたほか、顕在化してきた偽装滞在者の問題や、制度濫用的な難民認定申請に対する施策が必要となるなど、これまでの5年間とは異なる新たな課題が出入国管理行政に課せられることになると考えられる。

出入国管理行政は、外国人の適正・円滑な受入れを行うとともに、テロリストや犯罪者等についてはその入国・在留を阻止し、もって、我が国経済社会の活性化と健全な発展に資することを使命としており、これを基本としつつ、経済・社会の変化による新たな課題に常に対応していくことが求められる。

出入国管理行政としては、今後の新たな課題に対しても、迅速かつ柔軟な対応をしていかなければならない。

【資料11】 平成27年（2015年）9月15日公表「第5次出入国管理基本計画」（抜粋）

　このような状況の中、平成26年12月に、法務大臣の私的懇談会である第6次出入国管理政策懇談会から、「今後の出入国管理行政の在り方」と題する報告書が提出され、出入国管理行政全般にわたる提言を頂いたところである。
　本計画は、同報告書の内容も踏まえ、今後5年程度の期間を想定し、これまでの外国人の入国在留をめぐる状況を述べるとともに、出入国管理行政の主要な課題と今後の基本的な方針について明らかにするものである。

Ⅱ　外国人の入国・在留等をめぐる状況　（略）
　1　我が国に正規に入国・在留する外国人の状況等（略）
　2　我が国に不法入国・不法滞在等する外国人の状況等（略）
　3　難民認定申請等の状況（略）

Ⅲ　出入国管理行政の主要な課題と今後の方針（抄）
　1　我が国経済社会に活力をもたらす外国人の円滑な受入れ　（略）
　2　少子高齢化の進展を踏まえた外国人の受入れについての国民的議論の活性化　（略）
　3　新たな技能実習制度の構築に向けた取組　（略）
　4　在留管理制度の的確な運用等による外国人との共生社会実現への寄与
　　　　　　　　　　　　　　　　　　　　　　　　　　（31から33頁）
　　(1)　課題等
　　平成24年7月9日、新しい在留管理制度が導入され、外国人登録制度は廃止された。これにより、中長期在留者について、法務大臣がその在留管理に必要な情報を一元的に把握することができるようになった。また、同日、外国人住民に係る住民基本台帳制度が導入され、中長期在留者等外国人住民も住民基本台帳制度の適用対象となり、総合行政ネットワーク（ＬＧＷＡＮ）を利用した法務省と市区町村との情報連携体制が構築されたことにより、市区町村が行政サービスを実施するために必要な外国人の基本情報を速やかに提供できることとなった。
　　新しい在留管理制度及び外国人住民に係る住民基本台帳制度は、外国人住民の多い市区町村で構成される外国人集住都市会議を始めとする地方公共団体の要請も踏まえて導入されたものである。
　　<u>外国人が集住する地域では、まさに「内なる国際化」が進んでおり、日本人住民と外国人住民との共生を図るための取組が行われている。</u>
　　<u>ただし、外国人との共生社会の実現には、多くの課題に取り組む必要がある。</u>

これに取り組むに当たっては、国の施策のみならず、地方公共団体による行政サービスの提供が円滑に行われることが不可欠であり、地方公共団体が必要な情報は何か、地方公共団体が求める真の共生社会のイメージは何か、それらも踏まえ、国として実施すべき施策は何か等、今後、議論を重ねていくことが必要である。

外国人の受入れに当たっては、出入国管理行政と外国人との共生社会に向けた施策を車の両輪として推進していくことが求められ、それは政府全体で取り組むべき大きな課題である。

(2) 今後の方針

ア 在留管理制度の的確な運用及びその見直し

平成24年7月9日から運用が開始された在留管理制度と住民基本台帳制度との情報連携により、中長期在留者等の在留資格の変更等の情報が、法務省から速やかに市区町村に提供され、住民票に反映されるようになった。そのため、市区町村は、外国人に対する行政サービスに必要な基本情報を住民基本台帳に基づいて把握できるようになった。その意味で、この在留管理制度は、外国人との共生社会の実現に貢献していると考えられる。

法務省と市区町村との情報連携は、市区町村における住民行政の円滑な遂行のために不可欠である。これは、外国人との共生社会の実現という観点からも重要な意義を有することから、引き続きその適正な運用を図っていくとともに、外国人との共生社会の実現に向けて市区町村との更なる連携の強化に努めていく。

イ 外国人との共生社会の実現に向けた取組

外国人が集住する地域における取組及びそこで指摘される課題は、今後の外国人受入れの在り方を考える上でも極めて重要であり、受け入れる対象が「人」である以上、受入れに係る議論のみが先行することは望ましくなく、外国人本人及びその帯同者の日本語教育、外国人の子どもの教育や社会保障、外国人の就業支援、住宅など、受け入れた後の地域における「住民」としての視点からの検討も併せて行っていかなくてはならない。その際には、外国人が地域の住民として貢献できるよう生活環境を整備していくことや、外国人の権利等への配慮も必要である。

外国人との共生社会の実現には、地方公共団体を含め政府全体として総合的な施策の推進が必要であり、外国人の受入れによる問題の発生を受けて施策を講じるのではなく、そもそも外国人を受け入れる際に外国人と共生する施策を講じておくことが重要である。法務省としては、出入国管理行政と外国人との共生社会の実現に向けた施策を同時に進めていくよう、今後も積極的に共生社会の実現に向けた取組に参画していく。

【資料11】 平成27年（2015年）9月15日公表「第5次出入国管理基本計画」（抜粋）

5 観光立国実現に向けた取組　（略）
6 安全・安心な社会の実現に向けた水際対策及び不法滞在者対策等の推進　（略）
7 難民の適正かつ迅速な庇護の推進　（略）
8 その他　（略）

（下線は整理担当者が付した）

【資料12】 日本司法書士会連合会宛て平成28年12月22日公表不動産登記規則の一部改正（案）の「法定相続情報証明制度」についての要望（平成29年1月30日付け渉外身分登録検討委員会）

日本司法書士会連合会
会長　三河尻　和夫　殿

平成28年12月22日公表不動産登記規則の一部改正（案）の
「法定相続情報証明制度」についての要望

平成29年（2017年）1月30日
渉外身分登録検討委員会
委員長　髙山　駿二

　平素は当委員会の活動にご高配を賜り厚く御礼申し上げます。
　さて、現在、貴連合会では、「法定相続情報証明制度」（以下、「本制度」といいます。）について、様々な議論がなされていることと存じ上げます。当委員会においても、本制度が渉外的な身分関係を有する者に大いに影響を与えると考え、これを検討いたしました。
　なお、ここでいう渉外的な法律関係を有する者というのは、当事者が在留外国人である場合だけを指すのではなく、日本国内外に居住する日本国籍保有者を当事者とするものを含むものです。日本国内で外国人と婚姻した日本人、外国人から認知された日本人の子、日本人と養子縁組をした外国人養子や日本国外で外国の方式により婚姻した日本人夫婦、両親の双方又は一方が日本人でその親から外国で生れ日本国籍の留保届をしなかった子なども含まれます。
　そのような観点から本制度を検討すると、次の諸点の視点が欠けていると思われます。

1　法定相続情報一覧図の対象者となる被相続人について「247条1項本文、3項2号関係」

　法定相続情報一覧図の対象者となる被相続人については、被相続人の出生時からの戸籍及び除かれた戸籍の謄本又は全部事項証明書の記載により確認できる者に限るとの文言から、①外国人、②日本国籍に帰化した者（国籍法4条）、③20歳未満の子で日本国籍の父又は母に認知されて日本国籍を取得した者（国籍法3条）、④国籍留保届をしなかったため、日本国籍を喪失した20歳未満の者が行う日本国

【資料12】 日本司法書士連合会あて平成28年12月22日公表不動産登記規則の一部改正（案）の「法定相続情報証明制度」についての要望（平成29年１月30日付け渉外身分登録検討委員会）

籍の再取得の届出により日本国籍を取得した者（国籍法17条１項）、⑤国籍選択の催告を受けて日本国籍を喪失した者が国籍法５条１項５号の条件を備える場合に行う日本国籍の再取得の届出により日本国籍を再取得した者（国籍法17条２項）、⑥自己の志望によって外国国籍を取得した者（国籍法11条１項）、⑦重国籍者で外国の法令によりその国の国籍を選択した者（国籍法11条２項）、⑧就籍の届出をした者（戸籍法110条１項）等が対象者から除外されると考えられます。

したがって、例えば、帰化によって日本国籍を取得した者に相続が発生したとしても本制度の対象者とならないことになります。2015年までの帰化許可者数の累計は53万人余りであり、帰化した者はもとより、同人と身分関係を有する者の数は測り知れません（渉外身分登録検討委員会編「在留外国人の身分登録関連資料集」（2016年）183頁参照。）。

2　法定相続情報一覧図の写しの申出人となる相続人について「247条１項本文、３項４号関係」

　法定相続情報一覧図の写しの申出人となる相続人は、被相続人の出生時からの戸籍及び除かれた戸籍の謄本又は全部事項証明書の記載により確認できる者に限り、かつ、相続人の戸籍の謄本又は全部事項証明書を提出する必要があるとの文言から、① 被相続人の外国人配偶者、② 被相続から認知を受けた外国人子、③ 被相続人を養子とした外国人養親、④ 被相続人を養親とした外国人養子、⑤ 無戸籍者等が対象者から除外されると考えられます。

　したがって、例えば、日本人と婚姻した外国人配偶者は、日本人配偶者に相続が発生したとしても、本制度を利用することができません。

　今後、貴連合会におかれましては、本制度が導入されるに当たっては、上記の点についての改善を関係機関に働きかけることを要望する次第です。

以　上

あとがきに代えて

　委員に委嘱された当初、「任期2年は長いな」と思いましたが、終えてみるとあっという間でした。残ったのは500枚綴じファイルに換算すれば12冊分にも及ぶ資料と委員会に課せられた役割に、貢献できたかと自問する私。

　この委員会は本当にハードでした。そんな中でも昨年（平成28年）10月と11月に開催したワークショップは別格でした。準備に費やした時間と労力は、思い起こすだけで「ぞっと」するほどです。しかし、参加いただいた同職諸氏から「有意義な内容」「資料がすばらしい」等の感想を頂戴したときは、苦労が一遍に吹き飛んだことを今でも覚えています。

　本書は、そのワークショップでの講演、質疑応答をリライトしたものに委員が執筆した論文を加えて編集したものです。もし、本書が渉外家事事件を扱う実務家に、あるいは在留外国人の身分登録のあり方について議論されるときに、道しるべ的な役割が果たせたならば本望です。

徳　山　善　保

・・・

　平成26年12月第6次出入国管理政策懇談会の報告書「今後の出入国管理行政の在り方」によると、外国人登録制度の廃止に伴い法務省に対する外国人登録原票の開示請求は、平成25年度で毎月平均2500件あったとされている。

　1年間に換算すると約3万件となる。相続等の各種手続における家族関係や過去の住所を証明する場合に証明等を行う場合に必要だからとされている。

　先日も亡くなった配偶者名義の銀行預金を引き出すために困っていたある外国人から相談を受け、開示請求手続を代行した。

　しかし、24年7月以降に出生したり、来日した外国人はこの登録原票は存在しない。たとえば30年後にこの登録原票のない外国人はどのような方法で家族関係や過去の住所を証明するのだろうか。生活に支障を来すことはないのだろうか。ほかに何か変わるものはあるのだろうか。そんなことを考えながら本書の編集作業をしている。

姜　信　潤

編 集 後 記

❖当初、私は本書の出版に反対でした。なぜなら、ワークショップから1年、各国の身分登録制度がかなり変更されていますし、制度移行から5年、外国人住民票や在留カードの記載事項等が今さら変更されるとは思えないからです。

　しかし、編集を終えた今は考えが変わり、当委員会の検討したプロセスをたどって、若い司法書士の方々が、将来の在留外国人の身分登録制度のあるべき姿を追求くださるよう切望しています。

大和田　亮

❖「外国人住民票検討委員会」の終了後、平成27年7月連合会に「渉外身分登録検討委員会」が組成された。若い力、徳山善保さん、金山幸司さん、金勇秀さんの3名が加わり委員会活動がスタートした。新しい力が書籍の出版に漕ぎ着けてくれたことに感謝します。

　平成27年の資料によれば、在留外国人が54％を占める中国・台湾・韓国・北朝鮮の身分登録を手掛かりとして、本書が執務の一助となることを願っています。

北田五十一

❖委員に就任し、あっという間の2年間であった。この間の活動は多岐にわたるが、最も私にとって印象的な検討成果は、「在留外国人にとっての身分関係を証明する書面は、本国官公署発行のものが絶対原則であるとは言い切れない」ということである。国籍国を離れて年月が経つほど、その傾向は強まっていく。在留外国人は社会全体からすると少数者かもしれないが、自己を肯定出来、生活を送りやすいような共生社会が実現してほしいと思う。

金　　勇秀

❖ 渉外身分登録検討委員会の2年間は、先輩方の優しさに甘えてばかりでご迷惑おかけしました。物事を成し遂げるには知識ではなく情熱なんだとつくづく感じました。

　我々が委員会で検討してきたことが書籍という形になりましたが、これは出発点です。

　日本での生活が長くなり本国とのつながりが希薄になってくる在留外国人や、渉外家族法実務に携わる司法書士にとって、本書が果たす役割は大きいと信じています。

金山　幸司

❖ モチベーション。人間が駆動しはじめる契機となる心的トレンド。動機。それは、怒りか、妬みか、金銭欲か、愛欲か、無私の愛か、帰属する共同体の守護のためか、それらは渾然一体としているのか。

　本書完成に至るまでの道程は試行錯誤の連続であった。その渦中にあって尽力された委員各位に敬意を表したい。そして、高山駿二氏とこの「時代」の空間を共有できたことに心から感謝したい。2011年委員会発足からの6年間、委員長職に邁進された2015年からの2年間。寡黙ながら強い意志を持ち続ける貴君、そのモチベーションに共感を抱いた6年間であった。

西山　慶一

〔編者所在地〕

日本司法書士会連合会

〒160-0003　東京都新宿区四谷本塩町4-37

☎03-3359-4171(代)

http://www.shiho-shoshi.or.jp/

渉外家族法実務からみた在留外国人の身分登録

平成29年11月15日　第1刷発行

定価　本体3,300円＋税

編　者　日本司法書士会連合会渉外身分登録検討委員会
発　行　株式会社　民事法研究会
印　刷　株式会社　太平印刷社

発行所　株式会社　民事法研究会
　　　　〒150-0013　東京都渋谷区恵比寿3-7-16
　　　　〔営業〕☎03-5798-7257　FAX 03-5798-7258
　　　　〔編集〕☎03-5798-7277　FAX 03-5798-7278
　　　　http://www.minjiho.com/　　info@minjiho.com

カバーデザイン／袴田峯男　　ISBN978-4-86556-189-0 C2032 ¥3300E
本文組版／民事法研究会（Windows10 64bit+InDesign2017+Fontworks etc.）
落丁・乱丁はおとりかえします。

■第44回全青司くまもと全国研修会・第45回全青司かながわ全国研修会の分科会の内容を敷衍して、司法書士による外国人への法的支援の手続と実務指針をわかりやすく解説！

事例にみる 外国人の法的支援 ハンドブック

神奈川青年司法書士協議会人権擁護委員会　編

A5判・284頁・定価　本体 2,700円＋税

▶▶▶ 本書の特色と狙い ◀◀◀◀◀◀◀◀◀◀◀◀◀◀◀◀◀◀◀◀◀◀◀◀◀◀◀◀◀◀

・司法書士の専門性を活かした支援の具体事例に即して「相談対応のポイント」から「問題の把握」「必要な手続」「実務上の留意点」「事件終結後の手続や支援」までを書式と一体として解説！
・在留外国人を取り巻く現状と在留資格の基礎知識、法テラス・外国人支援機関・行政サービスの利用と他士業との連携などの関連知識も充実！

▶▶▶ 本書の主要内容 ◀◀◀◀◀◀◀◀◀◀◀◀◀◀◀◀◀◀◀◀◀◀◀◀◀◀◀◀◀◀◀◀

第1章　外国人のリーガルニーズに応えるための基礎知識
第2章　外国人の相談における確認事項と留意点
第3章　事例にみる外国人の法的支援
　Ⅰ　外国人の日本における会社設立
　Ⅱ　外国人の不動産売買
　Ⅲ　外国人の帰化申請
　Ⅳ　外国人の相続登記
　Ⅴ　外国人との離婚
　Ⅵ　外国人の債務整理
　Ⅶ　外国人に対する滞納賃料請求への対応
　Ⅷ　外国人労働者の未払賃金請求

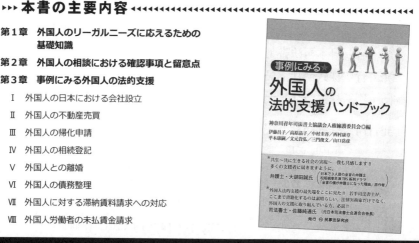

発行　民事法研究会

〒150-0013　東京都渋谷区恵比寿3-7-16
（営業）TEL. 03-5798-7257　FAX. 03-5798-7258
http://www.minjiho.com/　info@minjiho.com

■依頼者は改正を知っています。施行されてからでは遅い！

民法（債権関係）改正と司法書士実務

改正のポイントから登記・裁判・契約への影響まで

日本司法書士会連合会 編

A5判・401頁・定価　本体3,500円＋税

▷▷▷▷▷▷▷▷▷▷▷▷▷▷▷ 本書の特色と狙い ◁◁◁◁◁◁◁◁◁◁◁◁◁◁◁

▶膨大な改正事項がある民法改正。しかし実務家にはそれを一つひとつ理解していく時間がない。そこで、本書は、司法書士の実務の観点に徹し、司法書士が知っておくべき論点を重点的に取り上げ、かつ実務での留意点を書式・記載例を織り込み詳説！

▶第1章では、改正事項を「実務を変える意図」のある改正と「実務を変える意図のない」改正に大別し、特に前者についてそのポイントを明快に解説！

▶第2章～第4章では、登記・供託、裁判、契約の司法書士の実務で特に留意すべき関係改正点につき、登記原因証明情報、訴状、契約条項等の書式・記載例を明示しつつ詳説！　抵当権の被担保債権の代位弁済者と所有権の第三取得者との優劣や、相殺禁止の緩和と物損交通事故など、司法書士実務に即した解説が充実！

▶第5章のコメント付新旧対照条文は、すべての改正点につき、改正のポイントや関係判例、旧法との異同などを新旧条文とともに一覧でき、まさに実務家のための至便の道具！

✻✻✻✻✻✻✻✻✻✻✻✻✻✻✻✻ 本書の主要内容 ✻✻✻✻✻✻✻✻✻✻✻✻✻✻✻✻

第1章　改正の概要

第2章　登記・供託実務への影響
第1　金銭消費貸借と抵当権設定の登記
第2　諾成的消費貸借と抵当権の登記の抹消
第3　債務引受と抵当権の変更
第4　更改
第5　売買と登記
第6　弁済による代位と抵当権移転の登記
第7　債権譲渡
第8　賃貸借
第9　錯誤

第3章　裁判実務への影響
第1　履行障害
第2　売買──担保責任の改正
第3　消滅時効
第4　その他裁判実務上で考えられる変更点

第4章　契約実務への影響
第1　総論
第2　賃貸借
第3　主な契約書の条項例

第5章　コメント付新旧対照条文

発行　民事法研究会

〒150-0013　東京都渋谷区恵比寿3-7-16
（営業）TEL. 03-5798-7257　FAX. 03-5798-7258
http://www.minjiho.com/　info@minjiho.com

■司法書士法の解釈と裁判例から導かれる具体的な執務のあり方を示す！

司法書士裁判実務大系
第1巻 ［職務編］

日本司法書士会連合会　編

A5判・421頁・定価　本体4,000円+税

▷▷▷▷▷▷▷▷▷▷▷▷▷▷▷▷　本書の特色と狙い　◁◁◁◁◁◁◁◁◁◁◁◁◁◁◁◁

▶裁判書類作成を通じた本人訴訟支援および簡裁代理の理論を探究し、司法書士による裁判実務の指針を示すとともに、司法制度における司法書士制度・司法書士法改正の位置づけ、法律相談・法律判断・倫理等の論点に論及！

▶和歌山訴訟最高裁判決・高裁判決・地裁判決、高松高裁判決、松山地裁西条支部判決など、裁判外の代理権や裁判書類作成の範囲が争点となった判例・裁判例を精緻に分析し、相談から委任事務終了までの日頃の業務において留意すべき点を具体的にわかりやすく解説！

▶続刊予定の第2巻［民事編］、第3巻［家事・刑事編］において解説される事件類型別の実務の基礎となる考え方がわかる！

　　　　　　　　　　　本書の主要内容

第1章　司法制度の歴史における司法書士制度の位置
第2章　司法制度改革と司法書士制度
第3章　民事紛争解決機能からみた司法書士の多様な可能性
第4章　司法書士の裁判実務とは何か
第5章　裁判書類作成関係業務
第6章　簡裁訴訟代理等関係業務
第7章　司法書士の裁判実務をめぐる諸問題
　　Ⅰ　法律相談と法律判断
　　Ⅱ　裁判業務における倫理

発行　民事法研究会

〒150-0013　東京都渋谷区恵比寿3-7-16
（営業）TEL. 03-5798-7257　FAX. 03-5798-7258
http://www.minjiho.com/　info@minjiho.com

▶家事事件手続法の求める新しい家事調停の当事者支援の指針を示す！

離婚調停・遺産分割調停の実務
―書類作成による当事者支援―

日本司法書士会連合会　編

A5判・486頁・定価　本体4,400円＋税

▷▷▷▷▷▷▷▷▷▷▷▷▷▷▷▷▷▷▷▷▷　**本書の特色と狙い**　◁◁◁◁◁◁◁◁◁◁◁◁◁◁◁◁◁◁◁◁◁

- ▶離婚・遺産分割の調停手続の流れ、実務に必須の基礎知識、申立書等の記載例と作成上のポイントを網羅的に解説して、家事事件手続法の求める新しい家事調停手続における調停申立書等の書類作成を通じた支援の指針を示す！
- ▶離婚調停では、調停後の諸手続や親子関係の構築にも留意した継続的な支援の視点、遺産分割調停では、円滑な調停の進行や審判への移行を見据えた調停前の法律的整序と長期化予防の視点から、現場の悩みに応える待望の書！
- ▶申立書等や調停条項の記載例、調停手続の流れやポイントが整理された図表、実務のヒントとなるコラムを豊富に収録しているので実務に至便！

本書の主要内容

- 第1章　司法書士の家事事件関与と家事事件手続法
- 第2章　家事調停総論
- 第3章　離婚調停の手続と実務
  - Ⅰ　総論
  - Ⅱ　離婚原因
  - Ⅲ　監護権・親権、面会交流
  - Ⅳ　養育費
  - Ⅴ　財産分与
  - Ⅵ　慰謝料
  - Ⅶ　離婚時年金分割
  - Ⅷ　婚姻費用
  - Ⅸ　履行の確保
- 第4章　遺産分割調停の手続と実務
  - Ⅰ　総論
  - Ⅱ　遺産分割の前提問題
  - Ⅲ　遺産分割の対象となる遺産
  - Ⅳ　遺産の評価
  - Ⅴ　特別受益
  - Ⅵ　寄与分
  - Ⅶ　遺産分割の方法
  - Ⅷ　調停成立と調停条項
  - Ⅸ　遺産分割の履行に関する諸問題
- 第5章　民事法律扶助を利用した書類作成援助の実務
- 第6章　座談会　家事調停の現状・課題と司法書士による支援のあり方

発行　民事法研究会

〒150-0013　東京都渋谷区恵比寿3-7-16
(営業) TEL. 03-5798-7257　FAX. 03-5798-7258
http://www.minjiho.com/　info@minjiho.com

■多重債務者の生活再建をも見据えた債務整理事件の実務指針を明示！■

(改題『クレサラ・ヤミ金事件処理の手引〔第3版〕』)

債務整理
事件処理の手引
―― 生活再建支援に向けて ――

日本司法書士会連合会　編

A5判・331頁・定価　本体 3,500円＋税

本書の特色と狙い

▶相談受付けから手続選択までの流れ、各債務整理手続において事件処理の基本となる法律、依頼者に説明すべき事項、貸金業者への対応を書式を織り込みわかりやすく解説するとともに、生活再建を念頭においた社会保障制度の利用方法にも言及！

▶司法書士の代理権の範囲、執務にあたっての倫理の考え方を具体的に示し、債務整理事件処理の指針を明示！

本書の主要内容

第1章　債務整理事件と司法書士
- Ⅰ　多重債務問題と司法書士
- Ⅱ　債務整理事件と司法書士の代理権の範囲
- Ⅲ　債務整理事件における司法書士の倫理

第2章　相談受付けから手続選択までの執務のあり方
- Ⅰ　はじめに
- Ⅱ　相談の受付け
- Ⅲ　事件の受任
- Ⅳ　債権調査
- Ⅴ　利息制限法に基づく引直計算
- Ⅵ　事件処理の方針の決定前の弁済の禁止
- Ⅶ　事件処理の方針の決定

第3章　債務整理手続の流れと実務上の留意点
- Ⅰ　任意整理による債務整理
- Ⅱ　特定調停による債務整理
- Ⅲ　過払金返還請求訴訟
- Ⅳ　民事再生（個人民事再生）による債務整理
- Ⅴ　破産（個人破産）による債務整理
- Ⅵ　奨学金債務への対応
- Ⅶ　ヤミ金融業者等への対応

第4章　生活再建支援のための諸制度とその活用方法
- Ⅰ　債務整理における生活再建支援の視点
- Ⅱ　社会保障制度の概要
- Ⅲ　生活保護制度の活用方法
- Ⅳ　生活困窮者自立支援制度の活用方法
- Ⅴ　その他の制度の活用方法

発行　民事法研究会

〒150-0013　東京都渋谷区恵比寿3-7-16
(営業)　TEL. 03-5798-7257　FAX. 03-5798-7258
http://www.minjiho.com/　info@minjiho.com